MEINE FALSCHEN BRÜDER

OLIVER N.

mit Sebastian Christ

MEINE FALSCHEN BRÜDER

Wie ich mich als 16-Jähriger dem Islamischen Staat anschloss

Mit einem Nachwort
von Moussa Al-Hassan Diaw

Kiepenheuer
& Witsch

Alle im Buch dargestellten Ereignisse haben sich wie beschrieben abgespielt, allerdings wurden aus dramaturgischen wie naheliegenden Gründen einige Eigennamen und Eigenschaften von vorkommenden Personen sowie Handlungsabläufe verändert.

MIX
Papier aus verantwortungsvollen Quellen
FSC
www.fsc.org
FSC® C083411

Verlag Kiepenheuer & Witsch, FSC® N001512

1. Auflage 2017

Umschlaggestaltung: Barbara Thoben, Köln
Umschlagmotiv: © picture alliance / ZUMAPRESS.com
Gesetzt aus der Minion
Satz: Buch-Werkstatt GmbH, Bad Aibling
Druck und Bindung: CPI books GmbH, Leck
ISBN 978-3-462-05119-3

1

Von den vierzig Mann, die mit mir in den Kampf gezogen waren, lebte nur noch ein Bruchteil. Von allen Seiten kam das Feuer. Die letzten Minuten der Schlacht hatten begonnen, und wir wussten, dass wir kaum noch eine Chance hatten. Unsere Feinde waren in der Überzahl, sie rollten auf uns zu, Welle für Welle. Ich versuchte mich zu konzentrieren, so gut das ging, kämpfte pausenlos gegen jene, die uns angriffen.

Uns hatte das Glück verlassen. Einst waren wir gefürchtet, wir hatten viele Kämpfe gewonnen, selbst wenn wir in Unterzahl waren oder die Gegner uns mit überlegenen Waffen attackierten. Doch an diesem Tag metzelten einige Vollidioten in unserer Gruppe wild in der Gegend herum. Der Lärm scheuchte selbst solche Gegner auf, die uns sonst überhaupt nicht auf dem Schirm gehabt hätten. Es war, als rannte nun die halbe Welt auf uns zu, um uns zu erledigen.

Und dennoch hoffte ich, dass es uns gelingen würde, vielleicht doch noch zum entscheidenden Befreiungsschlag auszuholen.

Wir standen am Eingang einer riesigen Halle, aus der bereits Flammen schlugen. Eigentlich wollten wir das Gebäude einnehmen, doch daran war nun nicht mehr zu denken. Überall waren unsere Feinde verteilt. Egal, wohin ich auch blickte, ich sah nur noch Feuer. Grelle Blitze zuckten am Himmel. Und ich musste zuschauen, wie einer nach dem anderen aus meiner Gruppe starb.

»Was soll die Scheiße?«, schrie ich in das Mikrofon meines Headsets. Wir begannen zu streiten. Die einen waren der Überzeugung, dass wir an diesem Tag eigentlich einen ganz anderen Plan hatten. Andere schimpften über Verbindungsprobleme. Leck mich am Arsch, dachte ich mir, ich bin für heute raus. »Ciao!«, brüllte ich noch und knallte mein Headset mit Schwung in eine Ecke meines Zimmers.

Ich war damals fünfzehn Jahre alt und liebte es, mich mit meiner Crew durch das Fantasyspiel *World of Warcraft* zu zocken. Dort war ich ein Schamane. Ein starker Charakter, der in Kämpfen stets vorangeht, um seine Mitspieler zu schützen. Auf unserem Server gab es kaum ein anderes Team, das erfolgreicher war. Mehrmals wöchentlich verabredeten wir uns im Netz, arbeiteten Strategien aus und sprachen über Kampftaktiken.

Warcraft war meine Leidenschaft. Mein liebstes Hobby. Ein Ort, an dem ich Freunde treffen und mit ihnen zusammen Aufgaben bewältigen konnte. Es war möglich, nebenbei über das Headset lockere Gespräche mit den Spielpartnern zu führen. Eine Menge Intelligenz und taktisches Denken waren erforderlich, um als Team erfolgreich zu sein.

Überhaupt, Fantasy, das war mein Ding. Die »Herr der Ringe«-Filme kannte ich alle, ich mochte die Gedanken an ferne Welten, an all die Geschichten, die sich in meinem Kopf entfalteten. Bei *Warcraft* konnte ich abschalten und den Stress verarbeiten, der sich den Tag über auf der Arbeit oder in der Schule aufgestaut hatte.

Unser Team hatte einen ziemlich guten Ruf, natürlich waren wir darauf auch stolz. Wir hatten gemeinsam etwas aufgebaut. Es machte mich fassungslos, wie dumm wir uns an diesem Tag angestellt hatten. Die anderen hatten die Sache nicht ernst genommen. Peinlich war das, nein, es war nur erbärmlich.

Eigentlich wollte ich Stunden vor dem Computer verbringen, was sollte ich nun mit dem angebrochenen Freitagabend anfangen? Ein paar meiner Freunde wollten ins Kino gehen. Aber die Vorstellung würde schon bald beginnen, ich war zu spät dran. Allein vor dem Fernseher herumzuhängen, war auch keine Option.

Ich schnappte mir ein kaltes Stück Pizza aus einem Karton vom Vorabend, scrollte meine Handykontakte durch. Noch wusste ich nicht, dass dieser Abend zu einem Wendepunkt in meinem Leben werden sollte.

Bis dahin schien es tatsächlich so, als ob ich endlich etwas Ordnung in meine Existenz bringen könnte. Die Wohnung, in der ich wohnte, war ein dreißig Quadratmeter großes Stück Freiheit. Sie lag direkt hinter dem Wiener Rathaus. Eine sehr bürgerliche Gegend. Gegenüber im Flur wohnte eine Tierärztin. Es gab auch eine Privatärztin im Haus, die Akupunkturbehandlungen anbot. Direkt über mir lebte außerdem ein Rechtsanwalt. Alles Leute, die in ihren Berufen sehr erfolgreich waren. Ich hatte eine Kochnische und ein Wohnzimmer, in dem mein Computer und ein Fernseher standen, dazu eine Couch und ein Tisch. Dazu kam noch ein kleines Schlafzimmer.

Die Miete wurde von einer betreuten Wohngemeinschaft bezahlt, in der ich früher gelebt hatte. Ich war dort ausgezogen, weil sich mir eine echte Chance bot. Ich hatte bei einer großen Versicherung eine Ausbildung begonnen. Jedes Jahr bewarben sich dort tausend junge Menschen aus ganz Österreich. Und ich hatte in dem langwierigen Auswahlprozess eine der wenigen Stellen bekommen.

Als Kind wollte ich mal Pilot werden. Später dann Feuerwehrmann. Ich würde genauso heldenhaft gegen lodernde Flammen und andere Gefahren kämpfen wie die Männer im Film »Backdraft«, dachte ich. Kurz vor meinem Schulabschluss entwickelte sich dann bei mir der Wunsch, Schauspiel zu studieren. Die Leute in meiner Wohngemeinschaft sagten mir immer, dass ich gut darin sei, in andere Rollen zu schlüpfen und Menschen zu imitieren. Nichts konnte weiter von diesem Traum entfernt sein als die Zahlen und Tabellen, mit denen ich mich nun jeden Tag zu beschäftigen hatte.

Andererseits bot mir der Versicherungsjob Sicherheit. Nach drei Jahren hätte ich einen Abschluss, außerdem verdiente ich als Auszubildender gut. Nach dem Ende der Probezeit bekam ich anderthalb Monatsgehälter ausbezahlt. Das waren Euro, die mit einem Schlag auf meinem Konto landeten. Nie zuvor hatte ich so viel Geld auf einmal besessen. Finanzielle Sorgen hatte ich zu dieser Zeit jedenfalls nicht.

Ich scrollte also meine Kontakte durch und blieb bei dem Namen Mohammed hängen. Mohammed kam aus einer türkischen Familie und lebte seit früher Kindheit in Wien. Er war älter als ich, doch die vier Jahre Altersunterschied waren nie ein großes Problem gewesen, früher hatten wir oft gemeinsam in den Wiener Parks Basketball oder Fußball gespielt. Wir hatten uns gemocht und viel Zeit miteinander verbracht, doch vor zwei Jahren hatten wir uns aus den Augen verloren. Ich dachte nicht mehr an ihn und er wohl auch nicht mehr an mich.

Dann, vor ein paar Tagen: Ich stieg in die U-Bahn, einige Sitzreihen vor mir saßen fünf Jugendliche. Dunkle Haare, braune Haut. Araber vielleicht, dachte ich, oder Türken. Und während ich mir noch darüber Gedanken machte, begann einer von ihnen mich anzustarren. »Hast du ein Problem?«, blaffte er mich an. Jetzt schauten alle fünf in meine Richtung.

Da hörte ich einen von ihnen meinen Namen rufen: »Oliver!«

Es war tatsächlich Mohammed. Schlagartig entspannte sich die Situation. Ich freute mich, ihn durch Zufall hier in der U-Bahn zu treffen.

»Ist lange her, wie geht's dir?«, fragte ich.

»Alles gut, bin mit meinen Brüdern auf dem Weg zur Moschee, würde mich gerne mal wieder mit dir in Ruhe unterhalten.«

»Klar, gerne!«, war meine Antwort.

Die Fünf standen auf und stellten sich an die Waggontür.

»Du musst dich unbedingt bei mir melden!«, sagte er. Wir tauschten unsere Handynummern aus. Eine Computerstimme kündigte die nächste Haltestelle an, wir verabschiedeten uns mit einer respektvollen Umarmung. Die anderen nickten mir zu, was ich erwiderte.

2

Ich saß an diesem Abend in meiner Wohnung und konnte mir nicht erklären, warum der Kontakt zu Mohammed damals abgerissen war. Vielleicht lag es an meinen damaligen Lebensumständen. Ich war seinerzeit umgezogen, hatte andere Sorgen. Dass sich auch etwas in seinem Leben verändert haben könnte, kam mir nicht in den Sinn.

Ich wählte seine Nummer.

»Ja!«, meldete er sich knapp, mit forschem Unterton.

»Bist du das, Mohammed?«

»Wer spricht?«

»Ich bin's, Oliver, wir haben uns vor einigen Tagen in der U-Bahn getroffen. Ich wollte mal fragen, wie es so geht und was du machst.«

»Schön, dich zu hören! Bist du unterwegs? Wir könnten uns treffen!«

Klasse, dachte ich, er kam mir mit seiner Einladung zuvor. So klang es für mich nicht nach der verzweifelten Suche nach einer Ersatzbeschäftigung an einem Freitagabend, den ich bislang mit einer frustrierend verlaufenen Computerschlacht und einem halb leeren Pizzakarton verbracht hatte.

»Kein Thema. Hab mir heute nichts vorgenommen, würde mich freuen, dich zu sehen!«, sagte ich.

Wir verabredeten uns in einem türkischen Imbiss, der im 16. Wiener Gemeindebezirk lag. Ich kannte den Laden noch von früher, weil ich in der Gegend einen Teil meiner Kindheit verbracht hatte. Der 16. Bezirk wird selten mit den vermeintlich positiven Seiten der Stadt in Verbindung gebracht, eher mit Straßenbanden oder Drogendealern. Von Süchtigen über Prostituierte bis hin zu wirr vor sich hin brabbelnden Leuten konnte man hier viele Menschen treffen, die selten den Weg in die blank geputzte Altstadt fanden, wo ich mittlerweile wohnte.

Darüber hinaus lebten dort Menschen aus den unterschiedlichsten Kulturkreisen, die Mieten waren hier recht niedrig und auch für die ärmeren Bewohner Wiens einigermaßen erschwinglich. Für mich war es nie ausschlaggebend, woher eine Person kam, welche Religion oder welche Hautfarbe sie hatte. Ich beurteilte Menschen immer nach ihrem Charakter und der Sympathie, die ich für sie empfand.

Fast genau eine Stunde nach unserem Telefonat traf ich am Imbiss ein. Es gab einen größeren Raum im Eingangsbereich. Er war fast menschenleer. Im hinteren Raum, der wesentlich kleiner war, saß Mohammed alleine an einem Tisch. Er war bereits beim Essen und hatte wohl schon einige Zeit auf mich gewartet.

Als er mich sah, sprang er sofort von seinem Tisch auf. »Assalamu alaikum!«*, rief er. »Setz dich, Bruder!«

Er legte seinen Arm um meine Schulter und schob mich fast zu unserem Tisch hin. Dabei bestellte er bei der Bedienung hinter dem Tresen noch einmal das gleiche Gericht, das er schon bekommen hatte.

Es war schon lange her, dass sich jemand derart freute, mich zu sehen. Und überhaupt war es das erste Mal, dass jemand für

* Arabischer Willkommensgruß: »Friede sei mit euch!«

mich Essen bestellte, ohne mich vorher zu fragen, was ich denn haben wollte. Einfach so, als Geste der Gastfreundschaft. Mit seiner Freude steckte er mich sofort an, nun hatte ich das Gefühl, dass aus dem Abend doch noch was werden würde.

Er hatte Fragen. Ganz viele Fragen. Aber es war nichts Unangenehmes dabei, Mohammed schien sich tatsächlich für mich zu interessieren. Ich erzählte ihm sehr viel an diesem Abend. Wir fingen in meiner Kindheit an; es tat mir gut, von alldem zu berichten, was ich erlebt hatte, fast wie bei einem Therapeuten, nur dass Mohammed ein echter Freund zu sein schien.

Obwohl ich nun bei einer Versicherung arbeitete und in soliden Verhältnissen wohnte, war mein Leben bis dahin nicht immer einfach gewesen. Als ich fünf Jahre alt war, trennten sich meine Eltern. Ich weiß gar nicht mehr genau, was im Detail zwischen den beiden vorgefallen war. Wenn man jung ist, versteht man oft nicht, was da zwischen zwei Erwachsenen abgeht. Aber ganz sicher spürt man es.

Ich kam zu meiner Mutter. Es entbrannte ein hässlicher Kleinkrieg zwischen ihr und meinem Vater. Eines Tages standen dann Angestellte des Amts bei uns auf der Matte, meiner Mutter wurde das Sorgerecht entzogen. Mein Vater beantragte das Sorgerecht, doch meine Mutter manipulierte mich so, dass ich nicht zu meinem Vater zurückwollte, und ich war von diesem Tag an ein Heimkind. Später, als ich älter war, tingelte ich von einer Wohngruppe des Jugendamtes zur nächsten.

Ich hoffte noch lange, dass sich meine Eltern doch irgendwann einigen würden. Aber der Tag, an dem sich beide wieder vertrugen, sollte niemals kommen. Irgendwann zog meine Mutter ins Ausland und war bis auf gelegentliche Telefonate für mich nicht mehr erreichbar.

Und mein Vater? Einerseits hatte er sich bei dem Kleinkrieg gegen meine Mutter nicht viele Freunde beim Jugendamt gemacht; andererseits hatten wir beide auch selbst lange Zeit ein schwieriges Verhältnis. Zwar stellte er mehrmals Anträge, das Sorgerecht für mich zu übernehmen. Doch Erfolg hatte er damit nicht. Mal gab ich ihm eine Abfuhr, weil ich auf eine Rückkehr meiner Mutter nach Österreich hoffte. Mal gab er auf, weil er die Hoffnung hatte, dass ich nach Beendigung meiner Berufsausbildung ohnehin zu ihm zurückziehen würde.

Die Sache war verfahren. Und mich kümmerte es letztlich nicht, wer von beiden im Recht war. Für mich war entscheidend, dass ich nun in Wohngruppen mein Dasein fristen musste, die mir zwar theoretisch wie eine Familie sein sollten, in denen man aber letztlich das Familienleben nur simuliert.

Ich erzählte Mohammed, dass wenigstens in einer der letzten beiden Wohngruppen die Betreuer und Betreuerinnen einigermaßen in Ordnung waren, dass sich sogar so etwas wie Freundschaft zwischen uns entwickelte. Ich berichtete von meinem guten Schulabschluss, den ich trotz allem schaffte, und von der Versicherungslehre. »Es hätte schlimmer für mich laufen können«, sagte ich. Das war ehrlich gemeint. Aber sicher und geborgen fühlte ich mich keinesfalls.

Auch in der Schule war es nicht immer rundgelaufen. Erst zum Schluss lernte ich, Ehrgeiz beim Lernen zu entwickeln. Aber mir gelang es am Ende eben doch, die Dinge einigermaßen geregelt zu bekommen. Und so kam es, dass ich der Jüngste in der Familie war, aber immer wieder die Älteren stützen musste. Selbst hatte ich keine Stütze, ich war ständig auf mich allein gestellt. Es mag banal klingen, aber ich vermisste nichts so sehr wie Liebe und Anerkennung.

Einer der größten Vorteile der neuen Wohnung war jedenfalls, dass ich nun unabhängig vom Jugendamt leben konnte. Davon berichtete ich Mohammed voller Stolz. Es war endlich vorbei mit dem Leben in den Wohngruppen. Meine Betreuer meldeten sich nur ab und zu per E-Mail, und die persönlichen Besuche waren nicht der Rede wert.

Alles, was ich an diesem Abend erzählte, schien Mohammed zu interessieren. Es war egal, wie ausschweifend ich meine Erlebnisse schilderte, er hörte einfach zu. Wir sprachen nicht darüber, wie es früher war, was wir gemeinsam erlebt hatten. Unsere Treffen im Park, die Fußball-Matches unter Kindern. All das beschäftigte mich zu diesem Zeitpunkt ohnehin nicht mehr. Nein, er gab mir das Gefühl, dass er für mich da war. Und dass ich wichtig für ihn war.

Es tat gut, über all das zu sprechen. Darüber vergaß ich sogar, mich zu erkundigen, wie es ihm ergangen war. Er erzählte kaum etwas von sich, nur, dass er sich für Religion interessiere und sein Leben vollkommen danach ausrichte.

So vergingen die Stunden, ohne dass ich das bemerkte.

»Ich rede und rede«, sagte ich und lachte. »Du musst ja schon Kopfschmerzen haben.«

»Nein, ich will ja wissen, wie es meinem Bruder geht«, antwortete Mohammed. »Alles was dich belastet, ist wichtig. Und ich möchte dir helfen, darum interessiere ich mich für deine Probleme.«

Ich kann es nicht anders sagen: Das alles machte mich glücklich. Aus einem anfangs völlig vergeigten Abend entwickelte sich eines der schönsten Erlebnisse, das ich seit Langem hatte. Der ganze aufgestaute Druck löste sich plötzlich. Ich konnte einfach von meinen Sorgen sprechen.

Und er gab mir in allem recht, was ich äußerte. Wenn ich über die Verhältnisse in meiner Familie schimpfte, sagte er nur: »Vergiss diese Leute!« Und wenn ich über meine Kollegen auf der Arbeit lästerte, bestärkte er mich in meiner Abneigung. In diesen Momenten fühlte ich mich angenommen in allem, was mich bewegte.

Es war nun schon fast ein Uhr, ich hätte noch stundenlang hier sitzen bleiben und ihm von meinem Leben erzählen können.

Doch Mohammed sagte, dass er noch dringend einen Freund

besuchen müsse. »Bruder, es tut mir echt leid, aber ich muss los. Hast du morgen Zeit?«

»Klar, wollen wir uns wieder hier treffen?«

»Nein, weißt du, wenn du möchtest, dann stelle ich dir einige Brüder vor, komm einfach mit in die Moschee!«

Ich überlegte noch kurz: Eigentlich wusste er doch, dass ich weder Muslim war noch großartig was mit Religion anfangen konnte. Ich glaubte zwar an Gott, aber das war für mich eine rein persönliche Angelegenheit. Es war mir klar, dass es so etwas wie eine höhere Gewalt gibt und dass es nach dem Tod nicht einfach nur schwarz wird. Vielleicht habe ich gehofft, dass es einen Gott gibt, ohne es wirklich zu wissen. Aber in der Kirche war ich schon lange Zeit nicht mehr gewesen, mir hatte auch eine Gemeinschaft gefehlt, in der sich mein Glaube hätte entwickeln können. Hätte mich damals jemand gefragt, ob ich Christ bin, hätte ich mit Nein geantwortet.

Aber nach diesem wirklich schönen Abend wollte ich ihn nicht vor den Kopf stoßen. Er hatte ja erwähnt, wie wichtig ihm der Islam geworden war. Und nach allem, was ich von mir erzählt hatte, war der Besuch in der Moschee vielleicht eine gute Gelegenheit, etwas über sein Leben zu erfahren.

»Können wir machen«, sagte ich. »Aber du weißt, dass ich keine Ahnung habe, was man in einer Moschee so tun muss.«

Mohammed lächelte und nickte. »Keine Sorge, wir sind unter Brüdern. Ich helfe dir da schon.«

»Unter Brüdern«, hatte er gesagt. Das klang nicht schlecht. Er sagte es so, als sei ich jetzt schon ein Teil seiner Gemeinde.

»Also, ich muss jetzt los. Ich melde mich morgen und sage dir dann die Zeit und den Ort.«

Wir verabschiedeten uns, und noch bevor ich mein Portemonnaie zücken konnte, hatte er bereits die Rechnung bezahlt.

3

Als ich daheim ankam, war mir nicht nach schlafen. Ich schaute mir noch einen Film an und schlief erst in den frühen Morgenstunden ein.

Gegen Mittag wachte ich auf und sah, dass mir Mohammed bereits eine SMS geschickt hatte. »Treffen uns heute um siebzehn Uhr bei der Haltestelle«, stand dort. Ich textete kurz: »OK, werde da sein.«

Die Stunden bis zu unserem Treffen nutzte ich für einen ausgiebigen Lauf durch Wien. Für mich war Sport schon immer ein gutes Ventil. Er half mir, mich auf Dinge vorzubereiten oder mich von Sorgen abzulenken. Außerdem konnte ich so meine körperlichen Grenzen austesten.

So kam es, dass ich dieses Mal als Erster da war, eine halbe Stunde zu früh. Mohammed kam pünktlich um siebzehn Uhr, in Begleitung von zwei Männern. Sie kamen wohl, so wie er, aus der Türkei, ich schätzte sie auf Mitte zwanzig.

Schon aus einiger Entfernung machte das Trio einen respekt-, eigentlich sogar furchteinflößenden Eindruck. Sie trugen Basecaps in Tarnfarben mit eingestickten arabischen Schriftzeichen und schwarze U.S.-Army-Feldjacken. Ihre Jeans hatten sie bis über die Knöchel hochgerollt. Passanten reagierten verschreckt auf diesen Anblick und machten einen großen Bogen um die drei. An der Haltestelle standen auch einige Jugendliche dabei, die sich wie Möchtegern-Gangster kleideten, aber schlagartig zurückwichen, als die drei ankamen.

Ich war froh, dass ich diese Leute in Freundschaft traf und nichts von ihnen zu befürchten hatte. Natürlich war es für den Moment auch ein erhebendes Gefühl, ein Teil dieser Gruppe zu sein. Wenn ich ehrlich bin, imponierte mir damals auch dieser Gedanke: dass es nun die anderen waren, die uns aus dem Weg gehen würden. Mit einem Mal spürte ich, dass ich nun auch ein wenig Macht bekommen hatte.

Mohammed begrüßte mich wieder mit einer Umarmung. Seine Begleiter stellte er als Hassan und Karim vor. Sie waren mit dem Auto gekommen und würden mich mitnehmen.

»Wir parken dahinten. In der Moschee wissen schon einige Bescheid, dass ich heute jemanden mitbringe. Bleib locker. Und wenn du etwas wissen willst, dann frag einfach. Wir sind dort alle Brüder, und jeder wird dir gerne helfen.«

Mittlerweile klang das für mich wirklich einladend. Die Leute dort würden Verständnis haben, dass ich mich mit ihrer Religion nicht auskannte. Und ich hätte die Gelegenheit, neue Leute kennenzulernen. Den Respekt vor dem Neuen, was mich nun erwartete, wurde ich trotzdem nicht los. Es war einfach eine ganz andere Welt, die sich mir noch nicht erschlossen hatte.

Das Auto, mit dem wir zur Moschee fuhren, war ein tiefergelegter Audi A4. Der Motor gab beim Starten einen Höllenlärm ab, und wie im Klischee fuhren wir mit quietschenden Reifen los.

Mohammed saß neben mir auf der Rückbank und merkte, wie nervös ich war. »Beruhig dich, Bruder, wir sind unter uns. Du brauchst dich für nichts zu schämen. Es muss dir nicht peinlich sein, wenn du noch nicht weißt, was in einer Moschee abgeht.«

Ich nickte, doch während der ganzen Fahrt redete ich kein einziges Wort, nahm sogar mein Handy aus der Tasche, um mich abzulenken. Mohammed kümmerte sich um mich, wollte mir die Hemmungen nehmen. Als wir bei der Moschee ankamen, sagte er: »Wenn wir gleich reingehen, musst du dir die Schuhe ausziehen. Und mach am besten genau das Gleiche wie ich.«

Karim und Hassan stiegen aus, sie nahmen nicht weiter Notiz von mir. Mir war immer noch flau, ich schwieg. Direkt vor dem Eingang wiederholte Mohammed, was er mir schon gesagt hatte: Schuhe ausziehen. Es so machen wie er. »Alles andere ergibt sich schon«, sagte er.

Die Moschee hatte nichts mit dem gemein, was ich mir unter einem islamischen Gotteshaus vorgestellt hatte. Sie war von außen nicht einmal als solche zu erkennen: Da waren keine Pracht und kein Glanz, keine Kuppeln und keine Minarette. Wir standen vor einem dreistöckigen Wohnhaus, in dessen Erdgeschoss sich die Moscheegemeinde eingemietet hatte. Nur ein kleines Schild deutete darauf hin, dass hier gebetet wurde. Ein Supermarkt befand sich gleich neben dem Moschee-Eingang. Und gegenüber lag ein Polizeirevier.

Hassan klopfte kurz, und ein arabischstämmiger älterer Mann bat uns höflich herein. Wir zogen die Schuhe aus. Mir wurde erklärt, dass man den Gebetsraum niemals unrein betreten dürfe, da Muslime beim Gebet mit dem Kopf den Boden berühren und so zu Allah sprechen. Direkt hinter dem Eingangsflur befand sich ein großer Gebetsraum, er war vollständig mit Teppichen ausgelegt. Im Gegensatz zu katholischen Kirchen gab es keinerlei Wand- oder Deckengemälde. Der ganze Raum war sehr karg, in der Ecke stand ein Getränkeautomat. In einem Gebetsraum! Das kam mir ein wenig absurd vor.

In der Moschee befanden sich zu diesem Zeitpunkt sieben oder acht Leute. Es waren Jugendliche dabei, so wie ich, sie waren vielleicht vierzehn oder fünfzehn Jahre alt. Und dann gab es noch Ältere, die sicher schon im Rentenalter waren. Mir fiel sofort auf, dass keine Frauen anwesend waren.

Ich hielt mich an Mohammed, der jeden mit einem freundlichen »As-salamu alaikum!« und einer kurzen Umarmung begrüßte. Er stellte mich jedem Einzelnen vor, ich grüßte ebenso freundlich, doch beließ es bei einem einfachen »Hallo!« und einem Händedruck.

Nach einigen Minuten winkte mich der ältere Mann, der uns die Tür geöffnet hatte, zu sich hinüber. Er stand im Gebetsraum an einem Holzregal, in dem zahlreiche Bücher standen. Darüber war eine Fahne mit arabischen Schriftzeichen zu sehen.

»Hier, für dich!«, sagte er und schenkte mir einen Band aus dem Regal. Es war eine deutschsprachige Ausgabe des Koran. Zum ersten Mal hielt ich nun die Heilige Schrift des Islam in den Händen.

Mohammed führte mich weiter in den hinteren Teil der Moschee. Eigentlich war es eine umgebaute Küche, die Möbel waren größtenteils entfernt, dafür hatte die Gemeinde an der Wand ein anderthalb Meter breites Waschbecken angebracht. Hier, so erklärte er mir, müssten die Gläubigen vor jedem Gebet eine rituelle Reinigung durchführen.

»Wenn du bereit bist, dann lass uns jetzt zum Gebet gehen.«

Ich war einverstanden. Mohammed machte mir die einzelnen Schritte der Wudu* vor. Dreimal die Hände, dreimal den Mund, dreimal die Nase. Dann dreimal das Gesicht und dreimal die Unterarme. Schließlich Kopf, Ohren, Nacken und Füße. Ich tat es ihm gleich, fand es spannend, diese Details von ihm zu lernen.

Im Gebetsraum saßen bereits vier Männer und beteten. Wir stellten uns dazu. Einer von ihnen flüsterte mir zu: »Wiederhole meine Bewegungen!«

Das Gebet dauerte etwa fünf Minuten, im Anschluss setzten

* Arabischer Begriff für die religiöse Waschung

wir uns noch im Halbkreis zusammen. Die Männer fragten mich, wer ich sei und ob mir die Moschee gefalle. Ich antwortete vorsichtig, aber es war wirklich so, dass ich mochte, was ich kennengelernt hatte. Wieder begann ein langes Gespräch, so wie zuvor auch schon mit Mohammed. Auch dieses Mal hatte ich das Gefühl, Menschen zu treffen, die sich aufrichtig für mich und meine Probleme interessierten. Die Stunden vergingen. Und ich fühlte mich sehr wohl in dieser Umgebung. Nachher fiel mir auf, dass ich zum ersten Mal seit Langem vergessen hatte, Nachrichten auf meinem Handy zu checken. Es befand sich die ganze Zeit über ausgeschaltet in meiner Hosentasche.

Als wir uns verabschiedeten, tauschte ich die Handynummern mit meinen neuen »Brüdern« aus. Ich versicherte, dass ich bald wiederkommen wollte.

Hassan brachte mich mit seinem Audi heim. Erst dort begann ich die ganzen Nachrichten zu lesen, die sich seit dem späten Nachmittag angesammelt hatten. Meine Kumpel von *Warcraft* waren sauer auf mich, weil ich nicht an der für diesen Abend vereinbarten Schlacht teilgenommen hatte. Es tat mir zwar irgendwie leid, dass ich unsere Verabredung vergessen hatte, doch im Grunde war es mir egal, meine Gedanken waren bei meinen neuen Freunden. Ich schrieb Mohammed noch am Abend eine SMS, ob er mittags zum Gebet in der Moschee sein würde. Ich wollte unbedingt dabei sein. Sekunden später bekam ich Antwort, er sei leider verhindert, würde den anderen aber Bescheid sagen, dass ich komme. »Schau einfach vorbei«, schrieb er, »in unserer Community ist jeder für dich da, egal ob mittags oder um drei Uhr in der Früh.«

4

Ich besuchte die Moschee gleich am nächsten Tag wieder. Es war Sonntagmittag, und im Gebetsraum saßen mehr als ein Dutzend Männer. Ein weiteres Mal wurde ich sehr herzlich empfangen, nahm am Gebet teil und führte zahlreiche Gespräche. Man erklärte mir die Riten in der Moschee und die Bedeutung der Gebete. Ich fühlte mich an diesem Ort aufgehoben. Wieder tauschte ich Telefonnummern aus. Und erst auf dem Heimweg merkte ich, dass es bereits neun Uhr abends war.

Es war ein Wochenende gewesen, das mich schon jetzt zu verändern begann. Ich merkte das bei dem Gedanken an die kommende Arbeitswoche. Eigentlich hatte ich keine Lust, zur Arbeit in der Versicherung zu gehen; ich wollte wieder in die Moschee, mit meinen Freunden beten. Und vor allem wollte ich reden. Ich fand dort für fast jedes Thema einen Gesprächspartner. Auf der Arbeit war das anders. Dort war, so glaubte ich damals, jeder nur auf seinen eigenen Vorteil bedacht. Ich beobachtete an meinen Kollegen, wie sie sich nur die angenehmsten Aufgaben aussuchten und den Rest auf die anderen abzuwälzen versuchten. Das war nicht gerecht, fand ich, zumal viel Unangenehmes dann an den Auszubildenden hängen blieb. Und echte Freunde hatte ich in den Monaten bei der Versicherung erst recht nicht gefunden. Ernsthafte Gespräche konnte ich dort nicht führen. Wie auch? Es war ja ein Job, und das Private hatte auf der Arbeit nichts zu suchen. So waren die Regeln.

Am Abend lag ich schläfrig auf meiner Couch und zappte mich durch die TV-Programme, als mein Handy klingelte. Es war Mohammed.

»Hi, wie geht's dir, Bruder?«, sagte ich. Ja, er war nach zwei Tagen tatsächlich schon für mich ein »Bruder« geworden. Ich freute mich, von ihm zu hören.

»Bist du zu Hause? Wir müssen da etwas Dringendes mit dir besprechen.«

»Ja, komm einfach vorbei«, antwortete ich.

»Okay, zwanzig Minuten, bis gleich!«

Was war das gerade, dachte ich. Kein freundlicher Abschied, nur: Sie müssen mit mir reden. Um diese Uhrzeit? Hatte ich etwas Falsches in der Moschee getan, jemanden unabsichtlich beleidigt? Ich war schlagartig hellwach, ging nervös in meiner kleinen Wohnung auf und ab.

Nach einer halben Stunde klingelte es endlich an der Tür. Ich betätigte ohne Nachfrage den Summer und hörte Schritte im Flur.

Mohammed erschien mit zwei weiteren Leuten, die etwa Anfang zwanzig waren. »As-salamu alaikum!«, ertönte es von allen dreien, und ich erwiderte mit einem »Wa alaikum as-salam!«* So viel Arabisch hatte ich durch die Gespräche in der Moschee schon gelernt.

»Was ist denn los?«, fragte ich.

»Keine Panik, es ist alles okay. Wir müssen nur über deine Arbeit reden.«

»Meine Arbeit?«

* Arabische Erwiderung auf den Willkommensgruß: »Und mit euch sei Friede!«

Verwundert bat ich die drei, sich zu setzen, und hörte mir an, was sie zu sagen hatten.

»Die Brüder schätzen dich alle wirklich sehr, und sie mögen dich. Einige haben jedoch Bedenken wegen deines Jobs. Du machst was mit Finanzen, und das ist mit unserem Glauben nicht zu vereinbaren. Es ist eine Sünde, mit dem Zinssystem Geld zu verdienen«, führte Mohammed aus.

Die anderen beiden, die sich nicht vorgestellt hatten, stimmten ihm zu. Sie brachten Beispiele, um mir zu zeigen, wie falsch meine Arbeit sei und auf welchen Irrweg mein Job mich führen würde. Sie gaben mir auch zu verstehen, dass diese Dinge von Moschee zu Moschee unterschiedlich gehandhabt würden. Ihre Gemeinde sei eben sehr gläubig und achte auf solche Dinge. Das ganze Treffen sei nur zu meinem Besten. Die Brüder in der Moschee hätten gemerkt, dass ich stark am Islam interessiert sei und dass ich gut zu ihnen passen könnte. Doch meine Arbeit sei Sünde, und sie könnten es sich nicht verzeihen, wenn sie mich nicht von dieser Sünde abhielten.

Ich verstand, dass es ihnen sehr dringend war. Doch auch für mich war die Sache ernst. Sie forderten einfach so, ich solle mir einen anderen Job suchen, wenn ich weiterhin zu ihnen kommen wollte. Ich war im ersten Lehrjahr, und natürlich lief es nicht berauschend, aber ich hatte zumindest eine gute Ausbildungsstelle.

Die drei drängten mich nun zu einer schnellen Entscheidung. Ich kannte die Gemeinde erst zwei Tage lang, fühlte mich dort aber sehr wohl. Ich hatte in der kurzen Zeit so viel Herzlichkeit erlebt. Aufgeben wollte ich das nicht. Auf keinen Fall. Andererseits sollte ich nun auf die Schnelle einen Beschluss fassen, der mein ganzes Leben verändern würde.

Ich versuchte, mit ihnen darüber zu reden. »Okay, das wusste ich nicht. Danke dafür, dass ihr mich darüber aufgeklärt habt«, stammelte ich. »Wenn ich meinen Job einfach so kündige, bekomme ich Probleme mit der Leitung der Wohngruppe, die mir diese Wohnung stellt.« Eine sofortige Kündigung kam für mich in diesem Moment tatsächlich noch nicht infrage. Aber die drei wollten keine halbe Ansage von mir. »Ich verstehe echt, was ihr meint«, sagte ich. »Wäre es okay, wenn ich mich erst einmal krankmelden würde?«

So kam etwas Ruhe in das Gespräch. Mohammed und die beiden anderen begannen, sich auf Türkisch zu beraten.

»Das geht in Ordnung«, sagte Mohammed schließlich. »Du musst das nur schnell lösen, es geht nicht um uns, es ist zu deinem Besten, Bruder!«

Ich nickte und war erleichtert, eine für beide Seiten annehmbare Lösung gefunden zu haben. Wir verabschiedeten uns alle mit einer Umarmung und verabredeten uns für den nächsten Tag in der Moschee.

5

Nach dem Aufstehen rief ich bei der Versicherung an und meldete mich krank. Grippesymptome: Muskel- und Gliederschmerzen, hohes Fieber, Husten. Das können andere schlecht nachprüfen. Dem Jugendamt erzählte ich die gleiche Geschichte. Alle glaubten sie mir.

So startete ich die neue Woche mit einem weiteren Besuch in der Moschee. In den kommenden Tagen verbrachte ich die meiste Zeit dort.

Ich lernte sehr viele neue Brüder kennen. Man belehrte mich eindringlich darüber, was gut für mich und was verboten sei. Niemals prüfte ich nach, was man mir da über den Koran erzählte. Ich ging einfach davon aus, dass mich diese Menschen nicht belügen würden. Mittlerweile hatte ich Vertrauen zu den Mitgliedern der Gemeinde gefasst. Es gab damals für mich einfach keinen Grund, an ihren Ausführungen zu zweifeln.

Personen in der Moschee, die sich mir gegenüber anfangs noch ein wenig zurückhielten, gingen nun offen auf mich zu. Sie hatten mitbekommen, wie wichtig mir die Gemeinschaft geworden war und dass ich mich einbringen wollte. Ein Zeichen dafür war wohl, dass die Moschee für mich zum Lebensmittelpunkt geworden war. Ich ging nun zu den unterschiedlichsten Zeiten dorthin, um zu beten, zu reden und beim Putzen oder im Garten zu helfen. Es kam vor, dass ich selbst mitten in der Nacht dort war.

Auf diese Weise bekam ich auch Gespräche über Gemeinden in Deutschland und der Schweiz mit.

»Hast du gehört?«, sagte einer und erzählte, dass der und der in Deutschland verhaftet worden sei. Ein anderes Mal hieß es: »Ich habe gehört, dass das Kalifat* bald ausgerufen wird.«

Das waren damals noch alles Themen, die mich ziemlich kaltließen. Ich verspürte dabei weder Freude noch Angst, wie auch, ich wusste ja kaum etwas über den Islamischen Staat oder das Kalifat. Dennoch bekam ich mit, wie diese Nachrichten die anderen Männer in der Moschee bewegten.

Ich achtete weiterhin peinlich genau darauf, dass ich in der Moschee alles richtig machte. Ich wollte die Menschen dort nicht enttäuschen. Mein Kontakt zu Mohammed wurde ebenfalls intensiver. Wenn wir uns nicht in der Moschee trafen, gingen wir in den Parks spazieren und redeten. Über das Leben, den Tod, die Religion. Märtyrer würden im Paradies ein Haus bekommen, das so groß sei, dass der Erzengel Gabriel beim Umfliegen des Gebäudes schon auf halber Strecke erschöpft zu Boden sinke, sagte Mohammed.

Immer öfter lenkte er unsere Gespräche auf das Thema Syrien. Das interessierte mich eigentlich nicht sonderlich, den Krieg in diesem fernen Land verstand ich nicht. Aber ich wollte ihm et-

* Arabisch – ungefähre Bedeutung: »Gottesstaat«. Der Titel »Kalif« meint nichts anderes als »Nachfolger« des Propheten Mohammed und damit den Vorsteher der muslimischen Gemeinschaft. Um die rechtmäßige Nachfolge entbrannte bald nach Mohammeds Tod ein Streit, das religiöse Amt wurde politisch. Seit dem Mittelalter gab es verschiedene Staaten, die sich als »Kalifat« bezeichneten – unter anderem das Osmanische Reich. Heute nennt sich IS-Anführer Abu Bakr al-Baghdadi »Kalif« – um sich selbst und die Taten des Islamischen Staates in die Tradition des Propheten zu stellen. Die große Mehrheit der Muslime erkennt seinen Titel jedoch nicht an.

was zurückgeben. Er hörte mir bei all meinen Sorgen und Problemen zu, also hörte ich ihm nun auch zu. Ohne das, was er mir da erzählte, von vornherein infrage zu stellen. Mehr noch: Ich glaubte ihm. So wie ich den Leuten in der Moschee glaubte, wenn sie mir ihre Auslegung des Koran als die einzig wahre verkauften.

Mohammed erzählte von dem Leid, das den Menschen in Syrien von allen Seiten angetan werde, und dass es nicht fair sei, wie man dort mit den Kindern und mit den erwachsenen Brüdern und Schwestern umgehe. Um ehrlich zu sein, es traf mich rein menschlich schon, was er mir erzählte. Und ich fand es verdammt ungerecht, wie man mit den Syrern angeblich umging. Immer wieder zeigte Mohammed mir auch Handyvideos. »Glaub dem Dreck aus den Medien nicht, die verbreiten nur Lügen!«, sagte er. »Es gibt für die Geschehnisse dort genügend Videos im Netz, die alles belegen.« Auch per Mail bekam ich nun Aufnahmen aus den Kriegsgebieten Syriens.

Wie gesagt, ich war damals noch sehr jung. Und ich zählte nicht zu den Menschen, die sich täglich eine Tageszeitung kauften. So beschränkten sich meine eigenen Recherchen zum Syrienkrieg auf die Internetseiten, die man mir in der Moschee nannte. Denn nur dort könne ich ja die wahre Realität erfahren, redeten mir die Brüder ein.

Ich habe die Sache mit der »wahren Realität« tatsächlich geglaubt.

6

Mir gelang es, meine »Erkrankung« auf volle zwei Wochen auszudehnen. Doch das hatte seinen Preis. Mittlerweile stellten die Betreuer aus der Wohngruppe schon unangenehme Fragen. Und auch mein Vater, der mich einmal in der Woche anrief, wurde misstrauisch.

Ich fragte meine Brüder in der Moschee, ob es nicht möglich sei, noch einmal für einige Tage arbeiten zu gehen. Gleichzeitig versprach ich, bald zu kündigen. Nur sei das auf die Schnelle viel zu kompliziert und würde mehr Fragen aufwerfen, als mir lieb sein könnte. Wieder zogen sich die Männer zurück, um darüber zu beraten. Schließlich stimmte man meinem Plan zu – freilich nicht, ohne mich vorher noch darüber zu belehren, wie sehr ich mich doch an mir selbst und den Grundsätzen des Islam versündigen würde.

Nach diesen zwei Wochen, die ich fast komplett in der Moschee verbracht hatte, kamen mir meine Arbeit und die Berufsschule wie eine Strafe vor. In gewissem Sinn war das auch so, ich stand nun in der Pflicht: Denn in der Moschee hatte man mir auch gesagt, dass ich die Sünde, die von den Zinsgeschäften ausginge, durch die Missionierung von Ungläubigen tilgen müsse.

Und genau das tat ich auch. Sowohl in der Berufsschule als auch auf der Arbeit suchte ich das Gespräch zu Mitschülern oder Kollegen, die ich dazu überreden wollte, mit mir in die Moschee zu kommen.

Mittlerweile war ich sechzehn geworden. Von Frauen hielt ich mich in der Öffentlichkeit bereits fern. Ich vermied es, so gut es ging, ihnen die Hand zu geben. So etwas könne einen Mann auf schmutzige Gedanken bringen, hatte man mir in der Moschee erzählt. Wenige Wochen zuvor wären mir solche Ideen komisch vorgekommen, ich hatte schließlich auch schon Beziehungen zu Mädchen gehabt. Doch in intensiven Gesprächen gelang es den Gemeindemitgliedern, mich davon zu überzeugen, was ihrer Ansicht nach Sünde sei und wie man ihr am besten entgehen könne.

Gegen Ende der Arbeitswoche erhielt ich einen Anruf im Büro. Ich war gerade dabei, Verträge zu bearbeiten. Mich langweilten solche Aufgaben zusehends, ich empfand sie als belanglos. Mohammed war am Apparat, er bat mich, zu einem Park am Wiener Heldenplatz zu kommen, es gebe da etwas Wichtiges zu bereden.

Ich nahm meine Jacke und sagte den Kollegen, dass mir übel geworden sei und dass ich zum Arzt müsse. Eine Reaktion wartete ich nicht ab. Mein Bruder war mir wichtiger als das, was die Kollegen auf der Arbeit über mich dachten.

Am Heldenplatz begrüßte mich Mohammed mit einem breiten Lächeln.

»Bruder! Alhamdulillah*, dass du kommen konntest! Gleich kommen noch weitere Brüder. Ich habe ja mit dir über den Islam geredet. Und es scheint mir, als wärst du bereit für den größten Schritt in deinem Leben. Wenn du das willst, dann konvertiere heute zum Islam!«

* Arabisch: »Gelobt sei Gott!«

Mein erster Gedanke war bloß, ob er das ernst meinte. Und der zweite, ob das denn so einfach ging. Hier, mitten in der Wiener Altstadt, zwischen dem Naturhistorischen Museum und der Hofburg, wo täglich Tausende Touristen ihre Erinnerungsfotos machen.

Als dann seine zwei Brüder kamen, wusste ich, dass er es ernst meinte. Und die Konvertierung zum Islam ist tatsächlich recht einfach. Anders als die christlichen Kirchen ist der Islam nicht in »Amtskirchen« organisiert, die Melderegister verwalten, in die man eingetragen wird. Wer an den Islam glaubt, muss sich vor Allah direkt verantworten. Dazu genügt es, wenn man das islamische Glaubensbekenntnis aufsagt, am besten unter Zeugen, die einem bei der richtigen Durchführung des Rituals helfen. Man muss vorher auch nicht aus einer christlichen Kirche austreten. Wichtig ist nur das korrekt ausgesprochene Bekenntnis zu Allah.

An diesem Tag musste ich nicht mehr lange überlegen. Nach allem, was ich in der Moschee erlebt hatte, schien mir die Sache klar: Ich wollte Teil dieser Gemeinschaft werden. Der islamische Glaube war doch etwas sehr Schönes, selbst als Nichtmuslim wurde man sehr herzlich empfangen. Und ich hatte auch kein Problem damit, ein religiöses Leben zu führen. Was sollte daran auch verkehrt sein? So dachte ich damals.

Ich musste zwei Sätze auf Arabisch nachsprechen: »Ich bezeuge, es gibt keinen Gott außer Allah. Und ich bezeuge, dass Mohammed der Gesandte Allahs ist.«

Danach riefen die drei laut auf der Straße: »Allahu akbar!«*

Sie umarmten mich. »Friede sei mit dir! Jetzt bist du einer von uns!«

Ich war völlig überwältigt von meinen Gefühlen, begriff erst nach und nach, was ich in diesem Moment getan hatte.

* Arabisch – übliche, aber ungenaue Übersetzung: »Gott ist groß!« Wörtliche Übersetzung: »Gott ist größer!« Die Steigerungsform wird benutzt, um auszudrücken, dass Gott über den Dingen steht.

»Ich gehe jetzt nach Hause, ich muss meine Freude erst mal sacken lassen«, sagte ich.

»Gut, Bruder, mach das. Zu Hause solltest du gleich duschen und deinen Körper reinigen, da du jetzt Muslim bist. Ich melde mich am Abend bei dir. Morgen gehen wir dann, wenn du Lust hast, gemeinsam in die Moschee zum Gebet. Und ich stelle dir noch mehr Brüder vor. Übrigens kannst du jetzt auch eine Schwester im Glauben heiraten, so wahr Gott will«, sagte Mohammed.

Ich grinste und verabschiedete mich. »As-salamu alaikum, meine Brüder, bis morgen, inschallah!«*

Mohammed erwiderte den Gruß und sagte noch, dass ich mir bis morgen einen neuen islamischen Namen geben sollte. »Oliver« sei jetzt Vergangenheit.

Der Übertritt zum Islam markierte für mich einen Einschnitt; jetzt wollte ich nach den Regeln des Glaubens leben, so wie ich sie in der Moschee kennengelernt hatte. Ich nannte mich fortan »Mohammed«, ein sehr gebräuchlicher Vorname im Islam, gab er doch den Namen des Propheten wieder. Und auch mein Bruder trug ihn.

Überall verkündete ich stolz, dass ich nun Muslim sei. Die Gespräche mit den Brüdern in der Moschee sog ich förmlich auf. Ich begann, mich nach den Vorschriften des Islam zu kleiden. So wie ich es damals bei Hassan und Karim vor meinem ersten Besuch in der Moschee gesehen hatte, rollte ich nun meine Hosen bis zu den Knöcheln hoch. Man hatte mir gesagt, dass es eine Sünde sei, wenn die Säume der Hosenbeine die Schuhe oder gar den Asphalt berührten. Außerdem versuchte ich mir einen Bart wachsen zu lassen – obwohl die Haare damals noch sehr spärlich bei mir sprossen.

Auch wenn ich nicht den besten Kontakt zu meinem Vater

* Arabisch: »So wahr Gott will!«

hatte, beschloss ich, ihn anzurufen. Auch er sollte wissen, dass ich jetzt konvertiert war.

»Ich wollte dir sagen, dass ich jetzt einer großen Gemeinschaft angehöre«, sagte ich.

»Hatte öfter probiert, dich anzurufen. Ist es zu viel verlangt, mal abzuheben oder zurückzurufen?«, antwortete er. »Was meinst du mit ›großer Gemeinschaft‹?«

»Ich bin Muslim!«

Danach war für einige Zeit Stille in der Leitung. Ich spürte sein Entsetzen und stellte mich auf empörte Fragen ein.

Aber er sagte nur: »Willst du nach Syrien?«

Was meinte er damit? Was sollte das jetzt werden? Ich erzählte ihm stolz von meinem neuen Glauben, und das Einzige, was ihm dazu einfällt, war Syrien?

Er fuhr fort: »In den letzten Wochen sind ein paar Jugendliche aus Wien nach Syrien gegangen, es sind auch zwei Mädchen verschwunden, die jetzt bei diesem IS sind. Was soll das heißen, du bist jetzt Muslim? Denkst du, ich schau keine Nachrichten? Verarsch wen anderen.«

Seine Worte trafen mich, darauf war ich nicht eingestellt. Ich hatte mit einer seiner üblichen Moralpredigten gerechnet, doch nicht mit einem Gespräch über Syrien oder verschwundene Mädchen, die jetzt beim IS sind. Augenblicklich ging ich in Abwehrstellung. Nein, darauf hatte ich keinen Bock. Ich legte auf.

Mein Handy klingelte noch einige Male, doch ich reagierte von nun an nicht mehr auf seine Kontaktversuche. Vater hatte doch keine Ahnung, was wirklich in Syrien abging, dachte ich. Er war einer von diesen Menschen, die auf die Lügen aus den Medien hereinfielen. Überall wurden meine Geschwister und ihr Glauben völlig falsch dargestellt. Und er war auch noch bereit, diesen Mist zu schlucken.

Aus politischen Diskussionen hielt ich mich damals weitgehend heraus. Eine Ausnahme gab es: In den Anfangstagen meiner Radikalisierung hatte eine Kollegin auf der Arbeit immer wieder gegen den Islam gehetzt. »Wenn der IS schon Christen in Syrien tötet, dann würde ich am liebsten ein Messer nehmen und hier in Österreich Muslime auf der Straße töten. Und wenn ich Frauen mit Kopftuch sehe, würde ich ihnen das am liebsten vom Kopf reißen«, sagte sie.

Ganz ruhig habe ich ihr versucht zu erklären, was denn alle Muslime dieser Welt nun dafür könnten, wenn in Syrien ein paar Radikale Unschuldige ermordeten.

»Willst du die jetzt in Schutz nehmen?«, entgegnete sie empört.

»Die österreichischen Muslime schon. Wenn die hier einfach arbeiten und ihr Leben leben wollen, kann man doch nichts dagegen sagen.«

Nicht nur auf der Arbeit begegnete mir Islamfeindlichkeit. Die deutsche NPD hatte zum Beispiel plakatiert: »Ist der Ali kriminell, in die Heimat, aber schnell!« Ein Foto mit dem Slogan kursierte damals auf Twitter. Solche Sprüche haben mich extrem wütend gemacht. Und sie haben mich auch in meinem Denken bestätigt, dass es »wir« und »die« gibt. Die Radikalität der anderen hat mich selbst in meiner Radikalität bestätigt.

Kurz darauf meldete ich mich erneut krank. Jetzt wollte ich mich als Mohammed auf mein neues Leben konzentrieren, in dem alles viel einfacher und besser würde.

Nur vor der Kündigung meines Jobs hatte ich immer noch Hemmungen. Einerseits wollte ich meine Ausbildung abschließen, um mir eine bürgerliche Existenz nicht zu verbauen. Andererseits wollte ich auch ein guter Muslim sein, da ich nur so die Chance hatte, ins Paradies zu kommen.

Ich löste das für mich so, dass ich später zwar wieder zur Arbeit und in die Berufsschule ging, aber dort meine Pflichten als Muslim erfüllte. Ich nahm meinen Gebetsteppich mit und betete mittags in meinem Büro neben dem Schreibtisch meiner Mentorin gen Mekka. Das gab natürlich Spannungen mit meinen Kollegen. Ich wurde darauf angesprochen, ob ich meinen Glauben nicht etwas übertrieben praktizieren und sich mein Leben nicht in eine extreme Richtung entwickeln würde.

Einmal erwischte mich ein älterer Kollege dabei, wie ich mich gerade auf der Toilette für das Gebet vorbereitete. Gerade hatte ich meine Füße gewaschen und war dabei, meine Socken wieder anzuziehen. »Was machst du da?«, fragte er.

»Ich hatte nur meine Socken falsch herum angezogen, alles in Ordnung«, antwortete ich.

Natürlich glaubte er mir nicht. Mein sonderbares Verhalten sprach sich herum. So begann die Stimmung gegen mich langsam zu kippen.

Ich meldete mich nun noch öfter krank. Und wenn das nicht möglich war, dann blieb ich der Arbeit eben unerlaubt fern. Bald würde man mir ohnehin kündigen, da mein Verhalten zusehends untragbar wurde.

Dass meine wirtschaftliche Existenz sich gerade in Luft aufzulösen begann, war für meine Brüder selbstverständlich kein Problem. Mein Job war in ihren Augen ohnehin Sünde, außerdem kannte ich niemanden in der Moschee, der einer geregelten Arbeit nachging. Obwohl die Männer dort den Staat als einen Hort der Kuffar* ansahen, bezogen viele von ihnen Sozialleistungen. Andere lebten vom Geld ihrer Eltern, was allein schon deswegen notwendig war, weil die Brüder viele Jobs aus Prinzip ablehnten. Oft diente der Glaube ihnen dazu, sich vor Arbeit zu drücken. Ganz radikale Gemeindemitglieder weigerten sich, als Friseure zu arbeiten. Angeblich deswegen, weil gläubige Muslime sich nach Allahs Geboten einen Bart wachsen lassen sollen. Und wahrscheinlich hätten diese Brüder sogar eine Schornsteinfegerstelle als haram** betrachtet, weil Schornsteinfeger oft als Glücksbringer betrachtet werden.

* Arabisch: »Ungläubige«
** Arabisch: »verboten«

Die freie Zeit verbrachte ich fast ausschließlich in der Moschee. Alte Freunde kontaktierten mich nur noch selten. Sie verstanden nicht, warum ich Muslim geworden war, und ich verstand nicht, wie sie ein gottloses Leben führen konnten. Ich war überzeugt davon, dass ich früher meine Zeit sinnlos verplempert hatte. Jedes Gespräch mit meinen Brüdern zeigte mir, wie sehr ich früher danebengelegen hatte. Ich lernte jeden Tag neue Brüder kennen, ihr Vertrauen mir gegenüber wuchs, und ich glaubte zu erkennen, dass sie mit so vielem recht hatten, was sie sagten.

Das Verrückte war: Mir selbst fiel es gar nicht auf, wie extrem mein Verhalten mittlerweile geworden war. Selbst zu diesem Zeitpunkt. Hätte mich damals jemand gefragt, ob ich mich verändert hätte, dann wäre meine ehrlich gemeinte Antwort gewesen: Nein, ich bin immer noch derselbe Mensch wie früher, nur dass ich jetzt eben als »gläubiger Muslim« lebe. Wenn mir jemand vorwarf, ich sei »radikal« geworden, sah ich das als einen Angriff auf den Islam an sich. Ich hatte vollkommen aufgehört, mich und mein Verhalten zu reflektieren.

Nach einigen Wochen wurde ich in den inneren Führungskreis der Moschee eingeführt. Diese Kerngruppe war äußerst radikal in ihren Ansichten, was ich damals nicht begriff, weil sie alle nett und brüderlich zu mir waren.

Hier war ich nun zu Hause, als gut integriertes Mitglied einer Gemeinschaft von Gläubigen. Daran konnte nichts Schlimmes sein. Da war ja immer noch die Herzlichkeit, mit der sich die Männer hier begegneten, der Zusammenhalt, die Solidarität. Ich beurteilte die Menschen immer noch nach der Sympathie, die sich zwischen uns entfaltete, kam aber nicht auf die Idee, dass diese Menschen mich nur mochten, weil ich Muslim geworden war. Und weil sie Soldaten suchten für den Dschihad.*

* Arabisch: »Heiliger Krieg«

7

Was ich in den folgenden Tagen merkte, war jedoch, dass sich meine Brüder immer öfter über Syrien und den Krieg gegen die Kuffar unterhielten.

Ich hatte damals nicht viel Ahnung vom Dschihad. Auch über die Geschehnisse in den Kriegsgebieten Syriens hätte ich nicht großartig mitreden können. Doch das sollte sich bald ändern. Mir wurden immer härtere Videos aus Syrien, Afghanistan und aus dem Irak gezeigt, in denen Brüder und Schwestern auf sehr brutale Weise gefoltert und vergewaltigt wurden.

Schon im Kinderheim hatte ich einen ausgeprägten Sinn für Gerechtigkeit entwickelt. Ich bin immer für jene eingetreten, die meiner Meinung nach benachteiligt wurden. Wenn etwa Süßigkeiten verteilt wurden und manche dabei leer ausgegangen waren. Das hatten damals auch meine Betreuer gemerkt. Ich setze mich gern für andere Menschen ein. Auch deswegen berührten die Videos etwas in mir.

Und dann gab es ein gewisses Gruppengefühl beim Betrachten der Videos, wir schauten sie ja alle gemeinsam als Muslime, in einer Moschee. Wir fragten uns, wie wir hier in Österreich eigentlich noch ruhig schlafen konnten, während unsere Geschwister derart Grausames erleiden mussten. Ich spürte diese Schuldgefühle auch im Alltag. Wenn ich mir morgens bei Starbucks einen Becher Kaffee kaufte, dachte ich nun daran, wie ich hier in Wien im Wohlstand leben konnte, während es den Geschwistern in Syrien oft am Nötigsten fehlte.

Zunehmend empfand ich Zorn, Hass und Trauer. Brüder aus der Moschee verstärkten dieses Empfinden noch, indem sie mir gezielt ins Gewissen redeten. Und so wuchsen auch mit jedem Tag meine Schuldgefühle.

Offenbar ging es nicht nur mir so. Aus der Moschee verschwanden immer mehr bekannte Gesichter. Und danach hörte man nur, sie seien »dank Allahs Segen gut angekommen«.

Die Brüder in der Moschee erzählten mir, dass auch der IS in den Medien völlig falsch dargestellt werde. Es handle sich dabei keineswegs um eine Mörderbande, sondern um eine Befreiungsarmee, die den Unterdrückten helfen würde. Westliche Medien schrieben dem IS stets die Grausamkeiten des Assad-Regimes zu. Das Gegenteil sei jedoch wahr: Die Menschen freuten sich, wenn ihre Dörfer und Städte von den Helden des IS befreit wurden. Sie seien Allahs Krieger.

Mein Job war mir völlig unwichtig geworden, aber selbst das wurde mir nicht so richtig klar. Gekündigt habe ich nie. Stattdessen nahm ich den kompletten Resturlaub, der mir für das laufende Jahr noch zustand.

Für mich war es nun selbstverständlich, nach den Regeln meiner Gemeinde zu leben. Bei meinen Brüdern war ich zu Hause. Und folgerichtig passte ich mich ihrem Verhalten und ihrem Denken an, sie waren für mich nicht nur Stütze, sondern auch Vorbilder geworden.

Frauen gab ich nun aus Prinzip nicht mehr die Hand, selbst wenn das eigentlich unvermeidlich war. Ich trug provozierende Kleidung, die meinen Standpunkt für jeden in meinem Umfeld sichtbar machte: zum Beispiel T-Shirts und Baseballkappen in

Tarnfarben und mit arabischen Sprüchen oder der eingestickten Flagge des IS. Viele meiner Brüder betrieben Kampfsport; ich begann, mit ihnen zu trainieren. Auch hier war ich sehr ehrgeizig. Es galt stark zu sein für unsere Gemeinschaft.

Ich bekam eine Fahne des IS geschenkt, die ich über der Couch in meinem Wohnzimmer aufhängte. Noch fehlte mir der direkte Bezug dazu, ich fühlte mich noch nicht als künftiger »Gotteskrieger«, und doch spürte ich, dass der IS für mich eine positive Bedeutung bekam. Zumindest konnte ich damit Ungläubige provozieren, das taten auch meine Brüder liebend gern.

Dann brach ich den Kontakt zu meinen alten Freunden vollkommen ab. Ich hörte auf, mein einst so geliebtes *Warcraft* zu zocken. Auch das war für mich nun Sünde. Und auf Facebook löschte ich alle meine weiblichen Kontakte, sogar meine Mentorin von der Arbeit. Deswegen wurde ich von der Betriebsleitung zum Gespräch gebeten. Ich weigerte mich einzulenken. Fortan postete ich nur noch islamische Sinnsprüche und Suren aus dem Koran.

Ganz lückenlos hielt ich die mir selbst auferlegte Kontaktsperre zu Frauen allerdings nicht durch. Und so ging es auch anderen Mitgliedern der Moscheegemeinde. Die meisten von uns waren junge Männer, im Internet wollte jeder der größte Sheikh* sein. Wenn mir dann Schwestern, die hübsch aussahen, über das Netzwerk ASKfm eine Frage zum Islam stellten, antwortete ich selbstverständlich. Meist musste ich zwar die Informationen im Netz suchen und dann so tun, als sei das mein eigenes Wissen. Aber ich schrieb dann immer ganz unverfänglich zurück: »Schwester, die Sache verhält sich so. Und wenn du weitere Fragen hast, kannst du dich gern bei mir melden.« Die Nachricht war ja privat und nicht für die Öffentlichkeit sichtbar.

* Anglisierte Übertragung des arabischen Wortes für »Scheich«. Ist in dieser Form auch unter Muslimen im deutschen Sprachraum verbreitet

Bisweilen meldeten sich Schwestern, lobten den immer noch recht spärlichen Wuchs meines Bartes und fragten nach dem Pflegemittel. Auch daraus konnte man noch ein Gespräch über den Islam ableiten. Manche zeigten sich auf ihrem Profilbild mit Niqab. Und wenn man dann die Timeline herunterscrollte, sah man sie auf Fotos mit einem Mal in Hotpants. So blieb der Austausch über die Glaubensgrundsätze des Islam und dessen Bräuche im Gang.

In meinem Glauben bot sich für solche Kontakte auch ein Schlupfloch: Wenn mich eine Schwester heiraten wollte, war Kontakt erlaubt, um die Hochzeit anzubahnen. Formell unverfängliche Gespräche über Religion gehörten für mich definitiv zum Anbahnungsprozess. Es ging ja darum festzustellen, ob die Schwester ebenfalls gefestigt in ihrem Glauben war. Und die anderen hielten es genauso.

Auch wenn es wirklich niemand zugeben wollte, aber es gab einen Wettbewerb unter uns, wer am meisten über den Islam wusste. Und natürlich ging es auch darum, Frauen zu imponieren. Trotz unserer Radikalisierung blieben gewisse menschliche Grundbedürfnisse.

Einmal habe ich mit einem Bruder im Taxi gesessen und sah auf seinem Handy einen weiblichen Namen, der mit drei Herzchen eingespeichert war.

»Du hast Kontakt zu Frauen?«, fragte ich ihn.

»Nein, nein.«

»Verarsch mich nicht.«

»Nein, das ist nur eine Schwester, und wir sprechen über den Islam.«

Drei Wochen später sagte er, dass er sich nun mit ihr treffen wolle. Auch das wäre noch erlaubt gewesen, wenn ein Bruder danebengesessen hätte, um darauf zu achten, dass es keine verbotenen Berührungen gab. Als er von dem Treffen zurückkam, verkündete er stolz seine Verlobung. Es blieben große Zweifel daran, dass er die Frau wirklich heiraten wollte. Aber so fand jeder seine Lücke im islamischen Recht, um Dinge zu machen, die eigentlich nicht erlaubt waren.

Wenn wir jedoch unter uns waren, versuchten wir uns keine Blöße zu geben und überboten uns gegenseitig mit Beweisen unseres Glaubens. Bisweilen ging es dabei auch um die Rangordnung in der Gemeinde.

Mein Musikgeschmack änderte sich. Früher hatte ich alles gehört, was gerade im Radio oder auf den Anlagen meiner Freunde lief: Hip-Hop, Heavy Metal, Pop, eigentlich alles außer Schlager. Dann sagte man mir, dass diese Musikstile unislamisch seien. Also habe ich bei Google nach »islamischer Musik« gesucht und mir entsprechende Lieder heruntergeladen. Als ich mit den Downloads einmal in der Moschee war und auf meinen Kopfhörern die Songs hörte, sprach mich ein Bruder an. »Hey, welche Musik hörst du da eigentlich?« Ich gab ihm die Ohrstöpsel. Darauf sagte er mir, dass ich die Dateien sofort löschen sollte, das sei keine islamische Musik, weil darauf Trommeln zu hören waren. »Wenn Instrumente im Hintergrund erklingen, dann ist die Musik haram.« Also hörte ich fortan nur noch islamische Gesänge.

Derselbe Bruder wies mich auch zurecht, als ich entgegen meiner sonstigen Gewohnheit einmal mit einer kurzen Militärhose in die Moschee kam. Da die Hosenbeine logischerweise den Asphalt nicht berührten, fand ich diese Art von Kleidung in Ordnung. Ich erklärte: »Jeder geht hier doch mit Militärhosen hin.« Er antwortete mir, dass es nicht um das Tarnmuster gehe, sondern um die Länge der Hose. Sie reichte knapp über das Knie. Ein richtiger Muslim aber müsse Kleidung tragen, die den Körper vom Bauchnabel bis unter das Knie bedeckt. Sonst sei er vor den anderen Gemeindemitgliedern wie nackt. Deswegen fing ich an, nur noch lange Hosen zu tragen. Selbst wenn es warm war.

Als mein erster Ramadan begann, wollte ich mich als würdiger Muslim erweisen und so viel Belohnung von Allah wie möglich bekommen. Deshalb las ich viel im Koran und betete. Oft war ich bis tief in der Nacht in unserer Moschee.

Am ersten Tag des Ramadan verkündete der Islamische Staat in Syrien das Kalifat. Es war gerade Sommer geworden, Ende Juni 2014. Ich kann mich noch gut daran erinnern, wie ich mit einigen Brüdern in der Moschee saß. Wir redeten über den Islam und über die Schlachten, die der Prophet Mohammed gewonnen hatte. Einige scrollten auf ihren Handys herum. Plötzlich rief einer: »Allahu akbar! Das Kalifat wurde ausgerufen! Brüder, schaut schnell auf Facebook.«

Alle zückten nun ihre Smartphones. Ich war mir nicht sicher, was dieser Begriff bedeuten sollte, das »Kalifat«. Husseyin drehte sich zu mir um und sagte: »Bruder, ein islamischer Staat wurde ausgerufen! Ab jetzt muss jeder Muslim dorthin, um ein gottgerechtes Leben zu führen.«

Immer noch war ich verwirrt. Alle um mich herum freuten sich, und ich hatte keine Ahnung, was da passiert war. Aber ich freute mich intuitiv mit den anderen, offenbar gab es einen Grund zu feiern.

In der Moschee verkehrte eine afghanische Familie, die ich öfter dabei beobachten konnte, wie sie sich mit Gemeindemitgliedern allein im Nebenzimmer der Moschee unterhielt. Wie sich später herausstellen sollte, sprachen sie über Möglichkeiten, nach Syrien zu kommen.

In meiner Gemeinde hatte ich alles, was ich mir zu dieser Zeit wünschte. Gesprächspartner für jede Lebenssituation, es war immer jemand für mich da. Ich erhielt auf alles scheinbar gut durchdachte Antworten. Probleme lösten wir unter uns, wir halfen uns gegenseitig. Es gab keine sinnlosen Besäufnisse. Und wenn ich an mein früheres Leben dachte, an die Diskobesuche, bei denen Bekannte irgendwelche angetrunkenen Mädchen aufgabelten und mit nach Hause nahmen, verspürte ich Abscheu.

Ich selbst hatte nie Geborgenheit innerhalb einer Familie erlebt. Zwar hatten wir es immer mal wieder probiert, mein Vater und ich, aber es blieb bei Versuchen. Hier in der Moschee waren wir nun eine starke Gemeinschaft. Wenn es Streit mit einem Ungläubigen gab, standen meine Brüder zu hundert Prozent hinter mir, selbst wenn ich im Unrecht war. Denn ich war schließlich Teil ihrer Gruppe.

Viele meiner Brüder fassten den Entschluss, so bald wie möglich ins Kalifat zu reisen. Und ich wollte nicht allein zurückbleiben. Für mich stand fest: Wenn sie gehen, würde ich mitkommen. Mir ging es aber nicht darum, als Frontkämpfer in den Krieg zu ziehen. Ich hörte davon, dass Leute gesucht werden, die das Kalifat logistisch unterstützen. Man würde ein Haus oder eine Wohnung bekommen, keiner würde dazu gezwungen werden, sich an den Kämpfen zu beteiligen. Jeder könnte dort mit einer treuen Frau an seiner Seite eine Familie gründen.

Und so reifte mein Plan. Erstens, meine Aufgabe als guter Muslim wäre es, eine Hidschra* ins Kalifat zu machen. So wahr Gott mir dies beschied. Zweitens, ich wollte dort ein neues Leben beginnen, an einem neuen Ort, und mein ganzes altes Leben auch räumlich hinter mir lassen. Auf diese Weise könnte ich helfen, das Leid meiner Geschwister zu lindern. Im Falle eines

* Arabisch – wörtliche Übersetzung: »Auszug«. Im Jahr 622 zog Mohammed von Mekka, wo er starken Anfeindungen ausgesetzt war, nach Medina. Dort gelang es ihm, den Islam als Religion zu etablieren und ein Staatswesen aufzubauen. Der 24. September 622 gilt als Beginn der islamischen Zeitrechnung. Gläubige Muslime, die heute eine »Hidschra« machen, verlegen ihren Wohnsitz in ein Gebiet, in dem das islamische Recht (»Scharia«) gilt. Ob es eine Pflicht zur Hidschra gibt, ist umstritten. Islamisten nutzen das Konzept der Hidschra zur Rekrutierung. In der radikalen Ideologie des Islamischen Staates, mit dessen politisch instrumentalisierter Auslegung des Islam, gilt die Scharia nämlich einzig und allein im Herrschaftsbereich des IS. Folgt man dieser Logik, sind alle gläubigen Muslime aufgefordert, in den Grenzen des vom IS beherrschten »Kalifats« zu leben.

Angriffs würde ich sie notfalls mit der Waffe in der Hand verteidigen, deswegen wollte ich auch eine militärische Ausbildung machen.

Je stärker mein Wunsch wurde, nach Syrien auszureisen, desto intensiver versuchte ich meine Brüder davon zu überzeugen, dass ich nun bereit war. Ich bildete mir ein, dass ich selbst auf diesen Wunsch gekommen war, aber natürlich führten sie mich in allem, was sie taten, auf dieses Ziel hin. Es entwickelte sich ein absurdes Spiel zwischen uns. Einerseits fühlte ich mich selbst schon bereit, andererseits hielten mich die Brüder hin, damit sich mein Wunsch zu einer Sehnsucht verfestigte.

Nie drängte mich jemand dazu, ins Kalifat zu gehen. Es war aber so, dass die Brüder stets jene Muslime verfluchten, die diese Reise nicht antreten wollten. Dadurch entstand ein Gruppendruck. Ich war wohl zu jung, um das zu durchschauen.

Währenddessen führte mein Vater heftige Gespräche mit den Betreuern aus der Wohngruppe und den Mitarbeitern des Jugendamtes. Unser Telefonat hatte ihn tief verunsichert. Er berichtete von seinen Sorgen über meinen Glaubenswechsel. Meine Stiefmutter und er fürchteten völlig zu Recht, dass ich nach Syrien ausreisen und mich dem Dschihad anschließen wollte.

Die Betreuer erzählten mir bei einem Treffen davon, und ich versicherte mit Unschuldsmiene, dass dies absolut lächerlich sei. Aber auch meine Ausbilder hatten zu dieser Zeit bereits Sorgen wegen meines islamischen Glaubens angemeldet. Ich erwiderte, dass ich einfach nur ein gläubiger Muslim geworden sei und dass meine Chefs bei der Versicherung sicherlich nur deswegen sauer auf mich seien, weil ich einige Zeit krankgeschrieben war.

Die Leitung der Wohngruppe gab sich damit zufrieden. Nur eine Sache veränderte sich für mich: Man würde mir meinen Reisepass nur in absoluten Notfällen aushändigen, weil ich ja noch minderjährig sei und man sich weitere »Diskussionen« ersparen wolle. Ich vermutete die fortlaufenden Anrufe meines Vaters als Grund dafür. »Klasse, machen wir das so«, sagte ich und nickte freundlich.

Eine andere Wahl hatte ich auch nicht. Fuck, dachte ich nach dem Gespräch, das kann ich jetzt wirklich nicht brauchen. Denn ich benötigte den Reisepass, um meine Pläne in die Tat umzusetzen.

Ich rief Mohammed an und bat um ein Treffen in der Moschee.

»Bruder, ich will hier weg, ich will nach Syrien«, sagte ich.

»Gib mir dein Handy«, sagte Mohammed.

»Mein Handy?«, fragte ich erstaunt nach und überreichte es ihm.

Er ging in den Nebenraum und verstaute sowohl sein Smartphone als auch meines. Dann bat er mich in das kleine Badezimmer, da wir hier ungestört reden konnten.

»Einige Brüder wurden gestern verhaftet, sie wurden in der Türkei abgefangen. Das ist nicht so einfach, wie du es dir vorstellst. Wir können nur Leute senden, die keine Zweifel haben«, sagte er.

»Du kennst mich, du weißt, ich will hier weg, mich kotzt dieses Leben an.«

Er nickte verständnisvoll. »Bruder, einige jüngere Geschwister waren leider sehr unvorsichtig. Die Polizei hatte sie bereits im Visier, wegen anderer Dinge zwar, aber trotzdem. Sie haben zu viel am Telefon geredet. So bekommt die Polizei mit, dass aus gewissen Kreisen in Wien Reisen in das Kalifat organisiert werden. Wir müssen vorsichtiger sein. Künftig gibt es keine Gespräche mehr mit dem Handy. Und auch keine Unterhaltungen mehr, wenn auch nur ein Handy im Raum ist. Außerdem müssen wir darauf achtgeben, ob uns jemand verfolgt.«

Ich spürte, wie ein gewisser Abenteuergeist in mir aufkam. Was Mohammed sagte, klang für den Moment nicht nur sehr plausibel, sondern ein wenig auch nach »Jason Bourne«, wie ein

Versteckspiel mit den Behörden. Und ich wollte jetzt erst recht mein Bestes geben, um meine Brüder nicht zu gefährden.

»Fahr jetzt nach Hause. Ich bespreche mit ein paar Leuten, was wir mit dir machen. Ab jetzt hältst du dich zurück. Keine Gespräche mehr über den Dschihad, nichts mehr auf Facebook. Verhalte dich ruhig«, sagte Mohammed.

»Kein Problem, ich werde sehr vorsichtig sein, ich meine es wirklich ernst, ich will weg von hier. Du weißt, dass ihr meine Familie seid. Und ich will hier nicht übrig bleiben, wenn ihr alle dort seid.«

Mohammed umarmte mich kurz. »Wir bekommen das hin. Pass auf und rede auch nicht mit anderen Brüdern darüber, manche sind leider nicht sehr vorsichtig.«

Wie so oft stimmte ich ihm einfach zu, ohne großartig nachzudenken. So tief war mein Vertrauen zu ihm. Ich ging nach Hause mit dem Gefühl, dass ich nun auch noch Teil einer aufregenden Unternehmung geworden war. Was für ein Irrtum. In Wahrheit war ich nur noch einen Schritt davon entfernt, mich einer der schlimmsten Terrororganisationen unserer Zeit anzuschließen.

Ich wurde tatsächlich vorsichtiger, fast schon paranoid, vermutete hinter jedem Passanten einen Zivilpolizisten. Vielleicht hatten diese Kuffar um mich herum ja durch irgendeinen Zufall herausgefunden, dass ich nach Syrien wollte. Ich betete zu Allah, dass er es mir möglich machen würde, die Reise anzutreten.

8

In den letzten zehn Tagen des Ramadan war ich oft bis tief in der Nacht in der Moschee. Mir wurde beigebracht, dass an einem dieser zehn Tage die »Nacht der Bestimmung« sein könnte, für alle, die zu dieser Zeit beteten. Ich wollte unbedingt diese Erfahrung machen und sie im Kreise meiner Brüder erleben.

An einem dieser Tage saß ich abends in der Moschee und studierte den Koran, als fünf Brüder eintrafen. Sie grüßten mich, setzten sich in einem Kreis zusammen und baten mich dazuzukommen. In einer Tasche hatten sie allerlei Speisen dabei, und sie luden mich zum gemeinsamen Iftar* ein. Beim Essen redeten sie ausschließlich über Syrien. Wer dort gerade was erobert habe und wie unaufhaltsam der IS doch sei.

Ein Mitglied der Gruppe kannte ich aus der Moschee. Ich sah ihn dort öfters beten, er gehörte zu der afghanischen Familie, die immer wieder kurz auftauchte und dann zu Gesprächen in den Hinterzimmern verschwand. Die anderen Männer in unserem Kreis waren der Sprache nach zu urteilen aus Deutschland. Mustafa, ein Mittzwanziger aus Ägypten, den ich des Öfteren in der

* Arabisch: »Fastenbrechen«

Moschee getroffen hatte, sammelte plötzlich unsere Telefone ein und verstaute sie. So wie ich das Tage zuvor erlebt hatte, wenn es etwas zu besprechen gab, was das Kalifat betraf.

»Mohammed sagte mir, du möchtest die Reise antreten?«, fragte er.

Ich war kurz erstaunt, denn ich hatte bisher nicht den Eindruck, dass Mustafa zum innersten Kreis der Gemeinde gehörte. »Ja, ich will unbedingt dorthin«, antwortete ich.

Die Männer beobachteten meine Reaktion und nickten zustimmend. »Wirst du beobachtet?«, fragte mich einer der Deutschen. Ich versicherte, dass ich äußerst vorsichtig geworden sei. Selbst die IS-Fahne in meiner Wohnung hatte ich abgehängt, damit die Betreuer nicht misstrauisch wurden.

»Wann hast du vor, nach Syrien auszureisen?«, wurde ich von einem anderen gefragt.

»Je eher, desto besser!« Ich wurde nun etwas theatralisch und schimpfte über mein Leben und die Kuffar. Letztendlich hatte ich nur Angst, hier übrig zu bleiben.

»Komm bitte in einer Stunde wieder, wir müssen etwas bereden«, sagte Mustafa. Ich verabschiedete mich. Ziellos machte ich einen Spaziergang durch das nächtliche Wien. Ich achtete nicht auf die Passanten, war in Gedanken vollkommen bei dem, was gerade in der Moschee passierte. Was wollten sie bereden? Und weshalb sollte ich nicht dabei sein? Hatten sie einen Plan für mich? Würden sie mir vertrauen? Mir gingen viele Fragen durch den Kopf, ich schaute ständig auf die Uhr.

Nach einer Stunde kehrte ich zurück, so wie man es mir gesagt hatte. Mustafa bat mich in das kleine Nebenzimmer. Hier befanden sich der Afghane, ein junger Türke aus Deutschland, der sich mir als Ali vorstellte, und ein Mann Mitte vierzig, der Abdullah hieß und arabisch sprach.

»Wir haben beraten, ob wir dir die Reise ermöglichen können«, sagte Mustafa. »Und wir haben zugestimmt.«

In diesem Moment lief es mir kalt den Rücken herunter. War es Vorfreude, oder ergriff mich gerade die nackte Panik? »Ich danke euch, ich kann euch gar nicht genug danken«, stotterte ich.

»Du wirst bald zusammen mit anderen Brüdern ausreisen. Besorg dir deinen Pass und halte dich jederzeit bereit«, sagte Mustafa. Er erklärte mir, dass ich bald nicht mehr in meiner Wohnung schlafen würde. Man brächte mich bei Brüdern unter, für den Fall, dass die Behörden auf mich aufmerksam wurden. Auf jeden Fall müsse ich nun dringend meinen Reisepass organisieren, schärfte mir Mustafa nochmals ein.

»Ich werde bereit sein, ihr könnt euch auf mich verlassen«, sagte ich.

»Mohammed ist heute abgereist. So Allah will, werdet ihr euch wiedersehen.«

Moment, dachte ich. Mohammed hatte seine Reise bereits angetreten? Er hatte mir nichts davon erzählt. Ich konnte kaum glauben, dass er mich hier allein zurückgelassen hatte.

»Er ist wirklich schon weg?«, fragte ich nach.

»Ja, er ist mit anderen Brüdern bereits aufgebrochen. Vieles muss derzeit schnell gehen, denn die Kuffar achten sehr auf uns. Sie wollen uns stoppen, doch Allah wird uns führen«, sagte Mustafa.

Andere waren also auch schon zur Reise aufgebrochen? Ich wusste in diesem Moment nicht, ob ich stolz auf die Brüder sein sollte oder eher wütend, weil mir niemand etwas gesagt hatte. Ich hatte doch alles getan, um ihnen zu beweisen, dass ich ein guter Muslim war.

»Okay, ich werde bereit sein«, bestätigte ich ein weiteres Mal. »Morgen besorge ich mir den Pass.«

Mustafa sah mir wohl meine gemischten Gefühle an. Er nahm mich in den Arm. »Du bekommst das hin, vertraue auf Allah!«

Es folgten einige Instruktionen. »Du erhältst jetzt ein paar Codewörter. Sobald du einen Anruf bekommst und diese genannt werden, muss es reibungslos laufen, dann darf keine Zeit vergeudet werden«, sagte Mustafa. Er meinte, dass mich Abdullah anrufen würde, und zeigte auf ihn. Wenn er mich nach »dem Buch« frage, sei mein Reisepass gemeint. Außerdem müsse ich vorgeben, »Kevin« zu heißen, damit er wisse, dass ich es wirklich bin, der sich am Telefon meldet. Würde mich Abdullah zur »Pizzeria« bitten, sollte ich zur Moschee gehen. Wenn er aber fragte, ob ich Lust hätte, ins »Kino« zu gehen, würde das bedeuten, dass uns die Sicherheitsbehörden auf den Fersen sind und dass ich für mindestens vier bis fünf Tage nicht in die Moschee kommen dürfe.

Die Codewörter waren nicht besonders schwer zu merken. Ich hoffte nur, dass Abdullah mich nicht ins »Kino« einladen würde.

»Vielleicht wirst du mit Ali gemeinsam fahren«, sagte Mustafa. Wir versicherten uns gegenseitig, dass dies eine Ehre für uns sei.

Mustafa, Abdullah und der Afghane zogen sich zurück. Mit Ali unterhielt ich mich noch eine Weile. Wir sprachen über das übliche Zeug, Syrien, IS und wie toll das doch alles sei. Beide konnten wir nicht erwarten, bis wir uns auf den Weg machten. So beteten wir noch ein wenig und machten uns dann auf unseren jeweiligen Heimweg.

9

Am nächsten Tag rief ich in der Wohngruppe an: »Hey, ich bin's, ich brauche ganz dringend meinen Pass!« Es war ein Betreuer am Telefon, den ich noch nicht kannte. Gegen Mittag trafen wir uns dann. Er wusste aus einer Teambesprechung, dass man mir meinen Pass nur in »absoluten Notfällen« aushändigen sollte.

Ich machte erst einmal Small Talk und ließ dann fast beiläufig meine Bitte ins Gespräch einfließen: »Ach ja, ich brauche meinen Pass, muss mir ein Schriftstück von der Post abholen.«

»Nein, dafür braucht man keinen Pass. Du weißt doch, dass wir dir den nicht geben.«

Ich wurde augenblicklich wütend. Alles war vorbereitet für meine Reise ins Kalifat, vielleicht würde ich schon bald den entscheidenden Anruf bekommen. Und dieser Ungläubige wollte nun mit seiner Sturheit alles zunichtemachen?

»Das ist mein Pass. Und den dürft ihr gar nicht behalten. Gib mir sofort meinen Pass!«, schrie ich den Betreuer an.

Gut zwanzig Minuten stritten wir uns. In mir brodelte es. Scheiße, was sollte ich nur machen? Ich versuchte mich zu beruhigen und konzentrierte mich: Zwischen mir und der Reise nach

Syrien stand nur noch dieser Mann. Und ich musste die Hürde irgendwie nehmen.

Mit Freundlichkeit klappte es bei den Betreuern eigentlich immer sehr gut, wenn es um Wünsche ging. So viel hatte ich in den vergangenen Jahren herausfinden können. Deshalb schaltete ich einige Gänge runter, schnaufte tief durch und startete einen neuen Versuch: »Sorry, mir sind etwas die Nerven durchgegangen.« Dann erzählte ich ihm von einem Freund, den es natürlich nicht gab. Der sitze seit einigen Tagen in Haft. »Ist echt blöd, ich würde ihn heute gerne besuchen, doch ich brauche dafür unbedingt den Reisepass. Komm schon, ich verspreche dir, dass ich den Pass gleich danach wieder bei dir vorbeibringe.«

Der Betreuer überlegte kurz und fragte mich: »Willst du nun zur Post oder ins Gefängnis?«

Frech behauptete ich: »Beides.«

Und zu meiner eigenen Überraschung sagte er: »Okay, ich gebe dir den Pass. Aber du musst unterschreiben, dass du ihn wirklich heute wieder zurückbringst.«

»Klar, überhaupt kein Problem. Du bekommst ihn spätestens heute Nachmittag wieder.«

Er setzte ein Dokument auf: »Ich, Oliver N., geboren am, bekomme den Reisepass und bringe ihn heute am Nachmittag verlässlich wieder zurück.« Ich gab meine Unterschrift, das war alles. Dann öffnete er den Tresor.

War das gerade wirklich passiert? Trotz aller Warnungen seitens meines Vaters rückte er wegen solch einer haarsträubenden Begründung meinen Reisepass raus? Ohne Nachfragen, wie der Freund denn heißt und wo er denn sitzt? Ich hatte zu der Zeit den Namen keines einzigen Gefängnisses parat. Eine einzige Nachfrage und ich wäre aufgeflogen.

Ich war auf Facebook auch mit meinen Betreuern befreundet. Sie hatten mitbekommen, wie ich alle Frauen aus meiner Freundesliste gelöscht hatte, lasen mit, wenn ich Zitate aus dem Koran postete. In meinem Wohnzimmer hatte bis vor einigen Tagen die Fahne des IS gehangen, gut sichtbar für alle Besucher – darunter auch die Mitarbeiter des Jugendamtes. Und trotzdem glaubten sie wohl irgendwie immer noch daran, dass der verlässliche Oliver von früher, der Versicherungs-Azubi mit eigener Wohnung, irgendwann hinter dem immer weiter in den extremen Islam abdriftenden Konvertiten namens »Mohammed« wiederauftauchen würde.

Auch heute noch klingt diese Episode für mich absurd. Aber es sollte nicht die letzte haarsträubende Geschichte bleiben, die ich im Laufe der Zeit mit österreichischen Behörden erlebte.

Für den Moment freute ich mich jedenfalls über seine unfassbare Leichtgläubigkeit und verschwand freundlich winkend mit meinem Pass aus der Wohngruppe.

Mein nächstes Ziel war ein An-und-Verkauf-Laden. Ich wusste, dass man dort Fernseher, Computer und Handys verkaufen konnte, wenn auch zu schlechten Preisen. Aber zumindest konnte ich dort für meine elektronischen Geräte auf die Schnelle noch etwas Bargeld bekommen. Dann fuhr ich zur Moschee, wo ich zu Allah beten wollte, damit er weiterhin auf mich achtgibt.

Ich dachte nur noch an mein neues Leben in Syrien. Es war kaum drei Monate her, dass ich mich mit Mohammed in diesem Imbiss getroffen hatte. Was seitdem alles geschehen war! Ich war Teil einer Gemeinschaft geworden, hatte neue Freunde gefunden, mein Leben hatte nun ein Ziel und Struktur. Was mit mir tatsächlich passiert war, blieb mir auf sonderbare Weise verborgen. Ich wollte es nicht sehen. Ich konnte es nicht mehr sehen: Binnen kürzester Zeit hatte ich mich zu einem radikalen Islamisten entwickelt, der nur noch seinen Brüdern vertraute und sonst niemandem auf der Welt.

10

In den Tagen, die mir noch in Österreich blieben, versuchte ich mich so unauffällig wie möglich zu verhalten. Das war nicht einfach: denn den Betreuern musste ja mittlerweile aufgefallen sein, dass ich den Pass nicht zurückgebracht hatte. Meine Sorge war, dass mein Vater und das Jugendamt mich suchen lassen würden und dass die Behörden meinen Pass sperrten. Um noch ein wenig Zeit herauszuschlagen, rief ich erneut bei meiner Wohngruppe an, entschuldigte mich für die nicht eingehaltene Vereinbarung.

Ich erzählte dem Betreuer, dass ich jetzt noch einen Freund in Deutschland besuchen wollte. Den Ausweis würde ich brauchen, wenn ich von der Polizei kontrolliert werde. Keine Ahnung, ob er mir das glaubte. Konsequenzen zog er jedenfalls nicht.

Es war um den 20. August herum, als ich abends die Moschee betrat. Aus dem Nebenraum kam der Afghane mit einem seiner Söhne. Sie grüßten mich und baten mich für ein kurzes Gespräch vor das Gebäude. Dieses Mal gab ich mein Handy heraus, noch bevor ich dazu aufgefordert wurde.

»Das ist mein Sohn, wir werden schon bald zusammen in das Kalifat gehen. Wir hätten dich später angerufen, du wirst ab heute bei Brüdern von uns wohnen«, sagte der Mann.

»Danke, dass ihr mir das ermöglicht«, erwiderte ich. Ich rechnete in meiner Vorfreude damit, an einem der kommenden beiden Tage aufzubrechen, also bedankte ich mich lieber einmal zu viel bei dem Afghanen.

»Mein Sohn Amir begleitet dich jetzt zu deiner Wohnung. Nimm die Sachen mit, die du noch brauchst, denn dorthin kehrst du nicht mehr zurück«, sagte er bestimmt.

Und so fuhr ich mit seinem Sohn, der ungefähr so alt war wie ich, zu meiner Adresse am Wiener Rathaus. Im Wohnzimmer packte ich meine Sachen zusammen und schaute mich noch einmal um. Für einen kurzen Moment kamen mir Zweifel. Ich war zwar voller Vorfreude auf mein neues Leben, doch mir wurde in dieser Minute bewusst, dass dies ein endgültiger Abschied war. Der Gedanke irritierte mich. Jetzt wollte ich nur noch schnell raus aus der Bude.

»Ich bin fertig. Lass uns gehen«, sagte ich.

»Moment, der Dreck hier gehört doch den Kuffar, oder?«

Ich nickte verwundert. Ich hatte die Einrichtungsgegenstände gemeinsam mit meiner alten Wohngruppe gekauft. Ich war damals ja erst fünfzehn, die meiste Zeit meines Lebens hatte ich bis dahin in Gemeinschaftseinrichtungen verbracht. Einen Hausstand besaß ich nicht, als ich eingezogen war.

Amir nahm ein langes Messer und begann, die Couch der Länge nach aufzuschlitzen. Dann zertrümmerte er mit sichtlicher Freude den Tisch und auch die Regale, in denen früher meine Bücher aus der Moschee gestanden hatten.

Ich schaute dabei zu und fühlte: nichts. Vielleicht hatte er ja recht, dachte ich. Das war ja wirklich alles Kuffar-Zeug.

Wir fuhren mit dem Taxi zu meiner neuen Unterkunft. Es handelte sich dabei um eine Wohnung, die angeblich einem Studenten gehörte. Für die nächsten Tage sei er nicht da, hieß es. Es war kein Problem für mich, dass mein Zimmer dort karg eingerichtet war; ich hatte mich ohnehin von allen westlichen Dingen wie Fernsehen, Filme und Videospiele abgewandt. Ich brauchte nur einen Raum zum Schlafen, bis ich den entscheidenden Anruf bekam.

Es vergingen zwei Tage, in denen ich Ruhe kaum fand. Immer wieder checkte ich mein Handy, um ja nichts zu verpassen. Meine Besuche in der Moschee hielt ich kurz, da mittlerweile auch meinen Betreuern aufgefallen sein musste, dass sie den Reisepass nicht wiederbekommen würden. Ich wollte jetzt nichts mehr riskieren.

In mir wuchs die Unruhe, auch, was meine Brüder anging. Ich hatte alles besorgen und mich bereithalten sollen, und nun saß ich tagelang in dieser Wohnung, ohne von irgendjemandem etwas zu hören. Ich mochte diese Gedanken nicht und versuchte sie, mit intensiven Gebeten zu verdrängen.

Am Abend des zweiten Tages hörte ich von Mustafa in der Moschee, dass die afghanische Familie bereits tags zuvor ausgereist und dass an diesem Morgen zwei weitere Autos mit einigen Brüdern losgefahren seien.

»Und was ist mit mir? Sind jetzt schon alle weg?«

»Beruhige dich, du wirst als Nächstes abreisen. Lass uns für die Reisen unserer Brüder und auch deine Reise beten.«

Wortlos ging ich mit Mustafa zum Gebet, doch dieses Mal betete ich weniger um Beistand für meine Brüder, sondern mehr dafür, dass ich nicht schon wieder übrig bleiben würde. Ich hatte in meinem Leben bereits eine Familie verloren und wollte das nicht noch einmal erleben.

11

Mein Handy klingelte. Es war die Nummer von Abdullah.

»Hallo?«

»Wer spricht dort?«

»Hier ist Kevin.«

»Komm in drei Stunden zur Pizzeria, wir treffen uns dort. Und bring das Buch mit.«

»Okay, ich bin pünktlich.«

Das war nun der lang ersehnte Anruf. Er hatte von der »Pizzeria« gesprochen, nicht vom »Kino«. Ich war unfassbar erleichtert und begann sofort meinen Weg zur Moschee zu planen: Eigentlich würde ich nur etwa vierzig Minuten brauchen, aber ich fürchtete, verfolgt zu werden. Bis heute weiß ich nicht, ob das übertrieben war. Deshalb plante ich Umwege ein, um zu prüfen, ob mir niemand auf den Fersen war. Zweieinhalb Stunden vor dem vereinbarten Treffen verließ ich meine Unterkunft, legte Zwischenstopps ein, schaute mich immer wieder um. Aber ich konnte nichts Verdächtiges erkennen.

Kurz vor der Moschee war ich endlich überzeugt davon, keine Verfolger zu haben. Meine Schritte wurden leichter. Vor dem Haus stand bereits Mustafa und winkte mich zu sich.

»Hast du alles dabei? Wurdest du beobachtet?«

»Alles gut, Mustafa, ich habe aufgepasst. Geht es jetzt los?«

Mustafa lächelte mich an und klopfte mir aufmunternd auf die Schulter.

»Es ist so weit. Geh rüber in die Seitenstraße, dort steht ein schwarzer BMW X6, sie warten bereits auf dich.«

»Kommst du nicht mit?«

»Nein, nein, geh nur rüber, ich habe hier noch einige Dinge zu erledigen.«

Alle Brüder gaben vor, ins Kalifat reisen zu wollen. Man hätte sich unmöglich gemacht, wenn man nicht von einem Leben in Syrien und dem Kampf gegen die Ungläubigen geschwärmt hätte. Nicht nur in den Augen der Brüder, sondern auch in denen der Schwestern. Aber nicht jeder war wirklich bereit, die Reise auch anzutreten, was natürlich niemand zugeben mochte. Manche hatten einfach noch »ein paar Dinge zu erledigen«. Andere sabotierten ihre Reise selbst. Ich kannte einen Bruder, der lange davon redete, wie sehr er sich wünschte, endlich ins Kalifat ausreisen zu können. Als die Pläne konkreter wurden, fing er an, bei Facebook nicht nur die üblichen Koranzitate zu posten, sondern auch Fotos von sich, die ihn mit Gaspistolen und anderen Waffen zeigten.

Wir wussten alle, dass die Sicherheitsbehörden auch in den sozialen Netzwerken unterwegs waren. Der Bruder wurde verhaftet. Und noch aus dem Gefängnis beklagte er sich darüber, dass die Ungläubigen verhindert hätten, dass er für die Sache Allahs kämpfen könne. Er hatte sich selbst als Märtyrer verhindert, markierte nun aber das Opfer.

Ich bog in die Seitenstraße ein, und da stand der beschriebene BMW. Wenn ich ehrlich bin, hatte ich ein anderes Fahrzeug erwartet, es war alles andere als unauffällig. Aber wenn meine Brüder keine Bedenken hatten, warum sollte ich mir dann Gedanken machen? Mein Vertrauen in die Community war stärker als meine Zweifel.

Kurz bevor ich das Auto erreichte, öffnete sich eine der hinteren Türen. Eine Hand winkte mich herein, ich stieg zu und begrüßte meine Mitreisenden. Neben mir auf der Rückbank saß zu meiner Freude Ali, auf dem Beifahrersitz Abdullah. Nur unseren Fahrer hatte ich noch nie in der Moschee gesehen. Ein Mann um die vierzig, vom Äußeren her Araber oder Türke. Sein Gesicht war glatt rasiert, er trug einen Designeranzug. Mit seinem dicken Auto wirkte er auf mich eher wie ein Geschäftsmann oder ein Investmentbanker. Wäre er mir in der Welt dort draußen begegnet, dann hätte ich ihn wohl für einen Polizeispitzel gehalten und nicht für einen Glaubensbruder.

»Hast du den Pass dabei?«, fragte mich Abdullah.

»Ja, den habe ich organisiert.«

Die Fahrt ging los. Nun begannen die konkreten Vorbereitungen für die Reise.

»Also, Folgendes: Wir fahren jetzt zum Flughafen, und ihr beide kauft euch am Schalter von Turkish Airlines für morgen früh ein Ticket nach Istanbul. Nur den Hinflug. Dann fahren wird noch einmal in die Stadt zurück, und ihr haltet euch bereit. Kennt ihr beide euch offiziell? Möchtet ihr gemeinsam reisen? Oder wollt ihr so tun, als wüsstet ihr nichts voneinander? Vergesst nicht, egal, wie ihr nun entscheidet, ihr müsst die Story bis zur Ankunft im Kalifat durchziehen.«

Ali und ich gingen die einzelnen Szenarien durch. Was für Vorteile hätte es, getrennt voneinander zu reisen? Sicherlich wären wir dann weniger leicht als Gleichgesinnte zu identifizieren. Andererseits wäre es gemeinsam einfacher, eine plausible Legende zu erfinden. Wir entschieden uns schließlich dafür, dass wir als Touristen in die Türkei reisen würden. Ein Urlaub mit geilen Partys und Sightseeing. Den Rückflug, so würden wir erzählen, wollten wir erst dann buchen, wenn unser Geld aufgebraucht war.

Abdullah flüsterte dem Fahrer etwas zu, und dieser begann nach einer kurzen Gedankenpause zu nicken. Dann beugte sich

Abdullah wieder zu uns herüber. »Okay, passt auf: Wir geben euch jetzt das Geld für die Reise. Damit sollte es kein Problem sein, alles zu bezahlen, was ihr auf dem Weg braucht. Den Rest gebt ihr unseren Leuten im Kalifat. Wer von euch will das Geld verwalten?«

»Nimm du es, Ali«, sagte ich. »Du sprichst ja auch Türkisch. Das macht es einfacher.«

Abdullah holte aus dem Fußraum des Beifahrersitzes eine kleine Ledertasche, in der sich einige Briefumschläge befanden. Er warf einen kurzen Blick auf den Inhalt der Kuverts und gab einen an Ali weiter. »Hier sind Euros, türkische Lira und Dollars. Für die Flugtickets braucht ihr nicht so viel. Den Rest versteckt ihr.«

Am Flughafen besorgten wir uns wie vereinbart die Tickets, während die anderen beiden im Auto auf uns warteten. Wir befanden uns bereits auf der Rückfahrt, als Abdullah sich noch einmal zu Ali umdrehte und ihm einen kleinen Zettel mit einer Telefonnummer übergab.

»In Istanbul fahrt ihr zum Taksimplatz. Dort besorgt ihr euch eine Telefonkarte und ruft diese Nummer an. Der Mann am anderen Ende der Leitung sagt euch dann, wie es weitergeht. Versteckt die Nummer gut. Das ist wichtig.«

Wir waren euphorisch. Endlich hatten wir unsere Flüge gebucht! Alles, was wir nun noch tun mussten, war, am nächsten Tag in den Flieger zu steigen.

Auch unser Fahrer zeigte emotionale Regungen. Bis dahin tat er, abgesehen von ein paar bohrenden Blicken in den Rückspiegel, ganz so, als seien wir nicht anwesend. Als er den BMW in einer Seitenstraße nahe der Moschee parkte, schüttelte er jedem von uns die Hand und sagte zu uns: »Alles wird gut, Allah wird über euch wachen.«

Abdullah war bereits ausgestiegen und wartete neben dem Auto auf uns.

»Seid morgen um sechs Uhr dreißig hier. Mustafa wird auch da sein.«

Für Abdullah war die Sache damit abgeschlossen. Während er sich noch von uns verabschiedete, war er in Gedanken bereits ganz woanders. Womöglich plante er schon die Reisen für die nächsten Brüder.

Wie an den anderen Tagen zuvor auch hatten Ali und ich in der Nacht getrennte Unterkünfte. Wir wussten nicht, wo der andere schlafen würde. Wer nichts weiß, kann auch nichts erzählen. So einfach war die Erklärung, die man uns gab.

»Sechs Uhr dreißig, Bruder, ich kann es kaum noch erwarten«, sagte ich.

Ali grinste mich an. Und so zogen wir in verschiedene Richtungen los.

Mein Rückweg dauerte keine zweieinhalb Stunden, ich lief die gesamte Strecke in lockerem Tempo. Dieses Mal war ich mir sicher, dass ich keine Verfolger hatte.

In der Nacht konnte ich nicht schlafen. Ich kontrollierte mehrmals meinen Rucksack, ob ich auch nichts vergessen hatte, überlegte, wie ich mich am Flughafen verhalten würde und was ich sagen würde, falls ein Polizist Fragen stellte. Meine Rolle ging ich immer wieder durch. Aber eigentlich konnte ich nur noch an mein neues Leben denken. In Gedanken malte ich mir aus, wie es wäre, dort eine Frau zu heiraten, eine Familie zu gründen, meinen Brüdern bei der Errichtung des Kalifats zu helfen. Es waren diese Wachträume, die mich, abgesehen von kurzen Nickerchen, am Einschlafen hinderten.

Nach dem Aufstehen beschloss ich, von einem mir bekannten Taxistand in die Nähe der Moschee zu fahren. Das schien mir so kurz vor der Abreise sicherer, als mit meinem Rucksack längere Strecken zu gehen. Die Nebenstraßen, die ich für die letzten Meter Fußweg nutzte, waren am Morgen menschenleer und daher sehr gut zu überblicken. Ich war immer noch vollkommen überzeugt davon, keine Verfolger zu haben, und so klopfte ich einfach an die Tür zur Moschee.

Die Beamten, die zu diesem Zeitpunkt schon seit längerer Zeit das Gebäude observierten, fielen mir nicht auf. Und die Beamten hatten offenbar auch Probleme, mein Verhalten einzuordnen, wie ich heute weiß. Es gab zwar Fotos, die mich im Umfeld der Moschee zeigten, aber die Polizei wusste nicht, wer ich war und was ich vorhatte. Rückblickend betrachtet war das wahrscheinlich einer von vielen Gründen, die dazu führten, dass ich nicht verhaftet wurde. Erst zwei Tage nach meiner Abreise gab es eine Razzia, und die Moschee wurde geschlossen.

Mustafa öffnete die Tür, wir begrüßten uns herzlich. Dann klopfte es noch einmal, und Ali kam herein.

»Ihr müsst sehr vorsichtig sein, Brüder. Wenn etwas schiefläuft, vergesst alles, was wir beredet haben, schweigt einfach oder erzählt Lügen. Wir dürfen unseren Kampf und unsere Geschwister nicht gefährden«, sagte Mustafa. Er sah uns bei diesen Worten eindringlich und sehr ernst an. »Nichts darf das Kalifat gefährden, diese Gottlosen haben nicht das Recht, sich gegen Allahs Willen zu stellen, für all ihre Lügen gegen uns wird er sie furchtbar bestrafen.«

Natürlich stimmten wir jedem seiner Worte zu. Wir dachten ja genauso wie er und hatten diese Ansprachen schon längst verinnerlicht.

Mustafa küsste den Koran und hielt ihn an seine Stirn. Nachdem wir gemeinsam gebetet und uns eigentlich schon verabschiedet hatten, sprach Mustafa ein letztes Mal zu uns.

Er sagte: »Wir sehen uns im Paradies wieder.«

12

Der 24. August 2014, ein Sonntag. Mit dem Taxi fuhren wir zum Flughafen. Daheim hatten wir uns noch rasiert, trugen Basecaps und westliche Markenkleidung. Alles sollte danach aussehen, als seien wir zwei junge Rucksacktouristen. Sobald andere Menschen in unserer Nähe waren, wechselten wir kein einziges Wort mehr über den Krieg, das Kalifat oder den Islam. Ali war ein stiller Typ, es war kein Problem für ihn zu schweigen. Etwas schwerer war es für ihn, die Rolle des Touristen durchzuhalten. Als Türke missfiel ihm die Aussicht, im Heimatland seiner Vorfahren den Fremden zu geben.

Je näher wir den Sicherheitskontrollen vor den Gates kamen, desto größer wurde meine Sorge, dass unsere Reise schon hier enden könnte. Die deutschen Behörden waren über Alis Absichten sehr gut informiert. Deshalb hatte er sich den Reisepass seines jüngeren Bruders besorgt. Ich fürchtete, dass der Schwindel bald auffliegen könnte – dann etwa, wenn die Behörden bei einer Routinekontrolle herausfänden, dass sich sein Bruder daheim nicht ordnungsgemäß ausweisen kann. Hinzu kam die Unsicherheit darüber, ob die Wohngruppe mein Verschwinden schon der Polizei gemeldet habe. Im Stillen sprachen wir ein Gebet und hofften, dass niemand Verdacht schöpfen würde.

Schwer zu sagen, ob wir einfach nur Glück hatten, aber wir passierten problemlos sämtliche Sicherheitskontrollen.

Emotional waren die Tage vor der Abreise ein ständiges Auf und Ab gewesen, ich hatte nie mehr als vier oder fünf Stunden Schlaf bekommen. Das alles fraß an mir. Als wir dann ins Flugzeug stiegen, wollte ich einfach nur noch weg. Ich wollte endlich mithelfen, im Kalifat etwas Großes zu errichten.

Wie es Ali ging, wusste ich nicht, er redete nicht viel darüber, machte aber einen gefassten Eindruck. Ich wollte meinen Bruder nicht mit Fragen behelligen, ob er genauso gestresst war wie ich.

Erst im Flieger gelang es mir abzuschalten. Ich genoss es, unterwegs zu sein. Woran ich mich noch gut erinnere, ist der Landeanflug. Vor meinem Fenster entfalteten sich die Küste und das Meer, dann setzte das Flugzeug sanft auf der Landebahn auf.

Ich hörte Touristen applaudieren, bei ihnen verschwand die Anspannung, die sich vor der Landung aufgebaut hatte. Bei mir war es dagegen genau umgekehrt: In der Luft war ich entspannt, und nun setzte bei mir ein Adrenalinschub ein, der weitaus schlimmer war als alles, was ich in den vergangenen Tagen an latenter Anspannung erlebt hatte. Mein Herz begann zu rasen, und die Innenflächen meiner Hände waren feucht von kaltem Schweiß. Mir schossen Ängste durch den Kopf: Was, wenn die Österreicher während unseres Fluges doch noch etwas bemerkt hatten? Wissen die Türken eventuell schon davon? Schicken sie uns dann zurück, oder werden wir verhaftet? Was würden unsere Brüder denken, wenn wir es noch nicht einmal schafften, aus diesem verdammten Flughafen hinauszukommen?

Mein Gedankenstrom wurde abrupt unterbrochen, als mich Ali mit dem Ellenbogen in die Rippen stieß. »Beruhige dich, Bruder«, flüsterte er mir zu. »Halte dich einfach an das, was wir besprochen haben. Alles wird gut. Sollte einer Fragen haben, lass mich reden.«

So gut es eben ging, versuchte ich mich zu fangen. Ich atmete wieder ruhig und konzentrierte mich auf die Gegenstände und Personen um mich herum. Ich tat alles, um nur nicht daran zu denken, was in den nächsten Minuten passieren könnte. Ali signalisierte mir mit einem seitlichen Kopfnicken, dass wir der Familie folgen sollten, die gerade den Gang entlangging. Jetzt versuchten wir mit gelegentlichem Small Talk und Lachen über »fette Partys« und unseren Urlaub wieder in die Rolle der beiden Touristen zurückzufinden, als die wir uns ausgaben.

Der Atatürk-Flughafen war trotz seiner beachtlichen Größe heillos überfüllt mit Menschen, es war laut, überall herrschte Gedränge. Für normale Touristen war das wohl eine Stresssituation. Uns spielte das in die Karten. Meine Ängste sollten sich als grundlos herausstellen: Die Passkontrolle verlief wiederum ohne Probleme, kein Mensch schien sich auch nur im Geringsten für uns zu interessieren.

Erleichtert verließen wir den Flughafen und stiegen in das nächstbeste Taxi ein. Ali sagte dem Fahrer auf Türkisch, dass wir zum Taksimplatz wollten. Der Fahrer dachte wohl wirklich, dass er es mit Touristen zu tun hätte, und verlangte mit einem breiten Grinsen für die mittellange Strecke in die Innenstadt vierzig Euro. Vom Flughafen fuhr direkt eine U-Bahn ins Zentrum, die uns einen Bruchteil gekostet hätte. Aber Geld war unser geringstes Problem.

Wir verhandelten nicht. Ali stimmte einfach zu und wiederholte noch einmal das Ziel unserer Fahrt. Der Mann muss uns für Vollidioten gehalten haben, wir aber waren für den Moment zufrieden damit, dass unsere Tarnung schon zu Beginn unseres Istanbul-Aufenthaltes so gut funktionierte. Während der gesamten Fahrt wechselten wir kein Wort, nur das gelegentliche Schimpfen des Taxifahrers durchbrach die Stille.

Ali, der auf mich normalerweise so wirkte, als habe er sich sehr gut im Griff, schien nun nachdenklich.

»Alles okay bei dir?«, fragte ich. Doch er schaute nur still aus dem Seitenfenster und schien mich nicht zu beachten. »Alles okay?«, hakte ich nach, nun etwas lauter.

»Ach so, ja, alles okay, wir müssten gleich da sein. Lass uns später reden«, sagte er.

Es war kurz nach ein Uhr mittags, als wir am Taksimplatz ankamen. Wir gaben dem Fahrer vierzig Euro, er bedankte sich überschwänglich. Wir verabschiedeten ihn mit einem aufgesetzten Lächeln.

»Lass uns schnell etwas essen gehen, von dem ganzen Stress ist mir schon ganz schlecht«, sagte ich.

»Ja, ich könnte auch was vertragen. Muss sowieso noch den Zettel aus dem Rucksack fischen. Ich bin echt froh, Bruder, dass wir endlich hier sind. Hatte ehrlich gesagt schon Zweifel, ob wir mit der Nummer durchkommen.«

Ich war überrascht, dass auch bei Ali die Bedenken größer waren, als ich vermutet hatte.

»Das stimmt, Bruder, ich kann es selbst noch nicht glauben, dass wir endlich hier sind. Was meinst du, fahren wir heute noch weiter?«, fragte ich.

»So Gott will. Ich hoffe es, denn selbst hier gibt es nur lauter dreckige Kuffar.«

Ich nickte zustimmend.

Wir gingen zu Pizza Hut, und während ich eine stattliche Anzahl an Pizzastücken organisierte, kümmerte sich Ali auf der Toilette darum, den Zettel mit der Telefonnummer zu bergen, den er mittels eines kleinen Schnitts in der Polsterung seines Rucksacks versteckt hatte.

Satt und mit neuer Kraft kauften wir an einem Kiosk eine Telefonkarte und suchten uns eine Telefonzelle, die gut geschützt vor neugierigen Zuhörern lag. Es fühlte sich wie eine halbe Ewigkeit an, bis am anderen Ende jemand abhob. Und nur vereinzelt hörte ich Ali einige Worte sprechen. Dann hängte er wieder auf.

Sein Gesicht war ausdruckslos, als er mir von dem Telefonat erzählte. »Da war ein Typ dran, ich sagte ihm, dass wir seine Nummer von Abdullah bekommen haben. Er fragte, wie viele wir sind. Zwei, sagte ich. Und dann fragte ich ihn, was wir nun machen sollen und ob uns jemand hier abholt.«

»Und dann?«

»Er wollte wissen, wie viel Geld wir noch dabeihaben. Es sind noch zweitausend Euro, tausend Dollar und so ungefähr tausend türkische Lira. Nun sollen wir uns erst einmal für fünf Tage ein Hotel nehmen. Auf keinen Fall dürfen wir beim Einchecken unsere Pässe vorzeigen, wir sollen außerdem keine Moschee besuchen und uns Outdoor-Sachen zulegen: feste Trekkingschuhe und Wanderklamotten. Es darf nur nichts Militärisches sein, darauf müssen wir achten. Um neun Uhr am Freitag melden wir uns dann wieder bei ihm. Aber nicht vom Hoteltelefon oder von unseren Handys aus.«

Wir sollten also noch einige Tage warten. Das passte mir gar nicht in den Kram. Aber ich vertraute darauf, dass Allah uns beistehen würde. Und der Typ wusste wohl schon, warum wir noch warten mussten.

Die Suche nach einem Hotel gestaltete sich schwierig. Grundsätzlich muss man selbst in Jugendherbergen seinen Ausweis vorzeigen, das schreiben die Meldegesetze in fast allen Ländern vor. Wir dachten uns eine weitere Geschichte aus, die zu unserer Backpacker-Legende passen sollte: Zwei unserer Freunde wären versehentlich mit unseren Pässen aus Istanbul ins Landesinnere weitergereist, wo wir sie dann später wiedertreffen wollten. Offenbar klang das aber nicht sonderlich glaubwürdig. Stundenlang handelten wir uns Absage um Absage ein. Dann fragten wir bei einem Fünfsternehotel nach. Der Rezeptionist war zwar nicht begeistert, vermutlich glaubte auch er unsere Geschichte nicht. Aber gegen eine »Kaution« von zweihundertfünfzig Euro gab er uns die Schlüssel heraus.

Am nächsten Tag besorgten wir uns dann wirklich gute Outdoor-Sachen. Keine billigen Fälschungen, wie man sie auf den Märkten bekommt, sondern stabile Schuhe, gute Hosen und Jacken. Und auch ein wenig Campingzubehör wie wasserfeste Streichhölzer und Maglite-Taschenlampen.

Um nicht die ganze Zeit auf unseren Zimmern hocken zu müssen, machten wir Sightseeing-Touren durch die Stadt, gingen essen, besuchten Museen. Wir versuchten uns wie ganz normale Touristen zu verhalten, bloß nicht aufzufallen. Nach mir wurde sicherlich schon in Österreich gesucht. Damit selbst die Reinigungskräfte im Hotel keinen Verdacht schöpften, legten wir – gut sichtbar – Werbeblättchen und Touristenführer auf unsere Tische.

Wir konnten es kaum erwarten, dass diese fünf beschissenen Tage endlich vorüber waren. Über tausend Kilometer Reise standen uns noch bevor, auf denen noch so viel passieren konnte.

13

Der herbeigesehnte Freitag. Es war vier Uhr am Morgen, noch einige Stunden, bis wir von unserem Kontaktmann erfahren sollten, wie es nun weiterging. Ali schnarchte, deshalb beschloss ich, in den hoteleigenen Fitnessraum zu gehen, um mich ein wenig zu verausgaben. Es war eine gute Möglichkeit, den Kopf freizubekommen und nicht pausenlos die Szenarien durchzugehen, die mich seit Tagen beschäftigten.

Als ich zurückkam, war auch Ali wach. Er hatte schon alles für die Abreise vorbereitet.

»Na, so früh schon trainieren?«, sagte er.

»Ja, ich konnte nicht mehr schlafen. Ich gehe jetzt noch schnell duschen, und wir können danach gleich los. Wir haben ja noch genug Zeit. Hoffentlich verschwinden wir heute von hier.«

»Gut, ich warte unten in der Lobby auf dich!«

Die Dusche auf unserem Zimmer war purer Luxus. Mit Marmorfliesen, zusätzlichen Duschköpfen an der Seite und verstellbaren Strahlen. Hätte ich damals gewusst, dass dies der letzte Komfort für eine sehr lange Zeit werden würde, dann hätte ich mich vielleicht nicht so sehr beeilt.

Pünktlich um neun Uhr riefen wir unseren Kontaktmann an.

Dieses Mal dauerte das Gespräch kaum länger als eine Minute. Ali kam mit einen Lächeln auf dem Gesicht aus der Telefonzelle.

»Bruder, ich habe gute Nachrichten.«

»Na, sag schon!«

»Er fragte, ob es Probleme gebe. Wenn nicht, sollen wir noch heute mit der Linie vom Busbahnhof nach Gaziantep an der syrischen Grenze fahren. Der Bus geht um zwölf Uhr mittags und kommt sechzehneinhalb Stunden später an. Dort sollen wir dann ein Taxi nehmen und zum Friedhof fahren, von dort werden wir abgeholt. Wir sollen anrufen, wenn wir in Schwierigkeiten geraten.«

Sofort begannen sich Bilder in meinem Kopf zu formen. Ich stellte mir einen dieser uralten Reisebusse vor, wie ich sie in TV-Dokus über Indien gesehen hatte, wo die Menschen sogar auf den Dächern mitfuhren. Doch der Bus war sehr modern, äußerst bequem, und es gab sogar noch einige freie Plätze. Außer uns war im ganzen Bus nicht ein einziger westlicher Tourist zu sehen. Unsere Mitreisenden waren Familien, ältere Männer und ein paar allein reisende Frauen, die zum Teil so viele Plastiktüren mit sich führten, dass es schien, als wollten sie einen kompletten Wohnungsumzug bewerkstelligen.

Da Ali ohnehin etwas lesen wollte, nahm ich mir den Fensterplatz. Von dort aus konnte ich die Dörfer beobachten, wie sie auf unserem Weg an die syrische Grenze am Bus vorbeizogen. Ich war fasziniert von der Farbe der Erde, von den Straßenhändlern mit ihren riesigen Verkaufsständen. An den Rastplätzen organisierten wir uns kleine Snacks und Energydrinks; wir hatten einen ganzen Vorrat davon dabei und achteten stets drauf, dass er uns nicht ausging.

Schon beim Betreten des Busses hatte ich gespürt, dass ich nach vielen Tagen endlich wieder ich selbst war. Die Nervosität war verflogen. Bald schon würden wir im Kalifat sein, jeder Kilometer brachte uns dem Ziel näher. Und die Wahrscheinlichkeit, dass uns jetzt noch ein Polizist stoppen würde, war ziemlich gering. Sorgen machte mir noch gelegentlich der Gedanke an den Grenzübertritt nach Syrien. Doch ich verließ mich auf unsere Brüder. Die würden garantiert wissen, wie man das handhabt, damit gab ich mich zufrieden und freute mich schon auf unsere Ankunft in Gaziantep.

Und dann waren da noch Stimmen, die ich zu hören glaubte.

»Haben die gerade deutsch gesprochen?«, fragte ich Ali auf einem der Rastplätze. Ich blickte in Richtung einer Familie mit fünf Kindern, die ganz hinten im Bus saß. Die ganze Fahrt über hatten sie arabisch geredet, aber nun war ich sicher, dass der Vater einem seiner Kinder zugerufen hatte: »Lauf nicht so weit weg!«

»Quatsch, die reden nicht deutsch, da hast du dich sicher verhört«, sagte Ali. »Und selbst wenn sie uns belauscht hätten: Was sollten sie damit anfangen? Wir haben ja nichts Verdächtiges beredet. Mach dich locker!«

Die letzten vier Stunden schlief ich komplett durch. Ich kam erst wieder zu mir, als Ali laut »Aufwachen!« rief. »Wir sind in einer halben Stunde da. Du hast gepennt, als hätte dich jemand k. o. geschlagen«, sagte Ali.

Nach unserer Ankunft fuhren wir mit dem Taxi zum Friedhof. Gaziantep ist eine Stadt mit 1,8 Millionen Einwohnern, und entsprechend groß war auch das Friedhofsareal. Da wir nicht direkt am Haupteingang warten wollten, gingen wir einige Schritte die staubige Asphaltstraße vor dem Friedhof entlang und setzten uns auf unsere Rucksäcke. Es war früh am Morgen, wir waren noch ein wenig benommen von der Fahrt und allein in einer uns völlig fremden Umgebung. Wir hofften, nicht allzu lange warten zu müssen.

»Was denkst du: Wird die Ausbildung hart, so US-marinesmäßig?«, fragte ich.

»Vergleich uns nicht mit diesen dreckigen Bastarden«, schnauzte Ali zurück.

»Komm mal wieder runter, ich meinte ja nur, ob die Ausbildung gut wird.«

»Amerikaner sind feige Pussys, die können nur bombardieren. Vergleich diese Leute nicht mit den Löwen des Kalifats.« Jetzt redete sich Ali in Rage, verfluchte die Amerikaner von Herzen, und ich hätte mir am liebsten selbst in den Arsch getreten, dass ich die Marines ins Spiel gebracht hatte.

»Entschuldige, Bruder, das war wirklich ein blöder Vergleich, natürlich hast du recht«, versuchte ich ihn zu beschwichtigen.

Nach einigen Sekunden Stille sagte er: »Tut mir leid, Bruder, ich wollte nicht so loslegen. Wir sollten schon seit Tagen im Kalifat sein, ich will einfach nur noch weg von hier.«

Obwohl wir erst fünfundvierzig Minuten warteten, kam es uns so vor wie Stunden. Die Straße war nicht sonderlich stark befahren. Bei jedem sich nähernden Fahrzeug hofften wir, dass es stoppen und uns mitnehmen würde. Aber wir wussten weder, wie unsere Kontaktperson aussah, noch, auf welches Auto wir nun achten sollten.

»Der Typ beobachtet uns doch!«, sagte ich zu Ali und zeigte so unauffällig wie möglich auf ein parkendes Auto in der Nähe des Friedhofseingangs. »Schau, der alte weiße Peugeot!« Ich hatte das Auto schon vor einigen Minuten gesehen, ihm aber keine große Beachtung geschenkt. Doch dann fiel mir der Mann am Steuer auf. Es sah zumindest so aus, als würde er ständig zu uns herüberblicken.

»Ja, du könntest recht haben«, sagte Ali. »Soll ich mal rübergehen?«

»Nein, auf keinen Fall. Die meinten doch, dass sie uns holen. Und außer uns sitzt hier keiner.«

Offenbar hatte der Fahrer mitbekommen, dass wir zu ihm hinüberschauten. Der Peugeot fuhr langsam in unsere Richtung los. Nun erkannten wir, dass zwei Männer in dem Auto saßen, der Beifahrer hockte zusammengekauert in seinem Sitz.

Sie trugen schwarze Ray-Ban-Sonnenbrillen im Top-Gun-Design.

»Das sind sie!«, rief Ali. Doch der Wagen fuhr einfach nur langsam an uns vorbei, während die beiden Männer uns sehr genau beobachteten.

»Was war das denn?«, entgegnete ich, nachdem der Peugeot uns passiert hatte.

»Die drehen jetzt wieder um«, riefen wir beide fast gleichzeitig, während das Auto mit viel höherem Tempo in unsere Richtung zurückfuhr.

»Erkennen die uns nicht? Sind sie es überhaupt?«, sagte ich und warf mir den Rucksack über die Schulter. Wir waren hier die einzigen Touristen weit und breit, wozu dann dieses ganze Theater? Wieder fuhr der Wagen an uns vorbei, dieses Mal würdigten uns die beiden Männer keines Blickes.

»Scheiße, da stimmt doch was nicht«, fluchte Ali. »Sollen wir noch einmal anrufen? Die Sache gefällt mir nicht. Wer sind diese Typen?«

Es war Hochsommer in der Südtürkei. Langsam spürten wir, wie sich die Luft mit der steigenden Sonne erhitzte.

»Alter!«, entfuhr es Ali plötzlich.

Auf der Gegenfahrbahn näherte sich uns ein silberner VW-Bus, aus dem sehr laute arabische Musik drang. Der Fahrer blendete zweimal auf, er trug ebenfalls eine dunkle Pilotenbrille, dazu ein bis zur Brust aufgeknöpftes Hemd, unter dem man schwere Goldketten erkennen konnte. Dann parkte er direkt vor uns. Die elektrische Schiebetür öffnete sich, und der Mann rief in gebrochenem Deutsch: »Hallo, komm rein, rein!«

Wir sprangen in den Bus. Eigentlich eine bescheuerte Idee, dachte ich mir, wir wussten ja nicht, ob dieser Kerl wirklich unser Kontaktmann war. Die Scheiben waren komplett abgedunkelt. In diesem Moment erinnerte ich mich daran, wie man mich als Kind davor gewarnt hatte, zu Fremden ins Auto zu steigen, auch wenn man mir Süßigkeiten oder kleine Kätzchen zum Streicheln versprach. Doch nun saßen wir im Fond des Wagens, die Tür schloss sich wieder, und der Fahrer gab mit quietschenden Reifen Gas.

Ali wirkte ebenfalls verstört. Er begann augenblicklich, sich lautstark mit dem Fahrer auf Türkisch zu unterhalten. Mein Herz pumpte kräftig, als ich die beiden beobachtete. Doch ich verstand kein einziges Wort von dem, was sie besprachen.

Plötzlich griff der Mann ins Handschubfach und holte zwei Blätter heraus. Auf dem einen war ein Foto zu sehen, das offenbar vor einigen Wochen von mir in der Moschee aufgenommen worden war. Das andere zeigte mehrere Fotos von Ali.

»Alles okay, Bruder. Die haben vorhin nur gecheckt, ob wir die Richtigen sind. Wir fahren jetzt kurz noch irgendwohin, sammeln noch einige Leute ein …«

Ich war unfassbar erleichtert. »Bringen die uns heute noch rüber?«, unterbrach ich ihn.

»Keine Ahnung, kann schon sein.«

»Ja nun frag doch mal!«

»Nein, werden wir dann sehen. Ja, wir werden es sehen.«

Ich schwieg, wollte nicht weiter nachbohren. An sich vertraute ich Ali, der die Eigenheit hatte, Dinge einfach geschehen zu lassen, gerade dann, wenn ich selbst noch tausend Fragen gehabt hätte.

Doch Ali schwieg weiterhin beharrlich. Er übersetzte nur das Nötigste, und das auch nur widerwillig. Mein Bruder saß einfach da und las in einem Buch, als ob er allein unterwegs wäre. Sein Schweigen irritierte mich. Ich wollte Teil einer Familie sein, mich austauschen, auch mal ganz locker einfach drauflosplaudern, ohne mir über jedes Wort großartig Gedanken machen zu müssen. Aus den Chats, die ich von Wien aus mit einigen Brüdern im Kalifat geführt hatte, wusste ich, dass ich solche Menschen hinter der Grenze zu Syrien auch finden würde.

Die weitere Fahrt verlief chaotisch. Nach einiger Zeit hielten wir vor einem kleinen Laden. Zehn, fünfzehn Leute stiegen in den kleinen VW-Bus. Kinder saßen auf unseren Schößen und im Fußraum des Wagens. Rumpelnd fuhren wir über Schotterpisten und Landstraßen. Die Fenster waren verhängt: weniger, um uns die Sicht zu nehmen, als um den Bus vor neugierigen Blicken zu schützen. Wir hofften nur, dass die Kinder in dem maßlos überfüllten Fahrzeug nicht zu schreien begannen. Unser Ziel war ein Safe House, wie wir erfuhren. Wir konnten nicht erkennen, wo wir waren. Erst als der Bus langsamer wurde, spürte ich, dass wir am Ziel angekommen waren.

Als ich ausstieg, stand ich in einer großen Garage. Zu uns stießen zwei Männer. Sie waren um die vierzig und sahen aus wie all die anderen Türken, die wir auf unserer Reise gesehen hatten. Nichts deutete darauf hin, dass sie dem IS angehörten: keine Vollbärte, keine religiöse Kleidung.

Sie unterhielten sich kurz mit dem Fahrer, dann stellte sich einer der beiden uns vor. »Nehmt alle eure Reisepässe, die behaltet ihr bei euch. Euer Gepäck stellt ihr rüber in die Garagenecke hier.«

Wir blickten auf einen großen Stapel mit Taschen, die wohl schon von anderen Reisenden dort platziert worden waren.

»Die Handys bleiben ausgeschaltet, und achtet unbedingt auch darauf, dass ihr die Akkus herausnehmt. Merkt euch, wo ihr eure Sachen abstellt. Die Frauen und Kinder bringen wir für die Wartezeit in den ersten Stock des Gebäudes nebenan, die Männer gehen ins Erdgeschoss.«

Ali übersetzte die Anweisungen für mich.

»Ihr verlasst das Haus nicht und haltet euch von den Fenstern fern. Aus den Räumen mit den Verletzten bleibt ihr auch draußen. Achtet bitte darauf, dass da eure Kinder nicht hineinlaufen.«

»Räume mit Verletzten?«, flüsterte ich Ali zu. »Hat er das gerade wirklich gesagt?«

Er nickte, während der Mann noch ergänzte: »Die Kinder dürfen auch zu ihren Vätern ins Erdgeschoss gehen, aber die Männer achten bitte wirklich darauf, dass sie auch dort bleiben. Seid bitte leise, verstaut nun eure Sachen und geht rüber ins Haus.«

»Sind wir schon in Syrien?«, fragte ein Mitreisender aus unserer Gruppe.

»Nein, wir sind noch in der Türkei. Jetzt warten wir, bis die Grenze für uns offen ist. Dann bringen wir euch rüber«, antwortete der Mann.

14

Ich erinnere mich noch, wie herzlich wir von den anderen Brüdern begrüßt wurden, die bereits im Safe House warteten. Endlich waren wir unter Gleichgesinnten. Und wir alle hatten das eine Ziel: das Kalifat. Wahrscheinlich war dies auch der Moment, in dem ich mich endgültig von meinem alten Leben löste. Von nun an war ich in der Obhut des Kalifats.

Die Männer luden uns auf eine Kanne Tee ein. Leider sprachen sie arabisch miteinander. Ich konnte mangels Sprachkenntnissen nicht mitreden, obwohl ich in den vergangenen Wochen versucht hatte, wenigstens einige Standardsätze zu lernen. Für Alltagskonversation reichte es aber noch nicht.

Ali war der Einzige, der neben arabisch auch deutsch sprach, er war jedoch gerade intensiv in ein Gespräch verwickelt und schenkte mir nicht viel Beachtung. Also reimte ich mir aus Wortbrocken, die ich schon verstand, etwas zusammen. So erfuhr ich, woher einige unserer Mitreisenden kamen. Es waren Tschetschenen dabei, Bosnier und Georgier.

In den anderen beiden Räumen im Erdgeschoss war es vollkommen still. Man hörte kaum etwas anderes als das Surren der Ventilatoren. Ich vermutete, dass hier wohl die Verletzten liegen mussten. Zu gern wäre ich aufgestanden und hätte einen Blick riskiert, doch ich wollte nicht gegen die Anweisungen verstoßen.

Ich versuchte weiterhin den Gesprächen zu folgen, verlor aber immer wieder den Faden. Mir fehlte es einfach an Vokabeln, um den anderen folgen zu können, die in hoher Geschwindigkeit Satz an Satz auf Arabisch aneinanderreihten. So saß ich einige Zeit still da und trank meinen Tee.

Aus einem Nebenraum tauchte mit einem Mal ein Mann auf, der freundlich grüßend auf uns zuging. Mir wurde klar, dass ich sein Gesicht kannte. Unmöglich. Doch. Er stand ja nun vor mir: Es war der Familienvater, der während unserer Busreise nach Gaziantep mit den Kindern ganz hinten gesessen hatte. Genau der Typ, aus dessen Mund ich deutsche Sätze zu hören geglaubt hatte.

Verwundert sah er uns an. »Dachte ich mir doch, dass ihr auch ins Kalifat wollt!«, sagte er in fließendem Deutsch und setzte sich zu uns. »Sahid«, stellte er sich vor. »Ich hatte die ganze Fahrt über so eine Vermutung und habe überlegt, wie ich euch fragen könnte. Da ich euch beide aber nie beten sah, war ich mir auch nicht ganz sicher.«

»Das mit dem Beten stimmt natürlich nicht. Da wir jedes Aufsehen vermeiden wollten, haben wir immer nur im Stillen zu Allah gesprochen«, antwortete ich.

Sahid war Ingenieur und wohnte zuletzt in der Nähe von München. Vor acht Jahren war er mit seiner Frau und den Kindern aus Tunesien nach Deutschland ausgewandert. Er hatte allerlei Hilfsjobs und hätte sich gern ein vernünftiges Leben aufgebaut, doch das gelang ihm nicht. Seine beiden jüngsten Kinder waren in Deutschland geboren, doch überall seien er und die anderen Familienmitglieder auf Ablehnung gestoßen. Zum Schluss habe er die ganzen Kuffar um sich herum nicht mehr ertragen, die ständig versuchten, das Ansehen Allahs in den Schmutz zu ziehen. Deswegen wollte er unbedingt ins Kalifat, um sich eine neue Existenz unter Geschwistern aufbauen.

»Wollt ihr kämpfen?«, fragte er uns.

»Natürlich«, erwiderte Ali, »wir wollen unseren Geschwistern im Kampf gegen diese Bastarde des Assad-Regimes unbedingt helfen.«

Für meinen Teil stimmte das nicht, mein Plan war ein anderer. Allerdings konnte ich es kaum erwarten, mit eigenen Augen zu sehen, was die Medien uns verheimlichten. Ich glaubte, dass die westlichen Journalisten die Dinge nur verdrehen, uns belügen, die Verhältnisse verschleiern. Und so redeten wir uns in Rage, ich kannte das schon, viele Gespräche mit Brüdern waren so verlaufen. Wir pushten uns gegenseitig in Stimmung.

»Wirst du auch kämpfen?«, fragte ich Sahid.

»Nicht gleich, später. Ich möchte zuerst mal für meine Familie alles aufbauen und anderweitig helfen.«

Seine Antwort verblüffte mich, sie entsprach nicht den üblichen Eskalationsmustern in solchen Gesprächen. Sahid war der Erste, den ich traf, der nicht sofort versicherte, mit der Waffe in der Hand gegen den Feind kämpfen zu wollen.

»Schaut mal kurz mit zu den Verwundeten«, sagte Sahid.

»Das dürfen wir nicht«, rief Ali erschrocken dazwischen. Sein Gesicht sah aus, als hätte er ein Gespenst gesehen.

»Doch, ich wurde darum gebeten«, sagte Sahid. »Wollt ihr mir helfen?«

Klar wollte ich. Was sollte schon mit »Verwundeten« gemeint sein? Brüder, die sich bei der Reise etwas verstaucht hatten oder deren Kreislauf wegen der sengenden Hitze zusammengebrochen war? Leute, die zu wenig getrunken hatten?

Ali zog es vor, bei den anderen Brüdern zu bleiben, und lehnte freundlich ab.

Sahid ging voran und schob den Vorhang zur Seite. Wir betraten einen großen Raum, der ebenso wie unsere Schlafstätte mit Matratzen ausgelegt war. Dazwischen standen alte Stahlrohrstühle mit hölzernen Sitzflächen, auch einige Metallständer auf Rollen waren zu sehen, von denen Infusionsschläuche herabhingen.

Hier lagen Männer im Alter von zwanzig bis fünfzig Jahren, die meisten nur in Unterwäsche. Sie trugen Verbände um ihre Fleischwunden und manche einen Gips, der helfen sollte, gebrochene Knochen zu richten. Wo ihre Gliedmaßen nicht bedeckt waren, hatten die meisten dicke Blutergüsse.

»Brüder aus dem Kampfgebiet«, sagte Sahid. »Sie kurieren sich aus, bevor sie wieder zurück ins Kalifat reisen.«

Ich zählte dreizehn Männer, die hier auf dem Boden lagen.

Ein Mann hatte einen Fuß verloren.

Sahid bemerkte etwas in meinem Blick. »Auf eine Mine getreten«, sagte er.

Ich fühlte mich für einige Momente beklommen. Noch nie hatte ich so viele Schwerverletzte auf einem Fleck gesehen.

Ein anderer hatte einen Knieschuss abbekommen. Ihm war der Unterschenkel amputiert worden.

Ich wusste nicht so recht, wie ich mit den Eindrücken umgehen sollte. Also begann ich, mit den Männern zu reden. Ich erzählte ihnen, dass ich aus Österreich käme und sechzehn Jahre alt sei. Sie waren begeistert, dass ich in meinem Alter schon den Weg ins Kalifat antrat.

»Tut das weh?«, fragte ich in meiner Unbeholfenheit den Beinamputierten.

»Ich schwöre bei Allah, das tut nicht weh«, antwortete er und streckte seinen Zeigefinger gen Himmel. »Allah gibt mir Kraft, und das ist etwas Schönes. Er gibt Schmerzen und er nimmt Schmerzen.«

Ich zweifelte in diesem Moment nicht an seinen Worten. Eher bewunderte ich die Stärke, die dieser Mann aus seinem Glauben schöpfte. Es hieß, dass jede Kriegsverletzung ein Stempel Gottes sei, der seinem Träger eines Tages den Weg ins Paradies frei machen würde.

»Hilf mir bitte beim Verteilen von Wasser und Tee. Und dabei, die kalten Umschläge zu wechseln«, sagte Sahid.

»Klar«, antwortete ich knapp. »Hast du eine medizinische Ausbildung?«, fragte ich Sahid.

»Nein, aber der Fahrer, der uns hierhergebracht hat, hat mich gebeten, etwas zu helfen. Er sagte, er hat heute noch viel zu tun und kann sich nicht um die Brüder kümmern.«

Während wir die Getränkegläser auffüllten, erzählte mir Sahid, dass hier zwei- bis dreimal am Tag ein Arzt vorbeikommt. Wer hier liegt, sei bereits auf dem Weg der Besserung und würde in den kommenden Tagen wieder zurück ins Kalifat gefahren werden. So hatte es ihm der Fahrer erzählt.

»Sind in dem anderen Raum auch so viele?«, fragte ich.

»Da liegen sogar noch einige mehr, wir gehen gleich rüber.«

Doch dazu kam es nicht mehr. Gerade als wir den Raum mit den Verwundeten verließen, kam mir Ali entgegen. »Es geht gleich los!«, sagte er aufgeregt.

Zwei Männer waren bereits dabei, Anweisungen zu erteilen. Zuerst würde ein Bus mit den Frauen und Kindern losfahren. In zwei weiteren Bussen sollten dann die Männer folgen. Die Familienväter sollten deswegen zuerst nach unten gehen und das Gepäck der Frauen in das Fahrzeug laden.

Ali und Sahid fuhren mit dem anderen Bus. Und so verstand ich leider nichts mehr davon, was uns der Fahrer immer wieder in Kommandolautstärke mitteilte.

Mein T-Shirt war schon nach einigen Minuten schweißnass und klebte an meinem Körper. Es war nicht sonderlich heiß im Bus. Doch die Nervosität stieg wieder in mir auf. Wieder hörte ich mein Herz pumpen, ich war angespannt, ich war voller Vorfreude. Gleich würde ich endlich im Kalifat sein.

15

Der Bus schwankte beim Überqueren der Bodenwellen und beim Durchfahren der Schlaglöcher. Die Fahrt war ein einziges monotones Schaukeln durch die Steppe Südanatoliens. Nach einer halben Stunde stoppte der Bus, die Schiebetür ging auf.

Die drei Busse standen hintereinander auf einem Dorfplatz. Ich war noch nie außerhalb von Europa gewesen und bekam in diesem Moment das Gefühl, in eine andere Welt zu blicken: Das Dorf bestand aus zehn bis fünfzehn schäbigen Steinhütten, die in Lehmfarben angestrichen waren. Die Mauern bröckelten, die Dächer schienen undicht. Überall sah man frei laufende Hühner, Ziegen, Schafe. Ein Esel stand festgebunden vor einer der Hütten.

Unser Fahrer brüllte Kommandos. Plötzlich kam Hektik auf. Die Dorfbewohner rannten unseren Bussen entgegen, um beim Ausladen zu helfen. Die meisten von ihnen waren ältere Männer, die trotz der brütenden Hitze dreckige Jacketts oder dicke Wollpullover trugen. Wir hatten viel Gepäck dabei, mehr als jeder Einzelne tragen konnte. Zumal auch die Kleinkinder noch transportiert werden mussten. Ich räumte mit einem anderen den Stauraum des Busses aus. Wir drückten jedem, der in Reichweite war, so viel Gepäck wie möglich in die Hand. Ich selbst trug zu meinem eigenen Rucksack noch eine schwere Sporttasche.

»Lauf! Lauf! Wir müssen rüber!«, rief Ali mir zu. Er stand vollgepackt mit einigen Taschen an einem der anderen Busse.

In diesem Chaos erblickte ich plötzlich Sahid. Er und seine Frau versuchten verzweifelt, das ganze Gepäck zu tragen und gleichzeitig auf die beiden jüngsten Kinder aufzupassen. Ich rannte zu ihnen und schrie: »Lauft los, ich nehme die Kinder!« So klammerten sich links und rechts zwei kleine Menschen an mich, während ich sie auf dem Arm hielt. Ich konnte ihre Panik spüren. Aber sosehr ich nun Mühe beim Laufen hatte: Wenn für uns die Situation schon so beschwerlich war, wie mussten sich dann erst die Kinder fühlen?

Wir rannten etwa fünfzig Meter einen erdigen, steinigen Weg entlang, bis wir auf Höhe der letzten Dorfhütten waren. Dann nahmen wir einen gut zwanzig Meter langen Trampelpfad, und bald schon erkannte ich, dass am Ende dieses Weges der Grenzzaun zwischen der Türkei und Syrien verlief. An dessen Oberkante war Stacheldraht gespannt, deswegen konnten wir nicht einfach klettern.

Einer der älteren Dorfbewohner hatte sich an einer etwa zwei Meter breiten Stelle postiert, an der die Zaunanlage niedergetrampelt war. »Dorthin!«, brüllte ich. Und erst im nächsten Moment kapierte ich, dass mich niemand verstand.

Obwohl ich sehr sportlich war und noch keine hundert Meter mit den Kindern auf den Armen und dem Gepäck auf den Schultern gelaufen war, geriet ich außer Atem. Ich spürte Krämpfe in meinen Oberarmen. Die Kinder waren zwar nicht so schwer, aber sie krallten sich panisch fest, was das Ganze schwierig machte. Der alte Dorfbewohner am Zaun half mir, als ich taumelnd die Grenze überschritt.

Auf der anderen Seite befand sich in einigen Metern Entfernung ein riesiges Maisfeld, in das kleine Pfade hineinführten. Ich sah einige Männer darin verschwinden, also rannte ich hinterher.

Der Mais stand zu dieser Jahreszeit über zwei Meter hoch. Es war dunkel zwischen den Stauden, und die Hitze schien sich unter den Blättern zu sammeln. Ich wusste nicht, wie breit oder wie lang dieses verdammte Feld war, aber es wurde mit jedem Schritt anstrengender vorwärtszukommen. Schließlich musste ich einige Sekunden lang pausieren.

Währenddessen hörte ich, wie sich andere näherten, es waren Tschetschenen. Auch sie waren erschöpft. Mit der Zeit verlangsamte sich das Tempo unserer gesamten Gruppe. Nicht nur die Hitze und das Gewicht unseres Gepäcks machten uns zu schaffen, auch die scharfen Kanten der Maisblätter waren eine Plage. Wer in kurzen Hosen und Hemden unterwegs war, lief ständig Gefahr, sich daran zu schneiden.

Nach einigen Minuten traten wir aus dem Feld heraus. Das Erste, was ich sah, war eine Gruppe von Frauen, die Feldarbeit verrichteten. Alle waren komplett in schwarzer Kleidung verschleiert, trotz der Temperaturen. Unsere Anwesenheit interessierte sie nicht. Wer weiß, dachte ich, wie viele Grenzübertritte sie an dieser Stelle täglich sahen.

An einer kleinen, schattigen Baumgruppe hinter dem Feld sammelten wir uns. Wir waren erleichtert darüber, dass wir es endlich geschafft hatten, und umarmten uns. Einige brachen vor Erschöpfung zusammen, aber auch sie lächelten glücklich. Gemeinsam dankten wir Allah dafür, dass er uns sicher in das Kalifat geführt hatte.

Die Baumgruppe lag an einem steinigen Feldweg. Hinter uns waren nur noch brachliegende Äcker mit verdorrter Erde. Wer auch immer noch aus den Bussen im Maisfeld unterwegs war, musste an dieser Stelle vorbeikommen.

Ich setzte mich zu Sahid. »Weißt du, wie es weitergeht?«, fragte ich, denn ich hatte ja nicht verstanden, was die Fahrer auf Arabisch erzählt hatten.

»Wir sollten durch das Feld rennen und dann warten, bis sie kommen. Sie wissen schon, dass wir hier sind.«

»Haben sie gesagt, wie lange wir warten sollen?«

Sahid schüttelte den Kopf. »Die Sache hätte fast nicht geklappt. Der Fahrer war angerufen und gewarnt worden, dass sich Grenzer hier in der Nähe aufhielten. Eigentlich wollte er schon umdrehen.«

Schließlich sprang einer der Tschetschenen auf und schrie hektisch etwas Unverständliches in den Himmel. Er zeigte dabei auf eine große Staubwolke. Dieses Mal brauchte ich keine Übersetzung. Sie waren im Anmarsch, die Krieger des Islamischen Staates.

Unsere gesamte Gruppe stand auf, um zu beobachten, wie sich die Fahrzeuge näherten. Mittlerweile war zu erkennen, dass die Staubwolke vom Fahrtwind eines größeren Busses und eines Autos verursacht wurde. Einige Väter sprachen mit ihren Kindern, und diese begannen aufgeregt zu klatschen und zu kreischen. Fast so, wie europäische Kinder sich auf das Christkind freuen.

Deutlich war nun der sandfarbene Toyota-Geländewagen vom Typ Hilux zu erkennen, gefolgt von einem älteren Reisebus. Über der Motorhaube des Toyotas spannte sich eine IS-Fahne, auch am Heck flatterte ein Banner im Fahrtwind.

Als die beiden Fahrzeuge vor uns hielten, erfasste mich Euphorie. Allahu akbar, sagte ich zu mir. Sowohl die Kinder als auch einige der Erwachsenen stürmten auf den Bus und den Geländewagen zu.

Ali und ich standen etwas abseits. Beide waren wir in einer Stimmung, in der jedes Wort zu viel gewesen wäre. Gemeinsam beobachteten wir, wie die beiden Fahrer mit den Kindern Scherze machten.

Der Fahrer des Toyotas war eine mächtige Erscheinung: etwa

eins neunzig groß und hundert Kilo schwer. So um die fünfzig Jahre alt. Der Fahrer des Busses dagegen wirkte eher wie ein Student: Er war Mitte zwanzig, trug eine Brille und langes Haar. Doch so unterschiedlich sie aussahen, ihr Anblick ließ mich ein Hochgefühl und Bewunderung empfinden. Denn beide trugen die schwarze Kampfmontur des IS und Kalaschnikow-Sturmgewehre über den Schultern. Der Ältere der beiden hatte sich über den schwarzen Militärpullover noch einen Schulterholster gebunden, in dem eine Glock-17-Pistole hing. Ich stand zum ersten Mal Kriegern des IS gegenüber. Und auch, wenn es heute für mich selbst seltsam ist: Aber ich konnte es kaum erwarten, mich ebenso zu kleiden.

»Alles einsteigen!«, rief der Jüngere mehrmals. Frauen und Kinder wurden in dem hinteren Teil des Busses untergebracht, die Männer sollten vorne Platz nehmen.

Der Bus war ein rollender Schrotthaufen mit Rostlöchern und quietschenden Scharnieren. Wie gerne wäre ich in dem Geländewagen mitgefahren. Nicht nur, weil das Fahrzeug moderner war. Sondern weil ich mich auch sehr gerne mit dem Fahrer unterhalten hätte, dem Älteren, Imposanteren, dessen Erscheinung mich so beeindruckt hatte. Er wirkte stark und tapfer, wie ich mir in meiner Naivität seit Monaten einen IS-Kämpfer vorgestellt hatte.

Der »Student« verkündete, dass der Bus nun zu einem weiteren Sammelpunkt fahre. Mein erster Halt im Kalifat. Und im Anschluss daran ginge es nach Dscharabulus, einer kleinen Stadt mit zehntausend Einwohnern, die ganz im Norden des Kalifats lag.

16

Es dauerte etwa eine halbe Stunde, bis wir am neuen Sammelpunkt ankamen: einer Villa, die inmitten von vertrockneten Feldern stand. Das Haus war vollkommen unbeschädigt. Es gab keine Spuren von kriegerischen Auseinandersetzungen, keine Einschusslöcher, keine Brandflecken. Was ich nicht wusste: In diesen Minuten sollte ich zum letzten Mal für lange Zeit Eindrücke in einer Welt sammeln können, in der oberflächlich Frieden herrschte.

Die Sonne ging schon unter, aber es war immer noch unbeschreiblich drückend. Ich stellte mich auf einen längeren Aufenthalt ein, die anderen wohl auch, doch umso größer war die Erleichterung, als schon nach etwa fünf Minuten eine größere Gruppe von Geschwistern in Begleitung unseres Fahrers und dreier Kämpfer aus der Villa kam.

Der Fahrer verkündete mit betonter Wichtigkeit, wer wo im Bus sitzen sollte, doch das war nicht zu machen. Der Bus war völlig überfüllt, eine strikte Trennung nach Geschlecht und Alter nicht mehr praktikabel. Und so fuhren wir dicht gedrängt der beginnenden Dunkelheit entgegen.

Meine Gedanken begannen zu kreisen. Ich dachte an meine

Brüder aus Österreich, die bereits vor mir abgereist waren. In der Wiener Moscheegemeinde hatte ich so etwas wie eine Familie gefunden. Ich hoffte, dass ich in Dscharabulus einige von ihnen wiedertreffen würde. Und wenn nicht, dann zumindest Brüder aus Europa, mit denen ich mich auf Deutsch oder Englisch verständigen konnte.

Ich war gerade einmal sechzehn Jahre alt, frisch konvertiert und schon im Kalifat angelangt. Kein Gejammer mehr von den Betreuern und den Kollegen, kein Gezänk mehr mit meinem Vater und dessen neuer Frau. Endlich sollte alles besser werden. Ich würde inmitten einer großen Gemeinschaft leben. Wenn ich in Gedanken war, fiel es mir damals leicht, alles schönzureden. Selbst der Krieg, den ich bisher nur aus Videos kannte, machte mir keine Angst. Meine Brüder sagten mir ja, dass man ohnehin nur an die Front kam, wenn man sich freiwillig meldete. Und so hielt ich innerlich Distanz zu den Gedanken an Tod und Zerstörung: Denn ich war ja hier, um eine islamische Gesellschaft aufzubauen.

Auf die obligatorische Grundausbildung freute ich mich trotzdem. In Propagandavideos war zu sehen gewesen, wie sich Kämpfer von Brücken abseilten, durch Feuer sprangen und den Nahkampf übten. Pures Abenteuer! Solche Dinge wollte ich auch lernen. Wofür die Männer trainiert wurden, blendete ich aus.

Die Kalaschnikow unseres Fahrers zog uns Jüngere magisch an. Unsere Blicke blieben auch dem Mann nicht verborgen. Er entfernte das Magazin, lud die letzte Patrone aus dem Verschluss und reichte uns die Waffe nach hinten. Und so machte das Gewehr die Runde durch den halben Bus. Endlich konnte ich etwas tun, das die Kuffar uns zuvor verboten hatten: Als Angehöriger des IS hielt ich ein Sturmgewehr in der Hand. Ich erinnere mich, dass ich mich in diesem Moment »heldenhaft« gefühlt habe. Ein bisschen größer, ein bisschen stärker. Wie ein Beschützer für meine Geschwister, eine Art Polizist, der den anderen Muslimen im Kalifat ein Stück Sicherheit geben konnte. Waffen faszinierten mich damals. Ein Pazifist war ich auf dem Höhepunkt meiner Radikalisierung sicher nicht.

Wir fuhren nun über zerstörte Straßen. Und die Schäden wurden umso größer, je näher wir Dscharabulus kamen. Hier konnte man sehen, dass in der Region Krieg herrschte: Am Fenster zogen Häuser mit zerschossenen Fassaden vorbei, an den Straßenrändern standen ausgebrannte oder zerschossene Autowracks. Eigentlich hätte ich den Krieg nun nicht mehr verdrängen können, aber die Freude, endlich hier zu sein, war zu diesem Zeitpunkt stärker.

Nach etwa einer Stunde rief der Fahrer: »Wir sind da!«

Ich konnte schwer ausmachen, wie groß der Ort war, den wir nun durchquerten. Die Straßenbeleuchtung war spärlich. An manchen Häusern waren Zeichnungen zu sehen, doch es war zu dunkel, als dass ich wirklich etwas hätte erkennen können, sosehr ich mich auch bemühte, Eindrücke in mich aufzusaugen.

Wir fuhren eine breite Straße entlang. Es dürfte die Hauptstraße gewesen sein, doch die meisten Läden hatten geschlossen, nur in einigen sah man kleinere Gruppen von Männern. Was man jedoch nirgends sah, waren Frauen.

Ein letztes Mal bogen wir ab, nun waren wir auf einer langen Geraden, an deren Ende ein großes Gebäude stand, auf das wir auch zusteuerten. Auf dem Weg dorthin bemerkte ich, dass die meisten Seitenstraßen mit großen Schutthaufen abgeriegelt waren. Dazwischen waren immer wieder ehemals zivile Geländewagen zu sehen, die nun als Militärfahrzeuge dienten.

Unser Bus hielt direkt vor dem mehrstöckigen Gebäude. Vor dem Eingangstor parkten weitere Toyota Hilux, auf deren Ladeflächen großkalibrige Maschinengewehre montiert waren. Bewacht wurde das Gebäude von sieben oder acht Leuten, die jubelnd ihre Sturmgewehre emporstreckten, als sie unseren Bus sahen. Nachdem wir ausgestiegen waren, sanken viele Männer aus dem Bus auf die Knie, berührten aus Dankbarkeit Allah gegenüber mit der Stirn den Boden und sprachen ein Gebet. Währenddessen hörte man aus den Fenstern und auch von dem riesigen Flachdach des Gebäudes laute »Allahu akbar!«-Rufe. Jeder schien hier froh zu sein, dass weitere Brüder und Schwestern das Kalifat erreicht hatten.

Immer noch war ich voller Energie, die ich mit jedem Schritt verspürte, den ich auf dem »Boden der Ehre« tat, wie es hier hieß.

Wir wurden in zwei Gruppen eingeteilt. Eine mit den Frauen und Kindern, sie wurde in Nebengebäude gebracht. Wir Jungen und Männer wurden in das Hauptfoyer geführt.

»Das ist eine ehemalige Schule«, erklärte mir Ali, bevor er sich wieder mit den anderen unterhielt.

Im Gebäude erwarteten uns bereits zwei Männer. Sie forderten uns auf, in Zweierreihen anzutreten und paarweise in ein Büro zu gehen. Dort mussten wir sämtliche elektronischen Geräte und auch unsere Reisepässe abgeben.

Wie die ganze Schule befand sich auch das Büro in einem heruntergekommenen Zustand. Hinter einem Schreibtisch saß ein sehr dicker, bärtiger Mittfünfziger, der seine Kalaschnikow direkt vor sich auf dem Tisch liegen hatte. Er wirkte nicht sonderlich erfreut darüber, dass er so spät am Tag noch einmal arbeiten musste. Betont gelangweilt fertigte er nun einen nach dem anderen ab. Wir übergaben ihm unsere Handys und unsere Pässe, die wir mit einem Klebeband zusammenbanden und mit unseren Namen versahen. Außerdem wurden wir gefragt, ob wir Geld abgeben wollten. Einige kamen dieser Aufforderung nach. Doch der Mann machte sich nicht einmal die Mühe, die Scheine nachzuzählen. Er warf sie ungeprüft in einen großen schwarzen Müllbeutel, der neben seinem Schreibtisch stand. Unsere Bündel aus Pässen und Handys wurden in einem Bananenkarton verstaut, den der Helfer des Mannes – ein Jugendlicher in meinem Alter – in einen anderen Raum brachte.

Unter meine Euphorie mischten sich erste Fragen. Ich wollte

wissen, wie es nun weitergehen sollte, und erhoffte mir eine Erklärung vonseiten des Büros. Aber es geschah rein gar nichts. Einer der Kämpfer gab uns ein paar knappe Anweisungen, wiederum auf Arabisch.

Ich suchte nach Ali. »Kannst du mir erklären, was jetzt los ist? Ich weiß absolut nicht, was hier gerade vor sich geht.«

»Wir sollen uns irgendwo einen freien Schlafplatz suchen. Und morgen erfahren wir dann mehr. Das Gebäude dürfen wir in der Zwischenzeit nicht verlassen.«

»Das ist alles?«, fragte ich erstaunt. »Ich will mich waschen. Und gibt es irgendwo etwas zu trinken?«

»Keine Ahnung. Die haben nichts davon gesagt. Such dir einen Platz, Bruder, morgen werden die uns schon alles sagen.«

Die Räume waren übersät mit dünnen Matratzen. Es mussten Hunderte Menschen sein, die zu dieser Zeit in der alten Schule lebten. Ali brachte schließlich in Erfahrung, dass wir auf dem Flachdach, unter freiem Himmel, noch die besten Chancen hatten, einen Schlafplatz zu ergattern. Doch auch dort schien bereits jeder freie Quadratmeter belegt.

In diesem Moment kam ein junger Mann mit lockigen Haaren auf mich zu, der einen flaumigen Bart im Gesicht trug. Er sagte auf Englisch zu mir: »As-salamu alaikum, Bruder! Ich bin Abu Hureira aus Holland, woher kommst du?«

Ich stellte mich ebenfalls vor und war erleichtert, dass ich nun jemanden gefunden hatte, mit dem ich mich verständigen konnte. Er sagte mir, dass neben ihm noch einige Schlafplätze frei seien, und bot mir an, bei ihm Quartier zu beziehen.

Abu Hureira erzählte mir, dass er achtzehn Jahre alt sei und dass seine Eltern aus dem Jemen stammten. Er selbst war in den Niederlanden aufgewachsen. Schnell brachte er mir ein paar arabische Vokabeln bei, von denen er glaubte, dass ich sie in den kommenden Tagen und Wochen brauchen würde. Ein Wort war »Muaskar« – Trainingslager, ein anderes »Amir« – Kommandant. Nach dem im Kalifat praktizierten Recht brauchte jede Gruppe, die aus mindestens drei Leuten bestand, einen Befehlsverantwortlichen. Ich würde in den folgenden Wochen und Monaten sehr viele Kommandanten treffen, die zeitweise oder dauerhaft für mich verantwortlich waren, je nach ihrem Rang in der Hierarchie.

Der Tagesablauf in diesem Gebäude sei sehr eintönig, sagte Abu Hureira. Im ganzen Haus gebe es nur vier halbwegs funktionierende Sanitätsräume. Wenn man sich dort waschen wolle, müsse man das am besten nachts tun, denn bereits früh am Morgen ständen dort ganze Kolonnen von Männern an.

»Es ist alles sehr stinkig hier«, sagte er. »Ich hoffe, bald in ein Trainingslager zu kommen.«

»Wie lange bleibt man denn hier?«, fragte ich.

Er zuckte mit den Schultern. »Es kommen täglich Busse zur An- und Abreise. Manche sind aber bereits seit drei Wochen hier.«

Es war nicht das, was ich zu hören gehofft hatte. Aber zumindest war ich endlich angekommen. Ich schnappte mir eine der Schaumstoffrollen, die als Matratzen dienten, klopfte meinen Rucksack zu einem Kopfkissen zurecht und legte mich hin. Einige Minuten noch betrachtete ich den klaren Nachthimmel über dem Kalifat. Dann sank ich nach den Strapazen der vergangenen Tage in einen tiefen Schlaf.

17

Bereits um fünf Uhr versammelten sich die meisten Bewohner des Hauses auf dem Dach. Sie standen Schulter an Schulter und beteten zu Allah.

Das Beten wurde nun zu einem wichtigen Teil meines Lebens, fünfmal täglich wandte ich mich nach Mekka. Je nach Vorbeter variierte die Dauer des Gebets stark. Manche rezitierten nur einige Minuten lang Koransuren, bei anderen dauerte das mehr als eine Stunde.

Die Hitze in Syrien war heftig, schlimmer, als ich es erwartet habe. Auch sie diktierte mir nun den Lebensrhythmus. Die Sonne brannte bereits morgens mit voller Wucht vom Himmel auf meinen Schlafplatz herunter. Auf dem Dach gab es nichts, was in irgendeiner Weise Schatten gespendet hätte. Den ganzen Tag über war man hier der prallen Sonne ausgeliefert.

Ein Gutes hatte der Platz doch: Von hier aus hatte ich eine prima Aussicht auf die umliegenden Gebäude. Abu Hureira erwies sich als ein prima Ansprechpartner für alle Fragen, die mir in dieser Zeit durch den Kopf gingen. Mit ihm konnte ich wirklich gut reden, ich war heilfroh, ihn getroffen zu haben. Wir blickten gemeinsam über das Schulareal, und er erklärte mir ausführlich, welche Funktionen die Häuser hatten. Schräg gegenüber, sagte er, liege das »inoffizielle« Gefängnis. »Inoffiziell« sei es deshalb, weil die IS-Kämpfer keine klare Ansage darüber machten, ob es ein Gefängnis gebe oder nicht. Es kursierten die übelsten Gerüchte um dieses Haus. Vielleicht war das aber auch gerade die Absicht dahinter: Wer hier wohnte, musste mit der ständigen Drohung leben, in ein Gebäude verschleppt zu werden, dessen Funktion niemandem so recht klar war.

Abu Hureira ermahnte mich: »Lass dich bloß nicht mit einem Handy erwischen. Seit ich hier bin, haben einige versucht, ihr illegal eingeschmuggeltes Handy zu benutzen. Wenn sie dich dabei sehen, wirst du sofort verhaftet.«

Rechts und links neben uns befanden sich die Häuser für die Frauen und Kinder. Im Gegensatz zu uns durften sich die Frauen völlig frei im Ort bewegen, unter der Bedingung freilich, dass sie voll verschleiert und in Begleitung mindestens einer weiteren Frau unterwegs waren. Die Söhne durften ohne Einschränkung ihre Väter besuchen, die Töchter bis zu einem Alter von zwölf Jahren. So waren die Väter unter uns auch die Einzigen, denen ein Ausgang von maximal einer Stunde gewährt wurde, damit sie sich mit ihren Familien treffen konnten.

Die Kinder hatten hier noch eine andere wichtige Funktion: Wer etwas aus den örtlichen Läden besorgen wollte, steckte den Kindern durch den Zaun Geld zu, die dann gegen ein kleines Trinkgeld die Einkäufe erledigten.

»Du wirst das schneller in Anspruch nehmen, als du denkst. Das Essen hier ist ekelhaft, glaub's mir, Bruder«, sagte Abu Hureira mit einem dreckigen Grinsen im Gesicht. »Das dahinten ist ein kleiner Kiosk!«

Er zeigte mit dem Finger auf einen Laden, dessen Fassade zerschossen war. Davor stand ein großkalibriges Luftabwehrgeschütz.

Um uns ein wenig abzukühlen, gingen wir hinunter ins Gebäude, und er zeigte mir die verdreckten Waschräume und die wenigen noch funktionierenden Toiletten. Es gab für geschätzte vierhundert Männer vier Toiletten, der beste Zeitpunkt für einen Gang aufs Klo sei deshalb ebenfalls in der Nacht. Toilettenpapier gebe es nicht, die meisten würden sich mit der linken Hand reinigen. Wenn ich jedoch trotzdem Papier benötige, ließe sich das über den Kiosk beziehen. Das war sogleich meine erste Bitte: dass er mir einige Rollen besorgen solle. Ich war zwar ein strenggläubiger Muslim. Doch den Hintern mit der Hand zu reinigen, erschien mir eklig.

Danach führte unser Weg in den Bereich, in dem die Essensverteilung stattfand. Wann es Essen gab, wusste niemand so genau. Irgendwann am Morgen erhielt jeder ein Stück Fladenbrot, dazu zwei hart gekochte Eier und Tee. Mittags gab es eine Art Gulaschsuppe. Und wenn mal ein guter Tag war, sagte Abu Hureira, dann gebe es auch mal Eintopf mit Reis oder etwas Fisch oder Hühnerfleisch. Doch das sei die Ausnahme. »Und es schmeckt wirklich zum Kotzen! Das ist mein Ernst.«

Mit den Stunden fiel mir auf, dass sich die Männer in dem Schulgebäude in verschiedene Gruppen aufteilten. Der erbärmliche Zustand des Gebäudes und das endlose Warten sorgten für schlechte Stimmung. Deshalb wollten sich die Leute wenigstens untereinander unterhalten können. So blieben die Türken unter sich, genau wie die Araber oder Russen. Ich schloss mich dem westlichen Lager an. Hier traf ich Freiwillige aus Deutschland, der Schweiz, Skandinavien, Großbritannien, Australien und den USA.

Die ersten Tage verliefen absolut monoton. Es war ein Hoffen darauf, dass endlich etwas passierte. Doch es blieb still auf der Kommandoebene der alten Schule. Ich wusste nicht, ob dahinter ein System steckte oder ob ich Zeuge eines ausufernden Chaos wurde, wobei ich stark zu Letzterem tendierte.

Es war am Ende der ersten Woche, als Ali mich rief. Ich wurde von einem der Kämpfer zu einer Gruppe im Erdgeschoss dirigiert. Dort sollte ich mich in eine Schlange einreihen. Einzeln trat jeder für etwa zehn Minuten in ein Büro vor, wo ein Fragebogen ausgefüllt werden musste.

Als ich an der Reihe war, tat ich es den anderen gleich und bemühte mich, die Fragen wahrheitsgemäß zu beantworten. Das war jedoch schwieriger als gedacht, weil die IS-Bürokratie trotz Freiwilliger aus der ganzen Welt ihre Papiere ausschließlich auf Arabisch drucken ließ. So musste ich dem jungen Kämpfer im Büro vertrauen, der mir die einzelnen Abschnitte des Fragebogens auf Englisch übersetzte und mit mir Frage für Frage durchging.

Was der IS von mir wissen wollte:

meinen ehemaligen Namen,
ob ich militärische Erfahrung habe,
welchen Job ich früher hatte,
ob ich Referenzen besäße beziehungsweise Freunde beim IS hätte,
wer im Falle meines Todes zu verständigen sei.

Und, ganz wesentlich, welche Aufgabe ich hier übernehmen wollte. Es gab drei Auswahlmöglichkeiten, die der Kämpfer im Büro vorlas:

1. Kämpfer,
2. Logistiker,
3. Märtyrer.

Hatte er mich gerade wirklich gefragt, ob ich mich für das Kalifat in die Luft sprengen wollte? Ich schüttelte heftig mit dem Kopf. Nein, Selbstmordattentäter wollte ich garantiert nicht werden. Ich war endlich in Syrien angekommen, nach wochenlangem Warten und einer beschwerlichen Reise. Ich war hier, um ein neues Leben zu beginnen.

Zwar hatte ich auch an die Geschichten geglaubt, die man mir schon in Wien erzählt hatte: dass jeder gläubige Muslim danach streben sollte, ins Paradies zu kommen. Dass man nichts Besseres tun könne, als sein Leben für Allah zu opfern. Aber ich erklärte mir damals meinen Unwillen zum Märtyrertod damit, dass mein *Iman,* mein Glaube, eben noch nicht weit genug entwickelt sei. Auf diese Weise hielten es viele Brüder beim IS; für mich eine überzeugende Erklärung, warum ich am Diesseits hing.

So gab ich wahrheitsgemäß an, dass ich hier sei, um beim Aufbau des Kalifats zu helfen. Das wiederum provozierte eine Gegenfrage: ob ich denn nicht bereit sei, für die Sache des Kalifats zu kämpfen. Der Mann erklärte mir, dass es beispielsweise selbstverständlich sei, die Geschwister in den Städten zu verteidigen, wenn sie angegriffen werden. Natürlich sei ich dazu bereit, sagte ich und nickte.

»Wofür teilst du mich jetzt ein?«, fragte ich auf Englisch. Er zuckte nur mit den Schultern und bedeutete mir mit einer Handbewegung, dass ich nun aus dem Raum verschwinden sollte. Ich hatte weder Ahnung, was er aufschrieb, noch wusste ich, wie es nun weitergeht oder was sie mit mir vorhatten. Ich glaubte an die Sache des IS und redete mir ein, dass dies eben die Anfangszeit war. Das Kalifat war ja erst Wochen zuvor ausgerufen worden, und es mussten wohl noch einige Dinge organisiert werden; so ein Chaos wie hier konnte ja unmöglich überall im Kalifat herrschen.

Zurück auf dem Dach, erzählte ich meinen Brüdern von dem Fragebogen. Natürlich wollte ich auch wissen, ob sie schon mehr über das weitere Verfahren nach der Befragung wussten und was sie selbst hier geplant hatten.

Unsere Gruppe bestand auf fünfzehn, vielleicht zwanzig Leuten. Wir richteten mit Matratzen und Handtüchern – so gut es eben ging – einen schattigen Unterschlupf auf dem Dach ein. Für uns Europäer war die Hitze nicht nur einfach ungewohnt, sondern schlicht unerträglich. Sie machte einigen schwer zu schaffen. Ich sah mittlerweile aus wie eine reife Tomate. Ich versuchte zwar, der Sonne zu entgehen, doch schon nach kurzer Zeit im Freien konnte ich förmlich zusehen, wie sich meine Hautfarbe änderte.

Plötzlich entdeckte ich am Himmel einen kleinen Punkt. »Scheiße, ist das ein Flugzeug?«, rief ich und zeigte aufgeregt nach oben. Mir war danach, augenblicklich loszurennen und mich in Sicherheit zu bringen.

Doch Abu Hureira erklärte mir entspannt, dass dies Drohnen seien, die regelmäßig am Himmel auftauchten. Wenn sie näher kämen, höre man sogar das leise Surren der Propeller.

»Feuern die keine Raketen ab?«, fragte ich. Mir waren Drohnen ja bisher nur aus Filmen und Videospielen bekannt. Und dort waren sie selten in friedlicher Mission unterwegs.

Abu Hureira zuckte mit den Schultern. »Ist schon möglich, aber hier ist noch nie etwas passiert, die sind sicher nur auf einem Erkundungsflug, machen Fotos.«

Ich beruhigte mich wieder ein wenig und kam mir auch etwas blöd vor. Allein der Gedanke daran, dass ich als Einziger losgesprintet wäre, um Schutz zu suchen. Das hätte bei meinen Brüdern sicherlich Lachanfälle ausgelöst.

Wir setzten uns auf das Dach zu ein paar westlichen Brüdern, die gerade Essen zubereiteten. Die Zutaten hatten sie sich vom Kiosk besorgt, und sie luden uns ein, an ihrem Mahl teilzunehmen. Wir unterhielten uns über unseren jeweiligen Weg ins Kalifat. Ich dachte eigentlich, dass mein Weg schon ziemlich beschwerlich war. Doch dann erzählte uns ein Australier seine Geschichte. Der Typ war eine gewaltige Erscheinung, zahlreiche Tattoos, breit wie ein Kasten und sicher eins neunzig groß.

In Australien hatte er es zusammen mit einigen anderen Brüdern illegal auf ein Containerschiff geschafft. Ein Kontaktmann in Sydney hatte die Reise organisiert und dabei seine Kontakte zu Seefahrern genutzt. Drei Wochen dauerte die Überfahrt. Während dieser Zeit wurden sie nur minimal mit Wasser und Essen versorgt. Vor der Küste von Saudi-Arabien wurden die Illegalen aufgefordert, von Bord zu springen. Zehn, fünfzehn Meter, dann klatschten die Körper im Wasser auf. Es war Nacht, und nun mussten die Männer noch gut eine Stunde schwimmen, bis sie an Land waren. Einer von ihnen hat das nicht überlebt.

Weiter ging es auf dem Landweg. In den Vereinigten Arabischen Emiraten trafen sie auf weitere Kontaktleute, die sie dann Etappe für Etappe in das Kalifat einschleusten. Aber selbst hier war ihre Odyssee nicht zu Ende, denn sie hatten offenbar keine Kontakte beim Islamischen Staat selbst, und so durchquerten sie noch, von Süden kommend, einen großen Teil des Kalifats. Ihr Konvoi wurde sogar beschossen. Schließlich landeten sie auch in Dscharabulus. Der Australier und seine Brüder sahen das alles als eine Prüfung Allahs und küssten zur Bestätigung ihres Gottvertrauens die sandbestreute Oberfläche des Daches.

Auch ein Mexikaner war Teil unserer Gruppe. Ein kleiner, munterer Mann, der fließend Englisch sprach. Ich war erstaunt darüber, jemanden wie ihn hier zu treffen. Ich hatte viel über den mexikanischen Drogenkrieg im Fernsehen gesehen, über die Kartelle, über den Einsatz der Armee. Mexiko war mir dabei wie ein erzkatholisches Land vorgekommen. Von der Bildung einer mexikanischen Dschihadisten-Zelle hatte ich jedenfalls noch nie etwas gehört.

Der Mexikaner erzählte, dass er den Glauben gewechselt habe, weil er früher schlimme Dinge getan habe, über die er heute nicht mehr reden wolle. In seinem Ort gab es keine Moschee, er hatte über das Internet zum Islam gefunden. Konvertiert war er ohne fremde Hilfe. Daheim, vor dem Computer.

Er war am ganzen Körper tätowiert, und ich hatte keinen Zweifel, dass er einer Drogengang angehört hatte. Doch Details erfuhren wir nie. Auch er hatte eine lange Reise hinter sich: Erst flog er in die USA, von dort aus nach Deutschland. Über Istanbul gelangte er dann, ähnlich wie ich, nach Syrien. Vieles war ihm von Brüdern finanziert worden, allein hätte er es sonst nicht so weit geschafft. Der Mexikaner wurde von allen nur »Mexiki« genannt, und er machte keinen Hehl daraus, dass er nicht hier war, um zu kämpfen oder das Kalifat aufzubauen. Sein Ziel war es, einen gewaltigen Selbstmordanschlag zu verüben und so viele Kuffar wie möglich mit in den Tod reißen, um schnellstmöglich im Paradies bei den Jungfrauen zu sein. Offenbar war Mexikis *Iman* dafür weit genug entwickelt.

Dass so viele Menschen aus so vielen verschiedenen Ländern den Weg nach Syrien gefunden hatten, war für mich jedenfalls ein Beleg dafür, dass ich mich für die richtige Sache einsetzte. Wir waren eine internationale Kampftruppe, die Allah im Kalifat vereinigt hatte, um für den Islam zu kämpfen.

An diesem Tag konnten wir vom Dach aus hinter der Grenze türkische Panzer erkennen. Planten die Türken etwas? Da wir so viele Unterstützer in der Türkei hatten und das Land sowieso bald Teil des Kalifats sein würde, wie man allgemein annahm, war die Sorge nicht sehr groß. Und tatsächlich setzten sich die Panzer nicht in Bewegung. Am Himmel indes wurde es in diesen Tagen lauter. Das Summen und Dröhnen der Flugzeugmotoren war ständig zu hören, egal ob am Tag oder in der Nacht, die Geräusche waren immer da, wie eine Art Hintergrundmusik, die unsere Geschichte begleitete. Es war deutlich spürbar, dass wir beobachtet wurden.

Ich überlegte, dass es eigentlich gar nicht so schwierig sein dürfte, einen Spion in die Schule einzuschleusen. Eine wirklich gründliche Kontrolle gab es hier nicht. Angenommen, ich hätte mich mit falschen Absichten eingeschlichen: Keinem wäre es aufgefallen, solange ich nicht mit dem Handy herumgespielt oder allzu eifrig Fotos geschossen hätte.

18

Nach ungefähr zehn Tagen in der alten Schule hatten einige von uns einfach keine Lust mehr, sich einsperren zu lassen. Wir waren etwa vierzig Mann, die meisten davon Europäer, Amerikaner und Australier. Und wir beschlossen, für ein paar Stunden abzuhauen und im Euphrat zu baden. Es ist nicht ganz frei von Ironie, dass ausgerechnet wir westlichen Dschihadisten nun unseren Freiheitsdrang wiederentdeckten. Zu Hause hatten wir Parolen gegen die vermeintlich dekadenten Gesellschaftssysteme gedroschen, die ihren Bürgern gerade solche Freiheitsrechte garantieren. Hier in Dscharabulus ließen wir die Brüder aus den weit weniger freien Gesellschaften im arabischen Raum in dem stickigen, versifften Schulgebäude zurück, um uns im Wasser des nahen Flusses zu erfrischen.

Der hintere Teil des Gebäudes wurde nicht bewacht, dort waren nur sehr selten Kämpfer zu sehen, das hatten wir vom Dach aus beobachtet. Deswegen fühlten wir uns bei unserem Vorhaben sehr sicher. Wir schlichen uns alle einzeln hinter die Schule und halfen uns dann gegenseitig, über die Mauer zu klettern. Im Gänsemarsch ging es dann hinunter zum Euphrat. Wir hatten Glück, denn die Schule befand sich am Stadtrand von Dscharabulus, der Fluss führte einige Hundert Meter am Siedlungsgebiet vorbei, sodass wir auf dem Weg zum Wasser nicht an größeren Menschenmengen vorbeimussten.

Nach gut zehn Minuten kamen wir am Ufer an und sprangen sofort mitsamt der Kleidung ins Wasser. Es war angenehm, endlich eine Abkühlung zu spüren. Einige von uns hatten sich am Kiosk Duschgel besorgen lassen und wuschen sich im Fluss. Ich ärgerte mich nur, dass ich meine dreckigen Klamotten nicht mitgenommen hatte, denn in der Schule blieb in den überfüllten Toilettenräumen nicht genügend Zeit für eine richtige Wäsche. Wir genossen alle unser Bad und sprangen immer wieder von einem Baum ins Wasser, dessen Äste dicht über dem Euphrat wuchsen. Doch irgendwann musste unsere kleine Freiheit zu Ende gehen. Nach zwei Stunden beschlossen wir, zur Schule zurückzugehen, bevor die Aufseher unser Fehlen bemerken würden.

Manche von uns waren bereits wieder über die Mauer geklettert, als ein Toyota Hilux mit einer großen IS-Fahne auf der Motorhaube um die Ecke preschte. Das Auto stoppte vor uns, und der Fahrer sprang mit seiner Kalaschnikow im Anschlag von seinem Fahrersitz. Um zu zeigen, dass er es ernst meinte, lud er seine Waffe durch. Das Klacken des Verschlusses löste Panik bei mir aus. Er richtete das Gewehr nun direkt auf uns, und wer es nicht geschafft hatte, sich noch über die Mauer zu schwingen oder ein Versteck zu finden, schaute in den Lauf einer entsicherten Waffe. Wir wurden aufgefordert, uns in einer Reihe aufzustellen. Wir sollten ihm sofort unsere Namen nennen, er wollte sie notieren und dem Kommandanten der Schule übergeben.

Von dem erfrischenden Bad im Euphrat spürte ich nun nichts mehr. Wie schon am Istanbuler Flughafen bekam ich einen Angstschub, ich spürte, wie der Schweiß an meinem Körper hinunterlief. Das erste Mal in meinem Leben richtete jemand eine Waffe auf mich. Ich fühlte mich hilflos.

Aus dem Handschuhfach holte der Mann Stift und Papier. Er

begann, Namen zu notieren, während einer aus unserer Gruppe flehend auf ihn einredete. Plötzlich legte er den Stift weg und zerriss das Papier, nachdem er schon die Hälfte der Namen aufgeschrieben hatte. Er würde dem Schulkommandanten nichts sagen, aber wir sollten Allahs Zorn fürchten, dass wir einfach so abgehauen waren, ohne vorher zu fragen. Wenn wir sofort zurückgingen, würde er vergessen, dass er uns gesehen hatte. Augenblicklich fühlte ich eine enorme Last von mir genommen. Ich hatte schon befürchtet, bestraft zu werden. Eine Auspeitschung oder ähnliche Dinge, die man über das Kalifat in Österreich gehört hatte. Die Abschreckung durch die bekannt gewordenen Gräueltaten des IS wirkte in diesem Moment auch bei mir.

Es war nun Zeit für das Abendgebet. Und da die Toilettenräume in der Schule ständig überfüllt waren, führten wir die rituelle Waschung auf dem Dach durch. Ich stellte mich also vor den Wasserbehältern an, und als ich dran war, stieß mich ein dicker Türke zur Seite und nahm meinen Platz ein. Ich klopfte ihm auf die Schulter, um ihn zu fragen, was sein Problem war. Aber dem Mann war nicht nach Verständigung, er stieß mich ein zweites Mal weg. Mitten im Kalifat pöbelte mich ein »Bruder« an und schlug um sich. Wir waren doch eigentlich hier, um gegen einen gemeinsamen Feind zu kämpfen. Ich wurde wütend. Wir gerieten in einen heftigen verbalen Schlagabtausch. Er auf Türkisch, ich auf Englisch und Deutsch. Von allen Seiten gingen Männer dazwischen und trennten uns.

Einer der Brüder, die mich zurückhielten, stellte sich mir als Abu Waqaad vor. Er sagte: »Komm runter, Bruder! Ich kann diesen Türken selbst nicht leiden, er hat schon öfter Ärger gemacht und ist mit anderen Brüdern in Streit geraten. Ignoriere ihn einfach. Alles andere schafft doch nur Probleme, die wir hier überhaupt nicht gebrauchen können. Ich mache es auch so.«

Wir redeten nach dem Gebet noch eine Weile. Er erzählte mir, dass er aus Tunesien komme und kurz vor seiner Reise ins

Kalifat geheiratet habe. In Tunesien sei er Arzt gewesen. Er sah sich meine knallrote Haut an und befand, dass ich dagegen etwas tun müsse. Es stellte sich heraus, dass er einer der ganz wenigen Männer in Dscharabulus war, die sich frei bewegen konnten, da er sich um all die kleinen und mittleren Verletzungen der Einwohner kümmerte. Abu Waqaad versprach mir, mit dem Kommandanten der Schule zu reden. Danach könnten wir in die Apotheke gehen, um schmerzstillende Mittel gegen den Sonnenbrand zu besorgen.

»Okay, inschallah, das wäre großartig!«, antwortete ich.

Bevor wir schlafen gingen, zeigte er mir noch den Teil des Gebäudes, in dem er sich aufhielt. Wir vereinbarten, uns am nächsten Tag zu treffen.

Ich stand früh auf, und schon nach einigen Minuten kam Abu Waqaad zu mir und sagte, dass er bereits die Genehmigung vom Kommandanten in der Tasche habe, um mit mir gemeinsam die Stadt zu betreten. Wir redeten noch ein wenig, und er scherzte darüber, dass ich ihn nicht anschauen solle, da er sich seinen Bart rasiert habe. Ich gab ihm lachend zu verstehen, dass auch er bei mir nicht so genau hinsehen solle, da mir immer noch kein kräftiger Bart wachsen wolle. Mit seinem breiten Lächeln und seiner sanften Stimme wirkte er ungewöhnlich freundlich zwischen den zukünftigen Kämpfern in der Schule. Er sagte mir, dass er im Kalifat auch künftig als Arzt eingesetzt werden wolle, genau wie seine Frau, die ebenfalls Ärztin sei. Ich ahnte zu diesem Zeitpunkt noch nicht, dass wir später noch sehr viel miteinander zu tun haben sollten.

Als wir durch die Straßen von Dscharabulus gingen, die von Granat- und Raketeneinschlägen gezeichnet waren, realisierte ich, dass ich nun wirklich in einem Kriegsgebiet angekommen war, dreitausend Kilometer von meinem Geburtsort entfernt. An vielen Häusern waren Wandbemalungen zu sehen. Ich hatte sie schon bei meiner Anreise entdeckt, aber nicht entziffern können.

Es waren arabische Schriftzüge, IS-Symbole oder auch einfache Malereien, die Krieger des Kalifats zeigten. Immer mit erhobenen Waffen: Kalaschnikows, Schwerter.

An den Mauern entlang der Hauptstraße waren die Malereien aufwendiger. Hier war zum Beispiel ein Mann mit einer IS-Fahne zu sehen, der in der einen Hand eine Kalaschnikow trug und sich mit der anderen Hand im Sattel seines Pferdes hielt. Wir gingen die gesamte Straße hinunter und sahen in jedem einzelnen der ein Dutzend Kaffeehäuser bewaffnete Männer sitzen. Die Gewehre lehnten an den Stühlen und Tischen. Der Anblick glich ein wenig der Szenerie, die ich aus amerikanischen Western kannte. Doch es fehlten die Frauen, und es wurde auch keine Musik gespielt.

Ich war zu diesem Zeitpunkt noch gefestigt in meiner Mission, das Kalifat mit aufbauen zu helfen. Und deswegen lösten diese Szenen in mir auch keine Zweifel aus. Im Gegenteil, ich fühlte mich glücklich. Ich sah die Brüder um mich herum, und wenn ich Frauen auf der Straße begegnete, trugen sie stets den Niqab. Auch das fand ich sehr schön. Ich war ja der Überzeugung, sie trugen diesen Ganzkörperschleier freiwillig, um sich als gute Musliminnen zu beweisen. Wir waren in diesem Kampf ja die »Guten«, dachte ich, die sich gegen das brutale Regime von Bashar al-Assad zur Wehr setzten und den Feinden des Islam die Stirn boten. Wir waren hier, um die Ummah* zu beschützen. In dieser Logik waren es immer die anderen, die den ersten Stein warfen, oder, besser gesagt: die erste Kugel abfeuerten.

Nach etwa zwanzig Minuten kamen wir bei der Apotheke an. Die Läden in Dscharabulus waren keine großen Supermärkte, so wie ich sie aus Österreich kannte, eher kleine Räume von etwa zwanzig oder dreißig Quadratmetern. Doch man konnte dort weit mehr kaufen, als ich erwartet hatte. Trotz der isolierten Lage

* Arabischer Begriff für die Gemeinschaft der Muslime

des Kalifats war das Warenangebot groß. Ich fragte Abu Waqaad, wie das möglich sei. Es gab Schmugglerrouten durch die Türkei, sagte er, und auf diesem Wege ließen sich allerlei Dinge organisieren.

Es gab Läden für Bekleidung, die jedoch fast ausschließlich Militärsachen anboten, wie Tarnhosen, Schutzwesten, Schlagstöcke, Kampfmesser, Elektroschocker, Taschenlampen und Ähnliches. In den Lebensmittelläden gab es stets sehr viel Obst. Und je besser die Kontakte des Landeninhabers waren, desto breiter gestaltete sich sein Angebot. Alkohol und Zigaretten waren natürlich überall verboten.

Besonders die Preise für die Militärwaren schienen mir immens hoch. Viele Männer hatten nach ihrer Ankunft im Kalifat noch Geld aus der Reisekasse übrig, die man ihnen in ihren Heimatländern mitgegeben hatte. Gleichzeitig hatten sie in ihren ersten Tagen noch kein Gefühl dafür, wie hoch die Preise in Syrien waren. Händler nutzten das geschickt aus. Waffen und Kampfuniformen – also Dinge, mit denen die neuen Brüder hier Eindruck schinden wollten – waren bisweilen fünfmal teurer als in der Hauptstadt Rakka.

Obwohl der Koran Zinsgeschäfte verbietet, hatten viele radikale Muslime kein Problem damit, sich auf Kosten anderer zu bereichern. Ich kannte Brüder in Österreich, die kurz vor ihrer Abreise ins Kalifat sieben oder acht Handyverträge abgeschlossen hatten. Dazu gab es auch Neugeräte, die sie dann auf dem Schwarzmarkt verkauften, um die Reisekasse aufzubessern. Auf diese Weise konnte manch ein Bruder an einem Tag schon mal mehrere Tausend Euro erlösen.

Ein anderer hatte kurz vor seiner Ausreise einen üppig ausgestatteten Mercedes geleast – nur für den Zweck, mit diesem Auto nach Gaziantep zu fahren und es dort zu verkaufen. Dazu kam es dann jedoch nicht mehr: Der Mercedes wurde ihm noch in der Türkei gestohlen.

Wenn es um solche Scheingeschäfte in den Heimatländern ging, konnten sich die Brüder immer noch damit herausreden, dass sie damit ja nur den Kuffar schadeten. Der Betrug wurde auf diese Weise zu einem Mittel im Kampf gegen die Feinde des Islam. Schwieriger war es da schon für die Händler in Dscharabulus, ihre völlig überhöhten Preise zu rechtfertigen. Sie sagten, dass in ihren Läden Spezialanfertigungen lägen, die von begabten Handwerkern genäht oder geschmiedet worden seien. Das Gegenteil konnte ihnen in diesem Moment niemand beweisen. Und deswegen durfte man sie auch nicht der Lüge bezichtigen.

Abu Waqaad sagte, ich solle vor der Apotheke warten, er würde mir alle nötigen Medikamente besorgen und außerdem noch eine Liste abarbeiten, die er von den Brüdern in der Schule bekommen habe. Diese Apotheke war natürlich nicht mit jenen in Mitteleuropa vergleichbar. Es gab dort keine geschulten Pharmazeuten und keine Rezepte. Das Ganze glich eher einem kleinen Krämerladen, der eben statt Lebensmitteln oder Kurzwaren Medikamente verkaufte.

Während ich vor der Apotheke wartete, dauerte es nicht lange, bis die ersten Kinder zu mir kamen. Minuten später hatte sich eine ganze Gruppe um mich versammelt. Sie fragten mich etwas auf Arabisch. Da ich aber damals nur ein paar Worte beherrschte und im Grunde fast gar nichts verstand, lächelte ich nur höflich und hoffte darauf, dass Abu Waqaad mir zu Hilfe kam. Die Kinder wirkten fröhlich, sie erhofften sich bestimmt Süßigkeiten. Die hatte ich natürlich nicht dabei, deswegen versuchte ich, die Kinder ein wenig zu unterhalten, und schnitt ein paar Grimassen.

Als mein Bruder nach einigen Minuten mit einer Plastiktüte voller Medikamente wieder vor die Tür trat, fragten die Kinder auch ihn etwas. Er antwortete, und plötzlich verschwanden sie mit ihrem Ball und ihren rostigen Fahrrädern.

»Was wollten die Kinder denn, Bruder?«

»Geld. Sie wollten Geld haben.«

19

Auf dem Weg zurück zur Schule gingen wir noch einmal an den Kaffeehäusern vorbei. Ich riskierte einen zweiten Blick auf die Kämpfer. Gleichgültig hingen sie auf ihren Stühlen und tranken Tee. Keiner interessierte sich für uns, keiner fragte uns nach der Genehmigung, die Abu Waqaad beim Kommandanten der Schule eingeholt hatte.

In Österreich hatten mir meine Brüder in der Moschee immer vorgeschwärmt, wie diszipliniert es im Kalifat zugehe. Und wie engagiert die Kämpfer des IS seien, wenn sie endlich die Chance bekämen, den Kampf gegen die Ungläubigen aufzunehmen. Für mich wirkte das alles eher wie in einem billigen Film.

Abu Waqaad lud mich vor unserer Rückkehr in die Schule noch zum Essen ein. Wir bestellten uns zwei Schawarma und zwei kalte Dosen Sprite. Nach den Tagen, in denen ich nur den Fraß in der alten Schule gegessen hatte, genoss ich jeden einzelnen Bissen und jeden einzelnen Schluck. In Wien hatte ich mir fast jeden Tag über einen Lieferservice Fast Food bestellt. So selbstverständlich wie Strom für mich aus der Steckdose kam, aß ich Pizza und Burger aus den Kartons, die mir die Lieferanten brachten. Doch nach mehr als zwei Wochen, in denen ich mich von brauner Suppe, Fladenbrot und hart gekochten Eiern ernährt hatte, war dieses Schawarma eine echte Delikatesse.

Schließlich mussten wir zurück in die Schule. Es war Zeit für das Gebet, erklärte mir Abu Waqaad, und außerdem gebe es in der Stadt ohnehin nichts zu sehen. »Alle Bewohner müssen zu den Gebetszeiten ihre Läden geschlossen halten«, sagte er. »Sie sollen sich in einer der Moscheen versammeln, darüber werden sogar Anwesenheitslisten geführt.«

In der Schule verging die Zeit weiterhin – gar nicht. Die nächsten Tage verliefen ebenso unspektakulär wie die ersten, die ich in dem Lager verbracht hatte. Ab und zu kamen neue Busse mit Geschwistern aus der ganzen Welt an. Auch sie wurden überschwänglich begrüßt. Und auch sie hatten bestimmt schon nach einigen Tagen die Schnauze voll von all dem Siff, von dem schlechten Essen, von der Enge, von dem Gestank.

Auf die Frage, wann wir endlich in das Trainingslager gebracht werden würden, antwortete der Kommandant der Schule stets nur: »In Kürze, in Kürze!«

Ein Lichtblick in diesen Tagen waren die Kontakte zu Abu Waqaad. Sie ermöglichten mir zumindest zeitweise, aus dem monotonen Leben der Schule auszubrechen. Er fragte mich bald, ob er mir noch mal eine Genehmigung vom Kommandanten besorgen solle, damit ich ihm beim Tragen der Besorgungen helfen könne. Natürlich wollte ich. Gleich am nächsten Tag besuchten wir wieder die Apotheke, wo wir dieses Mal einige Plastiktüten mit Medikamenten und diverse Kartons mit Verbandsmaterial besorgten. Dann gingen wir wieder Schawarma essen. Und dann bot er mir an, mit ihm noch schnell ins Internetcafé zu gehen.

»Ein Internetcafé? So was gibt es hier? Großartig!«

Abu Waqaad bremste meine Euphorie. »Ja klar. Aber nur damit wir uns klar verstehen: Du kannst mich dorthin begleiten, du hast aber keine Erlaubnis, etwas zu schreiben!«

Das Internetcafé war denen nicht unähnlich, wie man sie in

Österreich und Deutschland bis vor einiger Zeit noch überall in jenen Großstadtbezirken sehen konnte, in denen viele Einwanderer leben. Es gab etwa zehn Tische mit Computern, jeder Arbeitsplatz war mit Sichtblenden zum Nachbartisch abgetrennt. Auf den Tischen standen auch keine alten Röhrenmonitore oder Schrottrechner aus dem alten Jahrtausend, sondern moderne Windows-Computer mit Flachbildschirmen. Auffällig war nur, dass sich in diesem Internetcafé ausschließlich Kämpfer aufhielten. So lagen an jedem Platz Kalaschnikows, Pistolen oder große Kampfmesser.

Während Abu Waqaad seine E-Mails checkte, ging ich zu einigen Brüdern und bestaunte ihre Waffen. Plötzlich stand Abu Waqaad neben mir und fragte mich, ob er mich fotografieren solle. Ich nickte begeistert, und er zog sein neues iPhone aus der Tasche. Offensichtlich durfte er sich nicht nur relativ frei bewegen, er durfte auch ein Mobiltelefon bei sich tragen.

»Du hast hier aber echt auch alles«, sagte ich staunend, und warf mich sogleich in Positur. Ich stand neben den Kämpfern und hielt auch ihre Waffen in der Hand.

Abu Waqaad nahm mit großer Geduld jede meiner Heldenposen auf. Er meinte noch: »Sag mir deine E-Mail-Adresse, ich schicke dir dann die Fotos, so hast du sie später.«

Ich freute mich wie wahnsinnig über dieses Angebot und konnte es gar nicht erwarten, bis ich die Möglichkeit hatte, an mein Postfach zu kommen. Noch in Österreich hatte ich einen Blog aufgesetzt. Nun wollte ich die Fotos hochladen, würden sie doch zeigen, dass ich endlich im Kalifat angekommen und ein stolzer Angehöriger des IS geworden war.

Wenn Abu Waqaad keine Zeit für mich hatte, lernte ich Koransuren auswendig oder versuchte, mein Arabisch zu verbessern. Ab und an übten wir, eine Kalaschnikow auseinanderzunehmen und wieder zusammenzusetzen. Viel mehr gab es in der Schule nicht zu tun.

Eines Tages, als ich mich gerade für das Morgengebet bereitmachte, sah ich vor dem Gebäude einige alte, aber sehr geräumige Reisebusse stehen. Vor den Bussen waren Gruppen mit Kämpfern zu erkennen und auch der Kommandant unserer Schule. Selbst aus der Ferne war zu spüren, dass dort etwas vorging.

Die Nachricht von den wartenden Bussen verbreitete sich binnen Minuten im ganzen Gebäude. Auch ich war wie elektrisiert. Sollte das Warten endlich ein Ende haben? Ich war schon seit zwei Wochen in der alten Schule. Anfangs kamen und gingen noch jeden Tag Geschwister, doch in der zweiten Woche änderte sich das. Nun kamen nur noch Männer an, und in dem schon bei meiner Ankunft überfüllten Gebäude wurde es noch enger. Vor allem jene, die hier schon mehrere Wochen verbracht hatten, wirkten zusehends zermürbt. Deshalb sorgte auch der Anblick der Reisebusse für so viel Euphorie.

Wir beteten, und eigentlich sollte man beim Gebet ganz bei Allah sein, doch ich konnte meine Gedanken die gesamte Zeit über nicht auf das Zwiegespräch mit meinem Gott fixieren. Gerade als das Gebet beendet war, wurden wir alle auf den früheren Schulhof befohlen. Der Gang nach unten durch das stinkende Treppenhaus blieb mir noch lange lebhaft im Gedächtnis. Viele Brüder begannen aus vollem Hals »Allahu akbar!« zu rufen, durch das ganze Gebäude ertönte der Schlachtruf, und immer mehr Menschen stimmten ein. So auch ich.

Noch auf der Treppe erkannte ich Ali. Ich sah ihn mittlerweile kaum noch, und wenn, nur bei der Essensausgabe. Die restliche Zeit verbrachte er mit seinen türkischen Landsleuten, während ich in der Gruppe der westlichen Dschihadisten neue Freunde gefunden hatte. Wir umarmten uns vor Freude. Nicht über das Wiedersehen, sondern darüber, dass es nun endlich losgehen würde.

Im Hof wurde uns befohlen, in Reihen anzutreten. Wir sollten nicht mehr reden, sondern zuhören. Der Schulkommandant und seine Gehilfen gaben uns zu verstehen, dass am heutigen Tag noch mehr Busse eintreffen würden. Dann begannen sie Namen aufzurufen. Jeder, dessen Name nun genannt wurde, sollte sich zum Einsteigen bereithalten. Alle anderen sollten vorerst wieder zurück in die Schule gehen; womöglich wurde ihnen später noch ein Platz in den Bussen zugeteilt.

Ich betete dafür, dass mein Name fallen würde. Denn auf die Ankunft weiterer Busse wollte ich mich in diesem ganzen Chaos nicht verlassen. Und offenbar wurden meine Gebete erhört: Ich wurde vom Kommandanten aufgerufen.

»Ihr kommt heute in ein Trainingslager in der Nähe von Rakka. Männer und Familien werden getrennt, eure Frauen und Kinder kommen nicht mit ins Lager«, sagte der Kommandant auf Arabisch.

Wir wurden angewiesen, unsere Sachen zu holen. Und zu meiner Verwunderung wurden mir Reisepass und Mobiltelefon wieder ausgehändigt – natürlich mit dem Hinweis, dass der Betrieb von Handys weiterhin strengstens verboten sei. Wer erwischt werde, müsse die Konsequenzen tragen. Was auch immer das heißen mochte.

»Akhi*, lass uns gemeinsam in einem Bus fahren«, sagte Ali zu mir. Er war auch aufgerufen worden. Ich stimmte zu und stürmte ein letztes Mal in das Gebäude, um meine Sachen zu holen. Jeder, der seinen Namen gehört hatte, hatte es eilig. Keiner wollte die Abfahrt verpassen.

Beim Verstauen der Taschen im Bus sah ich, dass auch Abu Waqaad mitfahren würde und dazu noch einige Leute aus meiner westlichen Gruppe. Ab jetzt würde also alles so werden, wie es mir meine Brüder in Österreich erzählt hatten. Zufrieden ließ ich mich auf einen freien Platz im Bus fallen, nicht direkt neben Ali, aber nur ein paar Sitzreihen von ihm entfernt.

* Arabisch: »mein Bruder«

Die Busse wurden bis auf den letzten Platz belegt. Einige Brüder mussten sich auf den Boden setzen. Vier Busse fuhren ab mit kinderlosen Männern, ein weiterer mit Frauen und Kindern. Letzterer wurde überwacht von einem Sittenwächter. »Der soll wohl den Busfahrer vor Übergriffen schützen«, scherzte ich mit Ali.

In unserem kleinen Konvoi fuhren auch einige Geländewagen vom Typ Toyota Hilux mit. Doch anders als auf dem Weg nach Dscharabulus deutete nichts auf den IS hin. Es gab keine Aufkleber, keine Fahnen, keine Hoheitszeichen.

In Mitteleuropa mag der Toyota Hilux Pick-up nicht jedem ein Begriff sein, im Nahen Osten gehören diese schier unkaputtbaren geländegängigen Kleinlaster zum alltäglichen Erscheinungsbild auf den Straßen. Das liegt einerseits daran, dass in den Hilux-Geländewagen vor allem einfache, robuste Technik verbaut wird, die man auch ohne aufwendiges Diagnosegerät reparieren kann. Andererseits verfügt der Hilux über einen Allradantrieb und eine Differenzialsperre, so kommt man fast überall vorwärts. Und dann ist da noch die Laderampe, auf der sich mit einfachem Aufwand allerlei Militärgerät installieren lässt.

Es gibt sogar einen Krieg, der nach dem Hilux benannt ist: Ende der Achtzigerjahre bekämpften sich Soldaten aus Libyen und dem Tschad. Einer Miliz aus dem Tschad gelang es mithilfe von Panzerabwehrraketen und Maschinengewehren, die auf der Ladefläche der Geländewagen installiert waren, die Infanterie des damaligen libyschen Diktators Muammar al-Gaddafi entscheidend zu schwächen. Dieser Abschnitt des Libysch-Tschadischen Grenzkrieges wird heute noch als »Toyota-Krieg« bezeichnet.

Auch bei den Kämpfen des IS spielt der Hilux eine wichtige Rolle: Mit ihm können schnelle Angriffe durchgeführt werden. Und wenn es nötig ist, lassen sich die Toyotas auch rasch wieder vom Gefechtsfeld abziehen.

Unsere Toyotas waren mit normaler, unauffälliger Bewaffnung ausgestattet. Wir fuhren über kaputte Nebenstraßen, die bisweilen von Kratern unterbrochen waren. Ausgebrannte Fahrzeuge standen als stumme Zeugen vergangener Gefechte am staubigen Straßenrand.

Ab und zu durchquerten wir kleinere Dörfer, doch hier gab es keinerlei Jubel von den Dorfbewohnern. Sie nahmen unsere Anwesenheit ohne Regung zur Kenntnis. Die einzige Abwechslung in der syrischen Steppenlandschaft waren die unzähligen Ziegenherden und die vereinzelten Kontrollposten des IS. Da die Soldaten des Kalifats jedoch bereits wussten, wer wir waren, konnten wir die Checkpoints ohne größere Wartezeiten passieren.

Zum Glück saßen wir in einem Bus mit funktionierender Klimaanlage. So war die Hitze auf unserer knapp vier Stunden dauernden Fahrt erträglich. Unsere Reise näherte sich dem Ende, als der Fahrer mit dem Finger in Richtung eines Staudammes zeigte, dem wir uns nun näherten.

Im Bus herrschte dieses Mal Stille, alle waren gespannt auf das, was kommen mochte. Langsam überquerte der Konvoi den Damm, der von einer IS-Garde bewacht wurde. Wir bogen dann in ein angrenzendes Waldstück, wo wir die Busse verließen.

20

Mitten in einer Baumschonung war eine riesige olivfarbene Plane gespannt. Der Platz darunter war fast so geräumig wie ein kleineres Zirkuszelt. Auf dem Boden lagen ein paar große Teppiche. Hinter dem Zelt konnte man ein gut getarntes Gebäude in der Größe eines Einfamilienhauses erkennen. Es bestand fast vollständig aus Holz und wurde als Unterschlupf für die Ärzte und das Ausbildungspersonal genutzt. Daneben befand sich noch ein altes Häuschen aus Beton, hier fand später die Essensausgabe statt. Vom Zeltplatz konnte man den Euphrat sehen, der nur etwa fünfzig Meter neben dem Gelände entlangfloss.

Ali lächelte mir zu und sagte: »Gepriesen sei Gott, Bruder, wir haben es geschafft! Wenn es dir nichts ausmacht, gehe ich wieder zu meinen Landsleuten.«

»Kein Problem«, sagte ich. Und fragte mich, was er mir damit sagen wollte. Auf der Fahrt ins Camp hatten wir kaum miteinander gesprochen.

Zu meiner Freude entdeckte ich Abu Waqaad. Wir begaben uns mit rund siebzig anderen Brüdern in das Zelt. Nach ein paar Minuten stellte sich ein Amir vor uns hin – eine unscheinbare Gestalt mittleren Alters –, doch er schien offenbar sehr großen

Wert darauf zu legen, dass seine Militärkleidung penibel gepflegt war. Sie war – hier, mitten in der Einöde – gänzlich frei von Flecken und Staub. In seinem Holster steckte eine österreichische Pistole vom Typ Glock. Ich hatte das bereits öfters beobachtet bei ranghöheren IS-Kämpfern – viele von ihnen besaßen eine Glock, sie schien im Kalifat eine Art Statussymbol zu sein.

Der Kommandant war in Begleitung von sechs Kämpfern und eines Arztes. Sie alle würden in den kommenden Tagen und Wochen uns gegenüber weisungsbefugt sein.

Der Amir stellte sich in Positur und hielt eine Rede auf Arabisch. Ich war froh, dass Abu Waqaad neben mir stand, er konnte übersetzen.

»Dies ist das Camp Scharia«, begann der Kommandeur. »Ihr werdet hier den nächsten Monat verbringen!« Wir seien alle nun Mudschaheddin, »die Löwen des Islam«, und mit Allahs Erlaubnis würden wir nach dem Training »die Kuffar vernichten und die Welt erobern«. Er wiederholte diesen Satz immer wieder, und seine Stimme klang unerbittlich. Wir alle sollten nicht den geringsten Zweifel daran verspüren, dass es ihm mit unserer Mission ernst war.

Er klärte uns auch darüber auf, wie wir uns zu verhalten hätten, falls wir von einem Flugzeug oder einer Drohne angegriffen würden. Wenn wir das Wort »intischar« hörten – auf Deutsch: »verteilen« –, sollten wir alle in den hinteren Teil des Waldes laufen, wo die Bäume deutlich dichter standen. Dort sollten wir in eine eigens dafür angelegte Grabenanlage springen. Das System aus etwa eineinhalb Meter tiefen Gängen ähnelte den alten Schützengräben, die es während des Ersten Weltkriegs an der Westfront gab. Sie verliefen im Zickzack, damit Geschosse und Granatteile sich nicht ungebremst in den Gräben vorwärtsbewegen konnten.

Auch die Religion spielte im Camp Scharia eine wichtige Rolle. Ausdrücklich betonte der Kommandant, dass wir die Gebetszeiten einzuhalten hätten, wir würden über das militärische Training hinaus auch in religiösen Fragen unterwiesen werden.

Es wurde Abend. Die Ansprache des Campkommandanten zog sich auch wegen seiner Wiederholungen und Ermahnungen in die Länge. Als er fertig war, beteten wir. Dann wurden wir aufgefordert, uns in einer Reihe bei dem kleinen Betonhaus anzustellen. Dort hatten einige Brüder aus dem Camp bereits große Töpfe aufgestellt. Meine Freude darüber, dass ich mein Handy wiederhatte, verflüchtigte sich schlagartig, als der Kommandant hinzufügte, dass man in der Essensschlange auch unsere Handys und Pässe wieder einsammeln würde.

Ich weiß nicht, ob es daran lag, dass ich in den zwei Wochen, die ich in der Schule verbracht habe, keine vernünftigen Mahlzeiten mehr gehabt hatte, aber der Reiseintopf, den wir nun bekamen, schien mir in diesem Moment das Köstlichste seit langer Zeit zu sein. Wir aßen so viel davon, dass keiner von uns am Ende auch nur noch ein Reiskorn mehr herunterbekommen hätte.

Zum Schlafen bekamen wir dünne Schaumstoffmatratzen, die hinter dem Zelt aufgestapelt waren und jeden Abend ausgegeben wurden. Ich entschied mich, meine Matratze neben dem Zelt auszurollen, betrachtete mit vollem Magen den Sternenhimmel und schlief mit dem Gefühl der Erleichterung ein, es endlich in das Trainingslager geschafft zu haben.

Genauso wie in der alten Schule wurden wir frühmorgens zum ersten Gebet geweckt. In kleinen Gruppen von bis zu fünf Brüdern las jeder eine Sure aus dem Koran vor. Damit verbunden war ein Sprachtraining, denn beim IS kursierte eine arabische Ausgabe. Da der Koran als das von Mohammed überlieferte Wort Gottes eben in dieser Sprache verfasst war, studieren wirklich gläubige Muslime – und das trifft nicht nur auf Radikale und Extremisten zu – die Heilige Schrift auf Arabisch. So halfen wir uns jeden Morgen gegenseitig, die Aussprache und das Textverständnis zu verbessern. Es war eine gute Form des Sprachunterrichts, vergleichbar mit einem Tandem-Lernsystem.

Im Anschluss an das Gebet stand Sport auf dem Programm. Wir liefen jeden Morgen drei Runden zu etwa anderthalb Kilometern. Danach wurden wir in Gruppen eingeteilt: Die schnellsten zwanzig Mann kamen in die erste, die Nächstschnellsten bildeten eine zweite, und die Langsamsten wurden ebenfalls in einer Gruppe zusammengefasst. Zu meiner großen Überraschung war ich unter den schnellsten zwanzig. Zwar war mir Sport immer wichtig, und ich war auch gut darin, aber nach den Reisestrapazen und dem Aufenthalt in der Schule war ich nicht mehr so gut in Form.

Jede Gruppe musste dann noch einmal laufen, sodass der jeweils Schnellste ermittelt wurde. Diese Daten wurden von den Ausbildern vermerkt. Die jeweiligen Sieger durften danach kurz Pause machen, während wir anderen Liegestütze machen und uns von den Ausbildern anschreien lassen mussten. Der Campkommandant hatte seine ganz eigenen Motivationsmethoden. Während wir mit dem Kopf nach unten unsere Liegestütze machten, feuerte er immer wieder mit seiner Glock in den Sandboden vor uns. Die Kugeln schlugen einen Meter vor mir in den Boden ein, der Sand spritzte gegen meine Arme. Es kam auch vor, dass er mit seiner Kalaschnikow einige Salven in den Himmel schoss, um uns zu noch größeren Leistungen anzutreiben.

Abschluss des Sportprogramms war ein kleines Reaktionstraining. Während wir Sprungübungen machten, kam es zum Beispiel vor, dass der Ausbilder laut »Intischar!« rief. Und sofort mussten wir zu den Gräben rennen oder zumindest hinter dicken Bäumen Schutz suchen. Dort hatten wir dann auf dem Bauch zu kauern und mit verschränkten Händen unseren Hinterkopf zu bedecken. Auf ein weiteres Kommando des Ausbilders rannten wir so schnell wie möglich zurück und führten unsere Sprungübungen fort.

Nach dem Sport war ich immer fix und fertig. Duschen gab es nicht, und die einzige Wasserquelle für uns war ein mehrere Hundert Liter fassender Tank, der auf der Ladefläche eines sehr alten Pick-ups montiert war. Eine Kühlung für das Wasser gab es nicht, es erhitzte sich im Tank mit der aufgehenden Sonne.

Dann folgten im Anschluss vier Stunden Scharia-Unterricht. Nach dem Mittagsgebet hatten wir in der Regel eine Stunde Pause. Danach bekamen wir wieder vier Stunden Scharia-Unterricht, bis zum Nachmittagsgebet. Später gab es eine weitere Sporteinheit, und dann, zum Abschluss des Tages, noch zwei Gebete.

Es stellte sich heraus, dass die köstliche Mahlzeit, die wir zur Begrüßung erhalten hatten, eine echte Ausnahme war. Zum Frühstück bekamen wir nun eine Tasse Tee und ein größeres Stück Fladenbrot. Mittagessen gab es nicht. Und das Abendessen schmeckte mindestens genauso scheußlich wie das in der alten Schule. Es bestand aus Brot und einem zementartigen Aufstrich, vor dessen Anblick ich mich ekelte.

Wenn wir Glück hatten, ließ uns der Kommandant zum Euphrat, damit wir baden und uns erfrischen konnten. Denn obwohl wir hier nun an der frischen Luft lebten, war die Geruchsbelästigung in unserem Lager unerträglich. Wie es eben so riecht, wenn siebzig junge Männer auf engem Raum zusammenwohnen und zweimal am Tag ausgiebig Sport treiben, ohne danach die Möglichkeit zu haben, sich zu waschen.

Zu meinem neuen Namen Mohammed, den ich ja bereits in Wien gewählt hatte, gab ich mir nun noch einen weiteren. Es war im Kalifat nicht üblich, sich mit dem eigentlichen Namen anzureden. Das gilt übrigens genauso für weite Teile der arabischen Welt. Stattdessen werden Männer mit einer »Kunya« angeredet. Das ist eine Kombination aus dem Wort »Abu« – was so viel wie »Vater« bedeutet – und einem weiteren. Bei vielen Männern war das zweite Wort der Name eines Kindes. »Abu Ibrahim« war also der »Vater des Ibrahim«. Aber es ging auch anders: »Abu Hureira«, der niederländische Dschihadist, den ich in der alten Schule getroffen habe, war der »Vater der Katzen«. Ich hatte keine Kinder und wählte mir den Namen »Abu Muqatil«, übersetzt: »Vater des Kämpfenden«.

Bereits nach einer Woche im Camp erfuhren wir, dass wir bald zur Kampfausbildung übergehen würden. Normalerweise dauerte das länger; da die Kämpfe aber zu diesem Zeitpunkt heftig waren, brauchte der IS neue Soldaten. Der Kommandant war zufrieden mit uns. Er erzählte, dass er auch schon Gruppen hier hatte, in denen es sehr viele unsportliche oder ältere Männer gegeben habe. In unserer Gruppe hatten wir einen jungen bis mittleren Altersdurchschnitt. Und obwohl noch einige Luft nach oben sei, könne man nach der ersten Woche schon sagen, dass wir sportlicher waren als der Schnitt.

Wir würden also bald zu dem Teil der Ausbildung kommen, auf den ich mich am meisten freute. Ich wollte unbedingt ein gut ausgebildeter Elitesoldat sein. Nicht für den Fronteinsatz, sondern ausschließlich für den Schutz meiner Geschwister, so wie ich es auch schon in Dscharabulus zu Protokoll gegeben hatte. Ich sah in dieser Kampfausbildung einfach nur ein weiteres großes Abenteuer. Damals hatte ich noch nicht das Bewusstsein dafür entwickelt, dass der IS eben keine heldenhafte Armee war, die Unterdrückte befreit, sondern nur eine Bande feiger Mörder und Verbrecher.

Während wir auf den Beginn der Kampfausbildung warteten, erlitt ich bei einer unserer Luftschutzübungen einen Kreislaufzusammenbruch. Ich kam mit der Hitze nicht zurecht und hatte große Probleme, mich zu akklimatisieren. Ein junger Brite, mit dem ich die Ausbildung absolvierte, erhielt den Auftrag, mich zum Camparzt zu bringen. So betrat ich zum ersten Mal dieses Holzhaus. Wir gingen an einem Zimmer vorbei, dessen Tür offen stand. Der ganze Raum war ein riesiges Waffendepot. An den

Wänden standen sicherlich um die hundert Kalschnikows in allen Varianten. Am Boden wurden schwere Maschinengewehre gestapelt, daneben große Kisten, die bis an den Rand mit Munition gefüllt waren.

Der Brite klopfte an die Tür des Arztes, der auch nach kurzer Wartezeit öffnete. Er sprach uns auf Arabisch an, was weder der Brite noch ich richtig verstanden, und so gaben wir dem Mann mit Gesten zu verstehen, dass ich gerade draußen in der Hitze umgefallen war.

»Sprichst du deutsch?«, fragte mich der Arzt plötzlich.

»Ja«, antwortete ich verblüfft.

Der Mann sprach akzentfrei deutsch, doch zu meinem Bedauern hatte er keine große Lust zu einem längeren Gespräch. Er schickte den Briten zurück ins Lager, und ich erklärte ihm dann, was passiert war.

»Du hast dich schon wieder gefangen. Trink genügend Wasser. Und für heute keinen Sport mehr!«

»Das warme Wasser aus dem Tank?«, fragte ich.

»Natürlich nicht.«

Der Arzt öffnete seinen Kühlschrank und holte drei eisgekühlte Flaschen Mineralwasser heraus. Toll, dachte ich, wir trinken draußen die Brühe aus dem Tank, und hier haben sie Kühlschränke mit Mineralwasser. Trotzdem, in der glühend heißen Ödnis unseres Trainingslagers kam es mir so vor, als hätte mich jemand zu einem Fünfgängemenü eingeladen. Ich war so weit, dass mir einige Liter eiskalten Wassers wie das größte Glück der Erde vorkamen.

21

Wir saßen gerade beim Nachmittagsunterricht, als einer der IS-Kämpfer aus vollem Halse zu brüllen begann: »Intischar, Intischar!« Sofort stimmten andere mit ein, um alle Brüder zu warnen: »Intischar! Intischar!«

Jetzt ging alles rasend schnell. Jeder sprang auf, wir rannten um unser Leben, hinein in den Wald. Ich sah noch, wie einer der Männer beim Laufen seine Schuhe verlor und stolperte. Vor lauter Panik robbte er erst auf allen vieren vorwärts, bis er wieder aufstand und loslief, um die schützende Deckung zu erreichen.

Ich lief zu einem Graben und sprang hinein. Bruder an Bruder standen wir dicht beieinander. Nur unser Amir stand mit einigen Kämpfern aufrecht am Waldrand. Wegen euch sehen die uns noch aus dem Kampfjet, und dann sterben wir!, schoss es mir durch den Kopf. Doch am Ende waren es ja immer noch meine Brüder, und sie waren schon länger im Dschihad als ich. So hoffte ich, dass sie schon wussten, was sie da taten. Ich vertraute auf Allah und dass er uns, die wir für ihn in den Krieg hinausziehen, nicht gleich am Anfang untergehen ließ.

Durch die Bäume konnte man den Himmel nicht sehen, aber das Dröhnen eines Kampfjets war deutlich zu hören, immer lauter. Auch wenn es niemand sagte, aber jeder hatte Angst. Es war kein Computerspiel, bei dem man nach dem Tod auf demselben Level neu anfangen konnte. Dies war Realität, es passierte jetzt. Alles, was ich auf den YouTube-Videos in Österreich gesehen hatte, schien nun Lichtjahre weit entfernt, es ging nicht mehr um unscharfe Gestalten auf einer wackeligen Aufnahme, jetzt waren wir das Ziel. Der Krieg war echt, und er fühlte sich auch so an. Der Jet flog genau in unsere Richtung, außer uns gab es hier nichts, was einen Angriff wert gewesen wäre.

Dann wurde es unbeschreiblich laut. Das Flugzeug war jetzt direkt über uns. Auch der Kommandant kauerte nun im Graben. Zuerst verspürte ich ein Druckgefühl auf der Brust. Bruchteile einer Sekunde später war eine Explosion zu hören, die mich für kurze Zeit taub machte. Ich ging in die Hocke und kniff die Augen zusammen, genauso wie die anderen.

Unser Trainingslager war getroffen worden. »Allahu akbar, es gibt keinen Gott außer Allah!«, hörte man von überall. Ich blickte zum Zelt und erwartete, ein Feuerinferno zu sehen. Doch das Zelt stand noch, und auch das Gebäude des Kommandanten war weitgehend intakt. Die Bombe war etwa sechzig Meter von unserer Küche entfernt detoniert. Außer einer riesigen Staubwolke war dort nichts zu entdecken. Kleine Steine prasselten wie Regen auf die Baumwipfel. Der Pilot hatte sein Ziel verfehlt und nur ein Stück vertrockneter Erde bombardiert.

Jeder sah nun an sich herab, ob ihn nicht vielleicht doch ein Splitter getroffen hätte, den man im ersten Schock womöglich nicht gespürt hatte. Doch außer diversen Hörschäden und einigen verstauchten Knöcheln waren wir dieses Mal noch unversehrt geblieben.

Das Dröhnen des Jets wurde jetzt leiser, es entfernte sich schnell von uns. Wie es schien, machte der Pilot keine Anstalten, einen zweiten Angriff zu fliegen. Während ich in den Augen der anderen noch den Schock sah und sich mein Adrenalinspiegel langsam zu senken begann, kamen der Kommandant und seine Stellvertreter auf uns zu und befahlen uns, wieder in das Zelt zu gehen.

Am nächsten Morgen, bei vierzig Grad im Schatten, sagte unser Amir den Sport ab. Er erlaubte uns, im Euphrat schwimmen zu gehen. Natürlich sprangen wir wieder in voller Montur ins Wasser. Direkt am Ufer lag ein kleines Ruderboot, wir kletterten hinauf und benutzten es als eine Art Sprungbrett. Wir genossen die Zeit am Fluss, bis ein Bruder einen Kopfsprung machte. Er schlug auf einem Stein auf und verlor das Bewusstsein. Mehrere Männer trugen ihn ans Ufer; sein Kopf war blutüberströmt. Unser Arzt eilte herbei und verlangte sofort, dass er in das nächste Krankenhaus eingeliefert wurde. Per Funk wurde ein Fahrzeug gerufen, da wir im Camp selbst nur den alten Pick-up mit der Wassertonne zur Verfügung hatten.

Kurze Zeit später befahl uns der Campkommandant, am Zeltplatz anzutreten. Wir wurden aufgefordert, unsere Sachen zu packen. Es gab keine großartige Ansprache wie noch bei unserer Ankunft, der Bombenangriff hatte offenbar auch unseren Kommandanten nachdenklich gemacht. Zwei Busse trafen im Lager ein. Keiner wusste, wohin die Fahrt gehen sollte. Doch wir alle ahnten, dass wir nun im Krieg angekommen waren. Auch für mich sollte nun mein Leben im Kalifat eine Wendung nehmen, mit der ich nicht im Geringsten gerechnet hätte.

22

Aus den Bussen stiegen zwei Brüder aus. Nach einem kurzen Gespräch baute sich der Kommandant vor uns auf und sagte, dass alle, die nicht Türkisch sprächen, nun spazieren gehen sollten. Die anderen sollten sitzen bleiben.

Ich stand also auf und ging mit Abu Waqaad zum Euphrat. Ali, mein alter Weggefährte, blieb in der Runde zurück. Er war schließlich Türke.

Wir Spaziergänger waren natürlich sehr verwundert. Jeder wollte so schnell wie möglich von hier wegkommen. Genauso ging es auch mir. Spätestens jetzt, nachdem ich gemerkt hatte, dass ich in diesem Lager nicht das Training bekommen würde, das ich mir erhofft hatte. Wir verstanden den Sinn dieses Befehls nicht. Das alles verunsicherte uns.

Nach zwanzig Minuten hörte ich lautes Rufen vom Zeltplatz: »Abu Muqatil, wo bist du, Abu Muqatil?« Es war Ali, der mich gerufen hatte.

»Bruder, ich fahre in den Irak!«, sagte er voller Freude zu mir. Ich wusste nicht, was ich darauf antworten sollte.

Doch Ali kam mir zuvor. »Bruder, komm mit! Inschallah, im Irak können wir uns große Belohnung von Allah verdienen.

Mein neuer Amir erklärte mir, da wird rund um die Uhr gekämpft.«

»Im Ernst? Ich dachte, dass nur die türkischsprachigen Männer mitfahren dürfen«, sagte ich.

»Kein Problem, inschallah, ich rede mit dem Amir und kläre das schon für dich!«

»Aber bekommen wir eine Ausbildung im Irak?«, hakte ich nach.

»Ja, das machen wir alles im Irak«, sagte Ali, und immer noch war die Freude über die neuen Nachrichten in seinem Gesicht zu sehen.

»Aber ich will nicht gleich an die Front. Und ich dachte, du wolltest auch nicht direkt in den Kampf ziehen?«

»Nein, das müssen wir auch nicht. Hab extra nachgefragt.«

Ich gab mich damit zufrieden, obwohl ich meine Zweifel hatte. Syrien, das war das eine. Doch der Irak, das schien mir weitaus heftiger zu sein.

So stand ich völlig überrumpelt da und wollte in diesem Moment natürlich nicht als Feigling dastehen. Ich willigte ein, die Fahrt in den Irak anzutreten.

Doch als unser Arzt aus dem Trainingslager davon hörte – er sprach ja fließend Deutsch –, nahm er mich zur Seite und sagte: »Besser für dich, wenn du nicht dorthin fährst.« Er machte sich Sorgen um mich, weil ich ihm gesagt hatte, dass ich erst sechzehn Jahre alt war. »Das ist nichts für dich, Junge. Ich war selbst als Arzt im Irak, dort habe ich in der Schlacht um Falludscha Verwundete versorgt. Da ging es ziemlich zur Sache.«

Ali interessierte sich nicht weiter für das Gespräch, das ich mit dem Arzt führte. Er lief zu dem neuen Buskommandanten, um abzuklären, ob ich mitkommen könne.

Der Arzt redete mir ins Gewissen. Ich nahm seine Bedenken zur Kenntnis, mehr nicht. Allah würde schon über mich wachen. Der Mann schaute mich an und nickte, sein Blick war traurig.

Das nahm ich schon wahr, doch meine Freude, aus diesem Lager wegzukommen, war größer. Bald würde ich endlich eine Kampfausbildung bekommen, ich würde ein neues Land sehen. Nein, ich war viel zu aufgeregt, als dass ich wirklich über seine Warnung nachgedacht hätte.

»Ich kann dir ohnehin nichts vorschreiben«, sagte der Arzt resigniert.

In diesem Moment kam Ali zurück. Er sagte voller Freude: »Bruder, du kannst mitfahren!«

»Warum auf einmal doch?«, fragte ich ihn.

»Er hatte bloß Bedenken, dass du seine Befehle nicht verstehen würdest, falls wir kämpfen müssen. Das könnte schließlich schlimme Folgen haben. Doch ich habe ihm gesagt, dass ich die ganze Zeit an deiner Seite sein und dir alles übersetzen würde. Und da stimmte er zu.«

»Gut, dann soll es so sein.«

Unser Kommandant führte die neue Gruppe in den Wald zu einem kleinen, gut getarnten Bunker, der einen sehr robusten Eindruck machte. Wir waren nun schon mehr als eine Woche hier, und erst jetzt bekam ich mit, dass in dem Wäldchen nicht nur Schützengräben angelegt waren, sondern auch ein gut gesichertes Depot. Der Offizier öffnete das Schloss zum Bunker, der zwar nicht sehr breit, dafür aber einige Meter lang war. Er fragte mich nach meinem Namen und gab mir dann mein Handy, nicht aber meinen Reisepass. Das kümmerte mich nicht, im Grunde brauchte ich ihn ja auch nicht mehr. Ich war in diesem Moment nur froh, mein Smartphone zurückzubekommen.

Ali und ich setzten uns in den mittleren Teil des Busses. Ich schaltete direkt mein Handy ein und erlebte eine böse Überraschung. Mist, dachte ich, ich hatte das Entsperrmuster vergessen und nach zwei fehlgeschlagenen Eingabeversuchen nur noch einen übrig. Hier in der Gegend würde ich wohl kaum ein Samsung-Geschäft finden, deshalb steckte ich das Handy in die Tasche und versuchte mich, an den Code zu erinnern.

Ich weiß, dass es erst seit rund zehn Jahren Smartphones gibt und dass Leute früher, wenn sie unterwegs waren, keine Handys brauchten. Ich war mitten in einer Krisenregion unterwegs, und da mag es kurios wirken, dass ich mir in diesen Minuten um nichts anderes Sorgen machte als um diesen verdammten Code. Doch für mich war dieses Mobiltelefon der wichtigste Besitz, den ich mit mir führte. Nicht nur, dass ich damit gegebenenfalls online gehen konnte. Es war gleichzeitig meine Kamera, meine Landkarte, mein Bilderalbum, mein Briefpapier und mein Notizbuch. Hätte ich es aufgeben müssen, dann wäre ich mir unvollständig vorgekommen.

Ali hatte es besser getroffen, denn sein Handy hatte keinen Sperrcode. Er konnte es direkt starten und benutzen. Doch bald mussten wir erkennen, dass es in diesem Teil des Islamischen Staates kein Mobilnetz mehr gab. In solchen Situationen funktioniert aber zumindest der GPS-Sender. Man kann so zum Beispiel über Satellit nachverfolgen, wo man sich gerade befindet.

Plötzlich dämmerte mir etwas. Ich holte noch einmal mein Smartphone aus der Tasche und zeichnete ein Muster auf das Display, von dem ich nun glaubte, dass es das richtige war. Zum Glück hatte ich mich nicht geirrt, das Gerät war entsperrt.

Ich hatte mich auf eine längere Reise eingestellt und gedacht, dass wir direkt in den Irak fahren würden. Doch nach etwa einer Viertelstunde bogen wir von der Autobahn ab und fuhren auf einen Schotterweg. Ein Kämpfer an der Weggabelung winkte uns durch. Wie die meisten Checkpoints bestand auch dieser aus zwei Fahrzeugen mit schweren Maschinengewehren auf der Ladefläche. Schon bald nach unserer Ankunft war klar, dass wir uns in einem weiteren Trainingslager befanden. Mehrere Gebäude waren auf dem Gelände verteilt, vor der Tür des Hauptgebäudes standen eine Menge Schuhe, hier beteten die Brüder wohl gerade. Auf dem Hof parkten Hilux mit schweren Geschützen auf der Ladefläche. Sonst waren weit und breit keine Anzeichen von Zivilisation zu entdecken, nur die für diese Gegend typische Geröllsteppe und ein paar einsame Bäume.

Wir standen noch keine zehn Sekunden, als plötzlich jemand gegen mein Fenster klopfte. Ich freute mich, ihn hier zu sehen, meinen Bruder, den ich bereits in Dscharabulus aus den Augen verloren hatte: Es war Mexiki, er kam in den Bus gestürmt, und wir umarmten uns. Er fragte, wohin wir fahren würden. Daraufhin lächelte ich verschwörerisch und sagte mit triumphierendem Unterton, dass wir nun in den Irak gebracht würden, um dort das Trainingslager zu absolvieren. Mexiki war schlagartig angetan von der Idee, mit auf die Passagierliste dieses Busses zu kommen. Er fragte mich, wo der Buskommandant sei, er müsse unbedingt mit. Allein das Wort »Irak« schien in ihm etwas auszulösen.

Ich versuchte, ihn zu beruhigen, und fragte ihn, warum er so dringend mit auf den Bus müsse. Er sagte, es gehe ihm um den »Istischhad«, den Märtyrertod. Er war also immer noch besessen von dem Gedanken, einen Selbstmordanschlag zu begehen.

Mit ruhigen Worten erklärte ich ihm, dass wir auf dem Weg in den Irak seien, um ein Training zu absolvieren und nicht, um uns in die Luft zu sprengen. »Möglicherweise sind einige hier auch bereit, sich einer Kampfeinheit anzuschließen, Bruder. Aber den Märtyrertod wollen wir nicht sterben.«

Sein Gesichtsausdruck änderte sich schlagartig, als ich ihm das sagte. »Wird schon gut sein, so Allah will«, antwortete er und schien sich wieder zu fangen.

Mexiki fragte mich noch, wie es den Australiern und den Briten gehen würde, doch bevor ich darauf einging, wollte ich zumindest aus dem Bus aussteigen. Zum Small Talk wäre dann sicherlich noch genügend Zeit.

»Intischar! Intischar!«, brüllten die Männer ringsum, noch bevor ich den Bus verlassen hatte. Mexiki und ich drängten zum

Ausgang, da erklang auch schon das Dröhnen des Kampfjets. Fast zeitgleich war der Raketeneinschlag zu hören.

Der Sprengsatz explodierte ein ganzes Stück vor unserem Bus entfernt, die Druckwelle ließ dennoch einige Scheiben bersten. Sie flogen nicht vollständig aus ihrer Verankerung, erinnere ich mich, aber sie waren gesplittert und sahen aus, als ob sie von Spinnweben überzogen wären.

Es war der zweite Angriff, den ich innerhalb weniger Tage erlebt hatte. Die Angst und das Adrenalin waren sofort wieder spürbar, binnen Sekunden war mein T-Shirt nass von kaltem Schweiß.

Wir stürmten aus dem Bus. Ich hielt mich an Mexiki. Der Pilot flog einen weiteren Angriff, ich hörte noch, wie die anderen wieder »Intischar!« schrien. Wir rannten um unser Leben. Einige, die keine Ahnung hatten, wo sich der Graben befand, liefen zu den Bäumen oder kauerten flach auf dem steinigen Boden. Mexiki war schon länger hier und kannte den Graben. Die Triebwerke des Jets machten einen höllischen Lärm, der Pilot flog nur wenige Meter über uns hinweg. Wir sprangen mit letzter Kraft in einen der Gräben, fast zeitlich detonierte eine zweite Rakete. Dann entfernte sich das Kampfflugzeug.

Viele von uns schrien »Allahu akbar!«, sie waren froh, mit dem Leben davongekommen zu sein. Als ich mir sicher war, dass der Jet nicht noch einmal zurückkommen würde, zog ich mein Handy aus der Tasche und machte ein Foto von der Staubwolke, die der Angriff hinterlassen hatte.

Auch in diesem Camp war der Graben im Zickzackmuster angelegt. Gut achtzig Meter lang, aber bei Weitem nicht so tief wie im ersten Trainingslager. Man musste sich hinknien, um der Druckwelle zu entgehen. Manche Brüder liefen nun jubelnd durch die Gegend, nachdem sie die Detonation der Rakete unbeschadet überstanden hatten. Sie waren voller Euphorie, ja aufgeputscht von der inneren Chemie. Andere lagen starr und zitternd am Boden des Grabens.

23

Bei dem Angriff wurden einige Brüder zwar leicht verletzt. Man konnte trotzdem sagen, dass die Sache noch einmal glimpflich ausgegangen war. Was gewesen wäre, wenn eine der abgeworfenen Bomben tatsächlich ein Volltreffer gewesen wäre, das wollte ich mir in diesem Moment nicht vorstellen.

Wir waren gerade wieder einigermaßen zu uns gekommen, da befahl uns der neue Amir, den Graben zu verlassen und wieder in den Bus einzusteigen. An meinem Platz war das Fenster gesprungen. Brüder klebten eine Folie darüber, die sie mit Panzertape am Fensterrahmen befestigten.

Unser Kommandant erzählte uns, dass es in den vergangenen Tagen gleich mehrere solcher Angriffe gegeben habe. Dabei seien mehrere Männer ums Leben gekommen, in den Krankenhäusern würden derzeit auch noch einige Schwerverletzte behandelt. Aus diesem Grund, und speziell nach dem bislang letzten Angriff, den wir gerade miterlebt hatten, beschlossen die Kommandanten, sofort aufzubrechen.

Ich verabschiedete mich von Mexiki. Er hatte seine Meinung nicht geändert. Ein Training, das war für ihn nicht das Richtige. Vielleicht glaubte er auch, keines zu brauchen. Wenn er in den

Irak ginge, dann nur deshalb, um sich in die Luft zu sprengen und als Märtyrer zu enden.

Als wir wieder auf der Autobahn waren, sprachen Ali und ich eine ganze Weile. Es ging um den Angriff, den wir gerade mit knapper Not überlebt hatten. Und so ging es auch den Brüdern im Bus, der Schrecken der Explosionen wirkte noch Stunden nach.

Die nächste größere Stadt auf der Straße nach Osten war Rakka. Bis zum Ausbruch des Syrienkrieges hatten hier etwa dreihunderttausend Menschen gelebt, doch seitdem hatte sich die Einwohnerzahl durch den Strom der Flüchtlinge fast vervierfacht. Mehrfach wurde um die Stadt gekämpft. Erst herrschte Assad hier, dann eine Koalition aus Aufständischengruppen, später setzten sich die Islamisten durch. Und unter den Islamisten erwies sich der IS als die schlagkräftigste Gruppe. Anfang 2014 vertrieben die Kämpfer des Islamischen Staates ihre früheren Mitstreiter von der Al-Nusra-Front. Auf syrischem Staatsgebiet war Rakka von diesem Zeitpunkt an die größte Stadt, die unter IS-Kontrolle stand.

Vor der Stadt mussten wir an einem weiteren Checkpoint vorbei. Das Verkehrsaufkommen war enorm, vergleichbar mit dem einer europäischen Großstadt zur Rushhour. Ich fand es lächerlich, wie wir kontrolliert wurden. Es gab ein kleines Wachhäuschen und einen Geländewagen. Davor saßen zwei alte Männer und ein Junge, der kaum zwölf Jahre alt gewesen sein dürfte. Jeder von ihnen hatte sich eine Kalaschnikow umgehängt. Ihre Kontrolle bestand darin, dass sie in jedes zehnte oder zwanzigste Fahrzeug einen flüchtigen Blick warfen. Der Posten war kein wirklicher Checkpoint, und wahrscheinlich hätte das wegen des hohen Verkehrsaufkommens auch kaum funktioniert. Er war wohl mehr ein Symbol, eine Warnung vielleicht. Davor, dass der IS auch im Verkehrschaos die Augen offen hält.

In Rakka selbst gab es Straßen, die durch Beschuss vollkommen zerstört waren. Andere wiederum ließen sich ohne größere Probleme befahren. Was man jedoch gleich erkennen konnte: Fast jedes Haus hatte Einschusslöcher, oft Dutzende. Es gab auch schöne, prunkvolle Gebäude. Alte Stadttore aus Schlammmörtel, bunt geflieste Moscheen, Häuserwände in sauberen Beigetönen. Man konnte deutlich erkennen, dass Rakka einst eine schöne Stadt gewesen sein muss. Aber der Krieg und die wechselnden Besatzungen hatten deutliche Spuren hinterlassen.

In der Innenstadt waren die Geschäfte geöffnet, Menschen drängten sich auf den Straßen und Taxis, die ihre Fahrgäste zum Ziel bringen wollten. Die Erinnerung an den Raketenbeschuss verblasste, und Rakka wirkte auf mich wie eine ganz normale orientalische Stadt aus einer Reisedoku im Fernsehen.

Palmen trennten die vier Spuren der Hauptstraße. Zwar waren die meisten Männer auf den Straßen bewaffnet, aber man sah ihnen nicht direkt an, dass sie zur selben militärischen Bewegung gehörten. Viele trugen lange hemdartige Gewänder, braun, olivfarben oder schwarz, die fast bis zu den Knien reichten. Darunter Militärhosen. Ich erfuhr, dass diese Art der Bekleidung »Qamis« heißt. Später ließ ich mir selbst viele Qamis schneidern, in Beige, Himmelblau oder in Tarnfarben.

Überall in der Stadt waren Hilux-Geländewagen zu sehen, aber auch schwere, gepanzerte Fahrzeuge vom Typ Humvee, die der IS in der ersten Hälfte des Jahres 2014 aus irakischen Stützpunkten erobert hatte. Die Amerikaner hatten sie einst den Irakern überlassen. Nun waren sie gut sichtbar mit IS-Aufklebern gekennzeichnet.

Die Frauen auf den Straßen trugen Ganzkörperschleier. Und in den Gesichtern der Männer standen kräftige Bärte.

Wir fuhren am Rathaus vorbei, das mit einer riesigen, gut fünf Meter breiten IS-Fahne beflaggt war. Ich fühlte mich frei hier im Herzen des Kalifats, war keineswegs ängstlich oder eingeschüchtert.

Die Busse fuhren noch einige Minuten weiter, bogen dann auf ein abgesperrtes Gelände, das von einer übermannshohen Mauer umgeben war. Die Fahrzeuge auf dem Hof waren mit Tarnnetzen überspannt, die wohl Schutz vor den Kameras der Aufklärungsdrohnen bieten sollten.

Mit kräftiger Stimme befahl man uns, die Gepäckstücke auf die Ladeflächen der bereitstehenden Pick-ups zu werfen und uns einen Platz zu suchen. Die Befehlshabenden zeigten nur kurz mit dem Finger auf die Fahrzeuge und ließen ihre Hand in der Luft kreisen, um uns zu größerer Geschwindigkeit anzutreiben.

Ich verlor Ali aus den Augen und wusste nicht, auf welcher Ladefläche er Platz genommen hatte. Wieder einmal machte mir die Sprachbarriere zu schaffen: Von dem, was die Menschen um mich herum in wilder Folge redeten, bekam ich fast überhaupt nichts mit. Die Fahrzeuge waren mittlerweile völlig mit Menschen und Material überladen, die ersten Motoren starteten. Ich sprang auf den letzten Geländewagen, der noch ein wenig Platz bot.

Es war sehr warm, ich versuchte es mir so bequem zu machen wie möglich. Als wir losfuhren, war unser Konvoi zu beachtlicher Größe angewachsen: die beiden Busse und etwa sieben oder acht Geländewagen, die zusammen eine Autokette von mehr als hundert Metern bildeten.

Wir verließen schon bald das Siedlungsgebiet der Stadt und kamen zügig voran. Die Zivilisten bemerkten wohl schnell, wer wir waren, und machten uns Platz. Sie fuhren, ähnlich wie man das bei einem Unfall auf der Autobahn kennt, links und rechts an den Straßenrand und bildeten so eine Gasse für uns. Damals gab mir dieser Anblick ein Gefühl von Stärke. Wie wichtig wir doch sein mussten, dass alle den Weg für uns frei machten. Heute bin ich überzeugt, dass es nicht der Respekt vor unserem Konvoi war, der sie dazu brachte. Sie wollten einfach nicht von den Bomben der Kampfjets getroffen werden, die immer wieder über der Region kreisten und für die wir in diesem Moment ein vortreffliches Ziel abgaben.

Auf der Fahrt lernte ich einen kräftigen Somalier kennen, der zuletzt in Dänemark gelebt hatte. Er trug eine Kalaschnikow und ein paar Handgranaten bei sich. Wir sprachen nicht sonderlich viel miteinander, wussten aber auf Anhieb, dass wir uns sympathisch waren. Besonders bei den kurzen Passagen durch den Wüstensand staubte es von allen Seiten, meine Haare waren verklebt vom Sand.

Der Tag neigte sich dem Ende entgegen, als wir in einem kleinen Dorf ankamen, wo wir in der Moschee übernachten wollten. Bisher schien der Ort vom Krieg verschont geblieben zu sein. Abgesehen von einigen Ziegenhirten und ihren Herden, hätte es jedoch auch nichts gegeben, was einer Eroberung wert gewesen wäre. Das Kerngebiet des Kalifats erstreckte sich entlang der großen Flüsse Euphrat und Tigris. Dort lagen schon immer die Siedlungszentren der Region. Hier war Wasser verfügbar und Landwirtschaft möglich. Ganz im Gegensatz zu dem Weiler, in dem wir nun angekommen waren, wo das Wasser mit Brunnen tief aus der Erde geholt werden musste.

Nach der anstrengenden Reise schlief ich schnell ein. Am nächsten Morgen um vier sammelten wir uns zur Waschung und hielten unser Morgengebet. Danach ging die Fahrt weiter.

Ich legte mich zwischen den Gepäckstücken hin und schlief schnell wieder ein. Die vergangenen Tage waren anstrengend gewesen, und wegen des frühen Gebets hatte ich nicht genügend Schlaf bekommen. Als ich wieder aufwachte, waren wir gerade dabei, einen Hügel zu überqueren, der die Grenze zwischen Syrien und dem Irak bildete.

In meinen zufriedensten Momenten erlebte ich die Zeit wie ein großes Spiel. Der Grenzübertritt in den Irak war für mich ein Augenblick voller Verheißungen. Wieder würde ich ein neues

Land kennenlernen, neue Leute. Ich freute mich darauf, nun endlich ein anspruchsvolles Militärtraining zu erhalten.

Wir fuhren durch mehre Dörfer. Und als wir die Außenbezirke einer riesigen Metropole erreichten, dachte ich schon, wir seien am Ziel: Mossul, einst die zweitgrößte Stadt des Irak, wo drei Millionen Menschen vor der Eroberung durch den IS lebten. Von hier aus konnte man die Ausläufer des Taurusgebirges sehen, die auf kurdischem Gebiet die Grenze zur Türkei bildeten. Wie sich aber zeigte, hatte sich der Konvoi schlicht verfahren. Eigentlich sollten wir nach Tal Afar, etwa anderthalb Autostunden westlich von Mossul. Und so mussten wir umkehren und einen Teil des Weges zurückfahren.

Da wir nun jedoch schon viele Stunden unterwegs waren, bekamen einige Brüder Hunger. Und auch die Frauen im Bus klagten dem Fahrer ihr Leid: Die Kinder müssten dringend auf die Toilette. Deshalb zerbrach der Konvoi in viele einzelne Teile.

Unser Hilux war das erste Fahrzeug, das in Tal Afar ankam. So hatte ich Zeit, mir ein Bild von dem Ort zu machen, an dem ich nun wohl die nächste Zeit verbringen würde. Es gab einige zerstörte Wachtürme. Im Gegensatz dazu schien der Zaun, der um das Gelände führte, noch intakt zu sein. Der Haupteingang wurde von fünf Männern bewacht, ein großer Schlagbaum war vor der Zufahrt angebracht. Und außerdem standen dort wieder Geländewagen mit schweren Maschinengewehren, die auch zur Luftabwehr verwendet werden konnten.

Zur Anlage gehörte eine große, abgesperrte Siedlung, in der wohl früher einmal irakische Militärangehörige gewohnt hatten. Ich versuchte, die Häuser zu zählen. Vielleicht waren es achtzig. Oder hundert? Ein riesiger Komplex, den der IS vor einigen Wochen eingenommen hatte. Bis auf die Kämpfer des IS war hier niemand mehr zu sehen. Vor manchen Haustüren lehnten verlassene Kinderräder, lag aufgegebenes Spielzeug. Die Bewohner mussten ihre Häuser überstürzt verlassen haben.

Nach und nach trafen die anderen Fahrzeuge unseres aufgelösten Konvois ein. Die Kommandanten des Konvois und des Lagers hatten noch einige Absprachen zu treffen, vermutlich ging es darum, uns auf die verschiedenen Baracken und Häuser zu verteilen. So blieb für uns Zeit für einen kleinen Spaziergang über das Gelände. Wir bekamen die Erlaubnis, uns in den verlassenen Gebäuden umzusehen.

Ich empfand es als furchtbar, was ich sah. Wirklich alles in den Wohnhäusern war verwüstet. Überall lagen Kleidungsstücke, die womöglich nicht mehr in den Koffer gepasst hatten oder von den ankommenden Brüdern aus dem Schrank gezerrt worden waren. Wir fanden Fotoalben, die auf dem Boden lagen, sogar die Kühlschränke waren noch mit verschimmelten Lebensmitteln befüllt. Ich schaute mich weiter um und konnte die Angst der Menschen fast spüren, die so plötzlich ihre gesamte Existenz hatten aufgeben müssen.

Aber ich musste lernen, meine Emotionen zu unterdrücken. Wenn ich hinterfragt hätte, was der IS im Irak machte, wäre ich wahrscheinlich umgebracht worden. Verdrängung wurde zu einem überlebenswichtigen Mechanismus für mich. Ich war gezwungen zu vergessen, damit ich selbst weiterleben konnte.

24

Auf der Hauptstraße der Siedlung kamen uns IS-Kämpfer entgegen und wiesen uns an, uns in der zum Militärareal gehörenden Schule zu versammeln. Was wir auch versuchten. Doch die Tür war verschlossen, und ein Schlüssel war auf die Schnelle nicht aufzutreiben. Ein IS-Kämpfer, der uns beobachtete, kam hinzu. Er schlug vor, die Tür doch einfach einzutreten. Wir sprangen mehrmals mit ausgestrecktem Bein gegen die Tür. Doch es tat sich nichts. Danach warfen andere Kämpfer, die hinzugekommen waren, schwere Steine gegen die Tür. Doch außer einigen Macken am Sicherheitsglas hinterließ auch dieser Versuch keine Spuren.

Dann versuchte ein Türke, das Schloss mittels eines gezielten Schusses aus seiner Kalaschnikow aufzubrechen. Was auch nicht funktionierte. Schließlich feuerte ein Bruder mehrere Salven gegen das Glas, das daraufhin auch wirklich zersprang. So konnten wir die Tür von innen aushebeln.

Das zweistöckige Schulgebäude war sehr geräumig. Der Mann, der uns geraten hatte, die Tür einzutreten, wies uns an, die Räume nach verdächtigen Gegenständen zu durchsuchen; wir hätten ja ohnehin nichts anderes zu tun.

Im Büro des Direktors lagen noch Unterlagen von Lehrern und Schülern. Was mich wunderte, waren die gerade erst sanierten Toiletten, auf deren Keramik noch die Verpackungsfolie klebte. Es gab sogar fließendes Wasser. Im ersten Stock waren die Klassenzimmer praktisch unversehrt hinterlassen worden. Sie waren so sauber und geräumig wie Schulen in Europa, nur ein dünner Sandfilm, der in dieser Gegend der Welt zum Leben gehört, lag auf den Tischen und Stühlen. Als ich durch die Flure zog, kam mir der Gedanke, wie absurd es war, dass der IS das Gelände offenbar erobert, bisher aber nicht wirklich durchsucht hatte.

Nachdem wir unsere Inspektion abgeschlossen hatten, setzten wir uns in die große Eingangshalle. Jeder hockte auf seinem Gepäck, um nicht auf dem staubigen Marmorboden Platz nehmen zu müssen. Es dauerte eine halbe Stunde, bis die restlichen Fahrzeuge eintrafen.

Auch Ali traf ich bei dieser Gelegenheit wieder.

Wir mussten nun vor dem Gebäude antreten und einen großen Sattelschlepper entladen, der Mehl, Zucker und Wasser transportiert hatte. Nach anderthalb Stunden körperlicher Arbeit: nochmaliges Sammeln. Uns wurde ein neuer Kommandant vorgestellt. Wir saßen auf dem Boden und hörten seiner Ansprache zu, auf Türkisch. Ali hatte sich in die erste Reihe gesetzt, zwei Stunden lang redete der Mann. Ich verstand kein Wort, hatte aber auch nicht den Mut aufzustehen, um mich neben Ali zu setzen. Der Kommandant und seine Leute machten keinen sehr entspannten Eindruck.

Ich beobachtete, wie die Helfer des Kommandanten Listen hervorholten und Namen verlasen. Ich hörte auch den meinen, doch da sich die anderen nicht von ihren Plätzen erhoben, verhielt ich mich ebenfalls still.

Nach dem Vortrag schnappte ich mir gleich Ali. »Bruder, was hat der Kommandant denn die ganze Zeit gesagt?«

»Wir beide und ein paar andere Brüder sind im ersten Haus untergebracht, das direkt hinter der Sicherheitsschranke liegt. Tja, und der Rest war eigentlich ziemlich irrelevant.«

»Komm, das kann doch noch nicht alles gewesen sein.«

»Bruder, glaub mir, inschallah, ich würde es dir sagen, wenn etwas Wichtiges dabei gewesen wäre. Was du vielleicht noch wissen solltest: Wenn wir beim Durchsuchen der Häuser hier in der Siedlung Waffen, Geld oder sonstige Wertgegenstände finden, sollen wir sie abgeben.«

Dann erzählte mir Ali, dass wir uns tatsächlich auf einem ehemaligen Areal der irakischen Armee befanden. Als der IS kam, seien die Soldaten und ihre Familien geflüchtet. Die Einnahme des Geländes war praktisch kampflos erfolgt.

»Ja und was machen wir jetzt hier? Bekommen wir nun eine Ausbildung? Sag doch bitte was«, flehte ich Ali an.

»Wir sollen jetzt einfach mal Quartier beziehen. Alles andere erfahren wir in den nächsten Tagen.«

Da war er wieder, der Ali, wie ich ihn kannte. Was auch immer kommen mochte, er hoffte stets darauf, dass sich die Dinge zum Besten fügen würden. Während ich Fragen hatte, gab er sich die Antworten selbst – oder hoffte zumindest darauf, dass sich die Fragen bald von selbst erledigen würden.

Ich nickte mürrisch, und wir gingen mit dem Gepäck zu unserem Haus: ein wunderschönes zweistöckiges Gebäude, das von außen mit Fliesen verziert war, auf denen orientalische Muster eingraviert waren. Das Haus bestand aus zwei identischen Hälften, ähnlich wie die Doppelhäuser in Mitteleuropa. Pro Haushälfte wurden jeweils sieben Männer zugewiesen. Im hinteren Teil gab es ein großes Schlafzimmer mit einem Kingsize-Bett. In diesem Moment dachte ich an die Familie, die hier früher gewohnt hatte. Eine komische Vorstellung, mich in dieses Bett zu legen.

Aber das TV-Gerät, das dort ebenfalls stand, interessierte mich doch. Seit Wochen hatte ich schon nicht mehr vor einem

Fernseher gesessen, und ich wollte jetzt hier, in der hintersten Ecke des Kalifats, einfach mal wissen, was in der Welt so abging. Als ich den roten Knopf auf der Fernbedienung drückte, rechnete ich nicht damit, dass irgendetwas passieren würde. Strom gab es in Syrien ja nur abends, tagsüber war elektrische Energie nur mithilfe eines Aggregats verfügbar. Als der Fernseher tatsächlich ansprang, war ich begeistert. Doch noch in derselben Sekunde überkam mich die Angst. Ich wusste, dass fernsehen im Kalifat verboten war. Also schaltete ich das Gerät wieder aus, bevor die anderen Brüder etwas davon mitbekamen.

Wir begannen, das Haus auf Vordermann zu bringen. Auch hier hatte sich über die Möbel eine Staubschicht gelegt.

Am späten Nachmittag traf ein alter Lieferwagen mit zwei großen Töpfen ein, wie sie in Großküchen benutzt werden. Die Frauen der anderen Brüder hatten für uns gekocht. Von nun an würden sie uns täglich mit frisch zubereiteten Speisen beliefern. Das war die gute Nachricht des Tages: Die wässrigen Suppen und das trockene Fladenbrot, das wir sonst bekamen, waren von nun an Geschichte.

Jeder Doppelhaushälfte wurde ein Hauskommandant zugeteilt. Unserer war ein junger Türke, Mitte zwanzig, der sowohl fließend Arabisch als auch Englisch sprach. Er hatte mit uns gemeinsam Quartier bezogen, anfänglich hatte ich ihn für einen von uns Neuankömmlingen gehalten. Er erklärte uns die Hierarchie im Camp: Es gab einen Lagerkommandanten, ihm zur Seite gestellt war ein Stellvertreter, dann kamen fünf Verantwortliche, die für verschiedene Aufgabenbereiche zuständig waren – Kriegsbeute, medizinischer Dienst, Logistik, Waffen und Fuhrpark. Den Ressortverantwortlichen, vergleichbar mit Kompaniechefs, unterstanden die bereits ausgebildeten IS-Kämpfer. Und am Ende der Befehlskette standen wir, die wir noch keine Ausbildung erhalten hatten. Unser Hauskommandant war also so etwas wie ein Gruppenführer für uns Neue.

Der Türke stellte Fragen zu unseren Vorerfahrungen: ob wir schon einmal eine Waffenausbildung erhalten hatten; und vor allem, ob wir nach dem anstehenden Training gleich an die Front wollten. Als ich an der Reihe war, sagte ich ihm, dass ich mich auf die Ausbildung freue, aber erst einmal kein Interesse hätte, in die Hauptkampfzonen verlegt zu werden.

»Du bist im Irak, wir werden schon etwas Passendes für dich finden«, sagte er darauf mit gleichgültigem Blick. Das konnte alles bedeuten und gleichzeitig nichts. Ich fühlte mich von ihm nicht wirklich ernst genommen.

»Okay, passt auf: Ihr werdet nun entweder von erfahreneren Kämpfern direkt in der Schule ausgebildet oder, wie es sonst üblich ist, in ein spezielles Trainingscamp geschickt. Wir können das erst in den nächsten Tagen entscheiden, wenn wir wissen, wo unsere Männer im Irak eingesetzt werden. Erst dann können wir abschätzen, wie viele Ressourcen wir für die Ausbildung haben«, sagte der Türke.

Als unser Hauskommandant fertig war mit seiner Einweisung, nahm ich Ali noch einmal zur Seite. Mir war mulmig. »Direkt an die Front will ich aber nicht, Ali!«

»Ich vermute, die planen etwas Großes«, sagte er.

Mir wurde immer deutlicher, wie sehr sich unsere Pläne im Kalifat unterschieden. Ali hatte mich dazu überredet mitzukommen, gegen den Rat des Arztes. Und nun reagierte er so teilnahmslos, obwohl uns beiden klar war, dass hier hinter den Kulissen mit unseren Leben gespielt wurde. Klar, ich wollte eine Ausbildung. Aber es war schon etwas anderes zu hören, dass wir uns nun in einem Camp befanden, dessen Besatzung bald schon mitten ins Kampfgeschehen verlegt werden könnte. Natürlich wollte ich meine Geschwister beschützen, als Teil dieser großen Gemeinschaft, aber das, was ich hier zu sehen bekam, war nicht das, was man uns früher immer erzählt hatte.

Mir wurde langsam klar, wie viele Versprechen das Kalifat

nicht eingehalten hatte. Bisher hatte ich zum Beispiel kein Geld erhalten. Und obwohl ich nun schon mehrfach zu Protokoll gegeben hatte, dass ich mich dem Aufbau des Staates widmen wollte, wurde mit keinem Wort darüber gesprochen, wo ich eine Wohnung beziehen könnte. Mir ging es dabei nicht um die materielle Seite der Sache. Ich konnte mir einen Einsatz in der Verwaltung des Kalifats, in der Logistik, vielleicht auch als Wachmann oder in der religiösen Unterweisung vorstellen, sah mich eher als Zivilist und Beschützer. Der IS aber betrachtete mich vor allem als potenziellen Kämpfer. Meine erste Nacht in dem Haus verbrachte ich schlaflos.

25

Doch der IS verstand es immer wieder, mich bei meiner Neugierde, meiner Sehnsucht nach Kameradschaft und meiner Abenteuerlust zu packen. Am nächsten Morgen fragte mich der Amir unseres Hauses, ob ich mit nach Tal Afar auf eine Patrouille fahren möchte. Ich hatte keine Ahnung, warum er gerade mich fragte. Ich hatte ja keine Erfahrung im Umgang mit Waffen: Ein paarmal hatte ich eine Kalaschnikow in der Hand gehalten, aber niemals auch nur einen Schuss abgefeuert. Und eine Patrouillenfahrt sollte doch eher mit erfahrenen Leuten durchgeführt werden, vermutete ich.

»Ich habe noch keine Ausbildung erhalten«, sagte ich dem Hauskommandanten wahrheitsgemäß.

Er nickte. »Ist alles kein Problem. Die Fahrt wird ruhig verlaufen, ich will dir nur die Gegend zeigen, da du unser Jüngster bist. Erzähl mir auf dem Weg ruhig ein wenig über dich.«

Irgendwie war ich ja auch stolz, dass er gerade mich auswählte.

Er reichte mir seine M16, die aus amerikanischen Beständen stammte. Ein Sturmgewehr mit Zielfernrohr, es war eine ganz andere Waffe als jene, die ich bisher im Kalifat gesehen hatte.

Er zeigte mir kurz, wie man das Gewehr repetiert und das Magazin wechselt, mehr auch nicht. »Stell sie im Fahrzeug neben dich, du wirst sie wahrscheinlich nicht brauchen.« Ich lächelte den anderen Brüdern in unserer Haushälfte freundlich zu und genoss die neidischen Blicke. Sie waren jetzt wieder damit beschäftigt, das Haus zu putzen und sich zu langweilen.

Wir gingen ein ganzes Stück durch das Lager, und ich erzählte ihm ein wenig aus meinem bisherigen Leben. Wie ich hierhergekommen war und dass ich die Unterdrückung unserer Geschwister beenden wollte. Dann kamen wir zu einem Haus mit einer großen Garage. Dort standen zwei schwer gepanzerte Humvees. Auf meine Frage, woher die Fahrzeuge stammten, sagte er nur ein Wort: »Ghanima«. Kriegsbeute.

Mein Weltbild war bis zu meiner Abreise nach Syrien weitgehend von dem geprägt, was ich im Fernsehen und in Videospielen gesehen hatte. Ich war nicht einmal volljährig, und die meiste Zeit meines Lebens hatte ich in eher schwierigen Verhältnissen verbracht. Von anderen Ländern hatte ich deswegen noch nicht viel gesehen. Und das wenige, was ich über Krieg wusste, hatte ich mir über die Medien erschlossen. In den Hollywoodfilmen waren all die Waffensysteme zu sehen, die wir nun auch benutzen konnten: das M16-Gewehr oder die Humvees. Es waren stets die Waffen der Filmhelden gewesen. Das modernste Kriegsgerät, das überhaupt verfügbar war. Mächtig, Furcht einflößend. Mit einem kalten, klaren Design.

Ich nahm mit dem Hauskommandanten auf der Hinterbank unseres Humvees Platz. Das Fahrzeug sah cool aus. Uns würde niemand etwas anhaben können. Wir waren allen überlegen, dachte ich.

Als wir uns der Stadt näherten, wurde es stiller im Wagen. Am Himmel flogen in einiger Entfernung zwei Kampfjets an uns vorbei, deren Triebwerke bedrohlich grollten. Doch die Piloten schienen keine Notiz von uns zu nehmen. Wir holperten über aufgerissenen Asphalt und tiefe Schlaglöcher. Unser Ziel war der Marktplatz von Tal Afar.

Ich fand die Fahrt im Humvee immer noch klasse: Es war, als würde die Umgebung wie eine Projektion an mir vorbeilaufen. Ich schaute aus dem Panzerglasfenster nach draußen, sah die Hügel, die Felsen, die Hütten.

Plötzlich erklang ein gewaltiger Knall. Ich registrierte noch, wie unser Fahrer eine Vollbremsung versuchte. Gleichzeitig war von allen Seiten ein metallisches Picken zu hören. Es war das Geräusch von Schutt, der auf die Stahlkarosserie des Humvees herunterregnete. Sekundenlang. Als hätte jemand den Moment auf Zeitlupe verlangsamt.

Erst im nächsten Moment realisierte ich, dass der Humvee vor uns lichterloh brannte. Instinktiv ging ich hinter dem Vordersitz in Deckung. Als Ausrüstung hatte ich nur mein so machtvoll aussehendes M16-Gewehr dabei, dazu eine Weste mit Munition. Doch gegen eine Sprengstoffexplosion kann man sich damit nicht verteidigen. In unserem Fahrzeug herrschte Hektik. Alle Brüder schrien sich gegenseitig auf Arabisch an.

Als mein Hauskommandant die Seitentür öffnete und die Waffen in den Anschlag nahm, tat ich es ihm gleich und sprang ebenfalls heraus. Ich sah einige Verletzte im Humvee vor uns, auch Palmen am Wegesrand brennen. Aus den Hütten eilten Bewohner herbei. Sie signalisierten uns sofort, dass sie unbewaffnet waren.

Meine Hände zitterten vor Angst. Ich wusste nicht, was nach dem Knall nun als Nächstes folgen würde. Womöglich hatten sich Bewaffnete hinter einer Ecke versteckt, ging es mir durch den Kopf, und sie würden gleich das Feuer auf uns eröffnen.

Als wir beim vorderen Humvee waren, konnte man kaum einen halben Meter weit sehen, so dicht stand der Rauch. Meinem Kommandanten und einigen Zivilisten gelang es dennoch, zwei schwer verletzte Brüder aus den Flammen zu ziehen. Die drei anderen kamen bei der Explosion ums Leben.

Nachher stellte sich heraus, dass neben der Straße ein Sprengsatz deponiert worden war. Noch später erfuhr ich, dass die Humvees keineswegs so unzerstörbar waren, wie ich gedacht hatte: Die amerikanische Armee hatte mit den Fahrzeugen im Irak und in Afghanistan denkbar schlechte Erfahrungen gemacht, die Panzerung hielt Explosionen, die unterhalb des Humvees ausgelöst wurden, oft nicht stand. Seit 2012 beschafft die US-Armee keine neuen Fahrzeuge dieses Typs mehr.

Über Funk hatte mein Kommandant bereits Verstärkung angefordert. Und da wir nicht sonderlich weit gekommen waren, kamen uns auch schnell vier oder fünf Toyota Hilux zu Hilfe. Aus den Autos sprangen zahlreiche Brüder ab, darunter auch der kräftige Somalier, den ich bereits auf der Fahrt in den Irak kennengelernt hatte. Beinahe zeitgleich trafen zwei Feuerwehrwagen und ein Rettungsfahrzeug ein. Es gelang ihnen, die Flammen schnell zu löschen. Die Verletzten schrien, der Geruch nach verbrannter Haut war furchtbar. Ich versuchte, bei der Bergung der Toten nicht hinzusehen.

Die hinzugekommenen Brüder sicherten die Gegend. Ich stand am Fahrzeug und wusste nicht wirklich, was ich in dieser Situation tun sollte. Wie man einen Posten verteidigt oder selbst, wie man in einem solchen Moment nur Deckung sucht: All das hatte ich ja noch nicht gelernt. Ich versuchte bloß die Augen offen zu halten, um mögliche Angreifer frühzeitig zu erkennen. Ich trug meine Waffe im Anschlag, wie alle anderen auch, und hoffte inständig, dass nichts weiter passieren würde.

Einige andere Brüder suchten derweil den Boden nach möglichen weiteren Sprengfallen ab. Der Somalier, der mittlerweile an meiner Seite stand, erklärte mir, dass solche Sprengsätze im Irak keine Seltenheit waren. Wenn ich künftig auf Patrouille fahren sollte, müsse ich immer auf kleine Schotterhügel achten, die am Fahrbahnrand liegen. Darunter seien oft die Fallen versteckt. Auch abgestellte Autos oder Marktstände seien gefährlich. »Diese verfluchten Kuffar!«, brüllte er laut.

Das Wrack des Humvees qualmte noch, als es an den Straßenrand gezogen wurde. Und so schnell, wie die Dorfbewohner sich am Anschlagsort versammelt hatten, so schnell verschwanden sie auch wieder. Für die Menschen hier war der Anblick von Trümmern und Leichen wohl Alltag.

Dieses Erlebnis veränderte alles in mir. Zu plötzlich kam die Gefahr, und zu groß war der Zufall, der mir das Leben rettete. Fortan ging ich nie mehr arglos durch das Kalifat. Ich sah überall die Gefahr, die im Moment versteckt war. Noch heute kann ich in Wien an keiner Baustelle vorbeigehen, ohne dass ich eine mögliche Kette von unglücklichen Umständen in vermeintlich alltäglichen Situationen entdecke.

»Wisst ihr, wer die Sprengfalle hier aufgebaut hat?«, fragte ich meinen Kommandanten.

»Allah weiß es«, antwortete er mir. »Willst du die Patrouille mit uns fortsetzen?«

In diesem Moment wollte ich nicht als Feigling dastehen und willigte ein mitzukommen. Doch die gesamte restliche Fahrt beschäftigten mich die Bilder von den toten Brüdern, die Sekunden vorher noch über Funk mit uns gesprochen hatten. Ich saß im Fahrzeug, aber eigentlich war ich woanders. Was ich gesehen hatte, überstieg alles, womit ich in diesem Moment hätte fertigwerden können.

Die restliche Patrouille verlief sehr ruhig. In allen Belangen. Wir schwiegen uns im Fahrzeug an. Jeder wollte einfach nur zurück ins Camp, in einen geschützten Raum. Hier draußen waren wir allein mit unseren Eindrücken, jeder für sich. Und ich mochte mir nicht vorstellen, was passiert wäre, wenn wir noch einmal Berührung mit dem Feind gehabt hätten.

Nach unserer Rückkehr lief ich sofort zu Ali, um ihm zu erzählen, was draußen passiert war. Ich hätte erwartet, dass er ein wenig Mitgefühl zeigt. Schließlich waren gerade drei unserer Brüder gestorben. Stattdessen war Ali wütend auf mich: Er machte mir Vorwürfe, dass ich ihn nicht mitgenommen hatte.

Er selbst war noch nie dabei gewesen, wenn draußen Menschen starben. Ali hatte keine Ahnung, wie es aussah und wie es roch, wenn es gerade vorbei war.

26

Es war Abend geworden. Ich lag schlaflos im Bett und versuchte, mit den Bildern der verbrannten Brüder klarzukommen.

Da kam unser Amir vorbei. »Wir müssen hier einige Gebäude schützen, du gehst heute noch auf Wache«, befahl er mir.

»Heute noch mal raus?«, fragte ich ungläubig.

»Ja, das war ja heute noch gar nichts. Gewöhn dich lieber mal an diese Anblicke. Mach dich fertig und komm raus!«

Ich schüttelte den Kopf, zog mich dann aber doch an. Ali wartete bereits auf mich. Im Gegensatz zu mir war er völlig aufgedreht. »Ich habe den Kommandanten gebeten, dass wir gemeinsam Wache halten dürfen«, sagte er. Ich nickte still und konnte es nicht fassen. Ali dachte wohl, er täte mir einen Gefallen damit. Für ihn war das eine Wiedergutmachung für das, was er mir vorhin an den Kopf geworfen hatte wegen der Patrouillenfahrt.

Wir fuhren mit drei Toyota Hilux hinaus, unsere Gruppe bestand aus zwanzig Männern. Wir wurden an unterschiedlichen Orten abgesetzt, meist an normalen Wohnhäusern. Ali und ich wurden in ein Haus geschickt, das sich am Stadtrand befand, wir sollten dort in der Nacht Wache halten. Der Hauskommandant erwartete uns bereits und bat uns in einen großen Raum, wo bereits zwei Brüder zusammensaßen: ein älterer Araber und ein Türke, die zahlreiche Speisen vor sich stehen hatten. Wir wurden aufgefordert, uns dazuzusetzen. Ich hatte absolut keinen Hunger, wollte mich jedoch der Einladung zum Abendessen nicht widersetzen. Das hätte man als Beleidigung empfunden.

Nach dem Essen erklärte uns der Kommandant die militärische Lage in diesem Gebiet und warum nun mehr Wachen benötigt würden als üblich. In den vergangenen vierundzwanzig Stunden habe es diverse Angriffe an unterschiedlichen Orten gegeben. Keine massive Offensive von Truppenverbänden, eher Attacken im Guerillastil, Straßenbomben und Beschuss mit Handfeuerwaffen auf Wachposten oder als IS-Kämpfer erkennbare Brüder.

Ich dachte an den Anschlag, den ich miterlebt hatte, doch der Kommandant zeigte uns einige Fotos auf seinem Handy, aufgenommen in der Nacht zuvor, bei deren Anblick mir fast das Essen wieder hochkam. Auch Ali starrte schockiert auf diese Bilder, man sah getötete IS-Kämpfer, die mit mehreren Schüssen hingerichtet worden waren. Einem Mann hatte man die Kehle aufgeschlitzt und ihm die abgetrennte Zunge in die Schnittwunde am Hals geklemmt. Eine Hinrichtungsmethode, die aus Mafiafilmen entliehen war.

Der Kommandant versicherte uns, dass die Bevölkerung über die Anwesenheit des IS sehr froh und erleichtert sei. Es gebe jedoch versteckte Zellen, die uns schaden wollten. Die ganzen Grausamkeiten sollten dazu dienen, unsere Moral zu untergraben. Um ehrlich zu sein: Bei mir war dieser Punkt schon erreicht.

Der Kommandant führte uns in den hinteren Teil des Hauses. Das Waffenlager war gut gefüllt, jedoch ausschließlich mit Kalaschnikows und RPG-Panzerfäusten älteren Baujahrs. Dazu kistenweise Munition sowie Kommunikationselektronik. Wir erzählten ihm noch einmal, dass wir bisher keine Ausbildung erhalten hatten, er nickte kurz und übergab uns ein Funkgerät und ein Gewehr. Weil er jedoch Angst hatte, dass wir damit versehentlich schießen würden, steckte er ein leeres Magazin ein. Im Ernstfall sollten wir einfach Alarm schlagen und Verstärkung rufen.

Sowohl Ali als auch mir war nicht wohl bei dem Gedanken. Mit einer zur Attrappe verwandelten Waffe sollten wir also nun darauf warten, dass wir vom Feind angegriffen werden. Wir hatten zwar keinerlei Erfahrung, worauf es in einem Kampf überhaupt ankam. Das hier erschien uns aber nicht nur lächerlich, sondern auch äußerst gefährlich. Sollten wir die Kalaschnikow als Wurfgeschoss benutzen, wenn es so weit war?

Unser Gebäude hatte zwei Stockwerke, von denen jedoch lediglich das Erdgeschoss nutzbar war. Darüber befand sich ein Rohbau mit einem Flachdach, von dem aus wir die Wache halten sollten. Der Kommandant teilte uns den »Schichtplan« mit: Jeweils zwei Stunden würde eine Wache dauern, meine Schicht wäre von zwei bis vier Uhr am Morgen.

Mit uns war neben dem Türken und dem Araber noch ein junger Spanier in dem Gebäude, der mit seinen langen Haaren lässig wirkte, fast wie ein Surfertyp. Er zeigte uns die beiden Zimmer, in denen wir schlafen konnten. Zu meiner Freude standen hier normale Betten und nicht die sonst im Kalifat üblichen Schaumstoffrollen. Ich legte mich allein in das Zimmer, da sich Ali noch mit dem Türken unterhalten wollte. Die Ereignisse des Tages hatten mich erschöpft.

Ein Tumult riss mich aus dem Schlaf. Im Nebenzimmer hörte ich wildes Geschimpfe. Ali und der Spanier standen ängstlich in der Ecke und zeigten panisch unter das Bett.

»Bruder, ein Skorpion!«

Und tatsächlich, da lief er gerade unter dem Bett hervor, gelblich, etwa so groß wie mein Zeigefinger. Ich bin mir nicht sicher, ob es eine bewusste Reaktion oder meine eigene Panik war, doch bevor ich richtig darüber nachdenken konnte, zertrat ich den

Skorpion mit meinem Militärstiefel. Ich war mein ganzes Leben lang immer tierlieb gewesen. Aber damit war es in diesem Moment vorbei.

Der Kommandant bekam einen Lachanfall, als er hörte, was passiert war. Nachdem er sich beruhigt hatte, sagte er uns, dass diese Skorpione hier sehr häufig vorkämen und tatsächlich sehr giftig seien. Ich wollte mich gerade wieder hinlegen, da sah ich, dass sich in einem Betonspalt etwas bewegte. Nachdem ich das Licht angeschaltet hatte, kam ein zweiter Skorpion aus seinem Versteck. Ich schnappte mir einen Stiefel und schlug zu. So fand auch das zweite Tier ein tragisches Ende.

Mit meiner Müdigkeit war es vorerst vorbei. Ich durchsuchte jeden Winkel des Zimmers nach weiteren Skorpionen und verwandtem Krabbelgetier ab, fand aber nichts mehr.

Der Türke kam um kurz vor zwei in mein Zimmer zur Wachablösung, ich ging aufs Dach, wo Ali schon auf mich wartete. Unser Funkgerät war auf Empfang, die entladene Kalaschnikow hatten wir auch dabei, und so begannen wir das pechschwarze Umfeld des Hauses zu beobachten. Bis auf die Straße vor unserem Haus und die anderen Dächer war nichts zu erkennen.

Ali langweilte sich genauso wie ich. Wir begannen, die Kalaschnikow zu zerlegen und wieder zusammenzusetzen. Als wir auch damit fertig waren, fragte mich Ali, ob es okay wäre, wenn er sich noch ein wenig schlafen legte. »Ja, hier tut sich nichts, ist doch alles ruhig«, erwiderte ich. Das war naiv, denn der Angriff konnte ja jederzeit aus der Dunkelheit erfolgen. Aber so weit dachten wir in diesem Moment nicht.

Nachdem Ali eingeschlafen war, betrachtete ich noch einige Zeit gelangweilt den Himmel und versuchte erfolglos, gegen die Armee von Mücken anzukämpfen, die sich in der beginnenden Morgendämmerung über uns hermachte. Ich dachte darüber nach, was alles so passiert war, seitdem ich die Türkei verlassen hatte, und begann zu beten, dass Allah mich tatsächlich auf den richtigen Weg geführt hatte. Denn so sicher war ich mir da nicht mehr.

Gegen fünf Uhr kam ein Bruder hoch aufs Dach und fragte, warum wir nicht schon längst heruntergekommen seien. Unsere Wache war schon seit einer Stunde vorbei. Der Kommandant sagte uns, dass wir noch kurz essen und beten würden. Danach werde die Stellung vorerst geräumt. Mit anderen Worten: Wir hatten die Nacht über ein Haus bewacht, das eigentlich aufgegeben werden sollte.

Im Camp begannen die Mückenstiche immer heftiger zu jucken. Selbst durch die Kleidung hatten sie uns gestochen. Wir kratzten uns ständig, dadurch rissen die Schwellungen auf. Unser Amir entschied, dass wir zum Krankenhaus fahren sollten, er wollte die Ausbildung nicht mit zwei Kämpfern in spe starten, die sich ständig überall am Körper kratzen mussten. Mir war ein wenig übel bei dem Gedanken, wieder Richtung Markt zu fahren, wo ich erst tags zuvor fast von einer Bombe erwischt worden war. Doch ich hielt das Jucken irgendwann nicht mehr aus. Und unserem Kommandanten war wohl langweilig, und so fuhr er uns persönlich zum Hospital.

Ali bekam eine Salbe und eine Spritze in den Oberarm. Mir aber sagte der Arzt, ich solle hinter einen Vorhang mitkommen. Dort forderte er mich auf, mein Gesäß frei zu machen, damit er mir die Spritze in eine Pobacke geben könnte. Ich weigerte mich zunächst und gab wieder, was man mir erzählt hatte: Ein guter Muslim muss von oberhalb des Bauchnabels bis unterhalb der Knie bedeckt sein, weil er sonst in Gegenwart seiner Geschwister komplett nackt ist. Nur in Gegenwart von Ehefrau und Familie sei es erlaubt, kurze Hosen zu tragen oder das T-Shirt auszuziehen. Die Aufforderung, meinen Hintern zu entblößen, erschien mir ungeheuerlich. Nun kam mein Kommandant hinzu. Verzweifelt versuchte er mir zu erklären, dass es in medizinischen Fällen Ausnahmen gebe.

Wir waren jetzt verarztet. Doch der Beginn der Ausbildung verzögerte sich noch einmal. In den kommenden Tagen war die Langeweile im Lager kaum noch erträglich. Ali und ich redeten viel. Wir sprachen über die Bombenangriffe in Syrien, die wir erlebt hatten, und den Anschlag hier im Irak auf unsere Humvees. Mir lagen die Erinnerungen daran immer noch auf der Seele.

Ali dagegen war nach wie vor bester Dinge. Die Gewalt gegen uns sei doch nur ein weiterer Beweis dafür, wie sehr wir hier gebraucht würden, um der Unterdrückung durch die Ungläubigen ein Ende zu machen, sagte er. Für den Moment gab ich mich damit zufrieden.

27

Mit der Zeit gewöhnte ich mich an die Temperaturen. Der Kommandant des Lagers gab uns die Erlaubnis, ein wenig Sport zu machen. Wir liefen nun regelmäßig einige Runden in der Mittagssonne, es machte mir bald schon nichts mehr aus.

An einem dieser Tage, wir hatten gerade das Lauftraining beendet, hörten wir Schüsse und Jubel aus der Nähe. Es klang nicht nach einem Gefecht, und doch wollten wir sehen, was los war. Ein paar Brüder, darunter der Somalier, feuerten zwischen den Häusern auf Flaschen und Plastikkanister. Johlend bejubelten sie jeden Treffer.

»Wollt ihr auch mal?«, fragte der Somalier. Und wie wir wollten. Seit Wochen warteten wir schon darauf, endlich eine Ausbildung zu bekommen. So konnten wir wenigstens schon einmal schießen üben. Ali und ich bauten uns vor einem aufgeschütteten Erdwall auf, der im Ernstfall als Verteidigungsstellung dienen sollte, um Eindringlinge abzuwehren. Jetzt war er für uns ein provisorischer Schießstand.

Das erste Mal in meinem Leben benutzte ich echte Waffen. Wir probierten unterschiedliche Sturmgewehre aus: die Kalaschnikow, das amerikanische M16, ein Heckler-und-Koch-Fabrikat aus Deutschland und das österreichische StG 77 von Steyr. Ich hatte in diesen Stunden einfach nur Spaß am Zielen, am Treffen und an der Körperbeherrschung, die notwendig ist, um eine Waffe zu führen.

Als uns erlaubt wurde, Fotos zu machen, füllten sich die Speicher unserer Handys rapide. Wir knipsten uns in jeder erdenklichen bescheuerten Rambo-Pose. Ich hielt das Gewehr im Anschlag, schulterte eine Panzerfaust, schnappte mir zwei Maschinengewehre, die ich links und rechts in den Händen hielt. Um noch verwegener auf den Bildern auszusehen, lieh ich mir die Sturmhaube eines Kameraden. Auch ein Bild, auf dem ich ein Kampfmesser zwischen den Zähnen hielt, durfte nicht fehlen. Mit jedem neuen Foto drehten wir noch stärker ab, inszenierten uns als jene harten Kerle, die wir wohl gerne gewesen wären.

Als Ali und ich wieder zurück zu unserem Haus gingen, sahen wir vor dem Eingang mehrere Autos parken. Im Flur standen unsere Leute mit einigen Neuen zusammen. Einer davon war ein riesenhafter Russe mit einem enormen Kreuz und dicken Armen, aber genau er war es, der dastand und hemmungslos weinte.

Wir erfuhren, dass ein weiterer Konvoi aus Mossul aufgebrochen war. Wieder hatte man die Reisenden getrennt auf die Fahrzeuge aufgeteilt: Die Männer fuhren in den Geländewagen, für die Frauen und Kinder war ein Bus reserviert. Dann griff eine Kampfdrohne den Konvoi an und landete einen Volltreffer. Der Bus mit den Frauen und Kindern explodierte und brannte aus.

Wortlos zeigte der Russe, er nannte sich Abu Aisha, uns Bilder auf seinem Handy: Seine beiden Frauen mit den drei Kindern im Arm lagen tot am Wegesrand. Nun musste auch ich weinen. Abu Aisha tat mir unendlich leid, er hatte gerade alles verloren. »Eine meiner Frauen war schwanger, wir haben ein Kind erwartet«, stammelte er, nur um gleich darauf in wüstes Schreien und schließlich in einen Weinkrampf auszubrechen.

Ich saß Stunden bei ihm, wir sprachen auf Englisch über das, was er erlebt hatte. Ich konnte ihm zwar nicht so recht Trost spenden, aber vielleicht half es ihm, ein wenig zu reden. Sein Schicksal berührte mich tief. Immer wieder zeigte er mir Fotos vergangener Tage, wie er mit seinen Kindern spielte. Eigentlich wollte er in Syrien bleiben. Doch ihm wurde gesagt, dass er im Irak bessere Bedingungen vorfinden würde, hier könnte er schneller ein Haus bekommen. Er habe mit seiner Familie einige Zeit im Irak verbracht, sei auch als Frontkämpfer eingesetzt worden. Doch er habe gemerkt, dass die Einheiten an seinem Abschnitt nach und nach verheizt wurden. Deshalb wollte er zurück nach Syrien, der Aufenthalt in unserem Camp war eigentlich nur als Zwischenstation gedacht gewesen, er habe hier ein oder zwei Wochen verbringen wollen. So lange, bis eine Gruppe wieder nach Westen gefahren wäre.

Die Fahrt im Konvoi selbst sei chaotisch verlaufen. Neben den Personenfahrzeugen seien auch drei Lastwagen mit Panzern mitgefahren, insgesamt wohl dreißig Fahrzeuge. Auf den Motorhauben hätten die Kommandanten IS-Fahnen angebracht, obwohl die Wagenkolonne dadurch klar als Ziel erkennbar war. Einige der ganz jungen Brüder hätten zum Spaß mit ihren Gewehren auf Gegenstände in der Wüste geschossen. Es sei absehbar gewesen, dass der Konvoi von einer Drohne entdeckt werden würde. Die Rakete habe den Bus komplett zerstört, aber auch einige Brüder auf den Geländewagen seien bei dem Angriff gestorben.

Ich weinte mit ihm, ganz so, als seien auch Verwandte von mir gestorben. Ich hatte doch gelernt, dass wir alle der Ummah angehören, einer großen Familie.

Der Russe sagte mir, er wolle keine Sekunde länger bei dieser Gruppe bleiben. Er wollte zurück nach Syrien, weg von diesen Leuten, die nicht in der Lage gewesen waren, den Konvoi so zu organisieren, dass alle Geschwister sicher am Ziel ankommen konnten.

Ich konnte ihn gut verstehen und wollte auch weg von hier.

In Syrien hatte es zwar auch Bombenangriffe gegeben, doch die waren für uns glimpflich ausgegangen. Was ich in der kurzen Zeit hier im Irak erlebt hatte, war ein Schock für mich. Ich fragte Abu Aisha also, ob ich mit ihm kommen könnte. Er nickte und klopfte mir fest auf die Schulter.

Ich sprach mit Ali. »Bruder, ich verlasse den Irak, kommst du mit nach Syrien?«

Er begann auf mich einzureden, als wäre ich ein Ungläubiger.

Ich versuchte, ihm meinen Entschluss zu erklären: »Wir haben keinerlei Ausbildung, die Sache hier ist viel zu gefährlich. Schau dir doch Abu Aisha an. Hast du nicht gehört, was er erzählt hat?«

Ali sagte: »Klar, aber ich habe dir immer gesagt, dass du das als Prüfung sehen musst. Unser Bruder wird auch aus dieser Situation gestärkt hervorgehen.«

Der Mann hatte alles verloren und sollte daraus gestärkt hervorgehen? Die Worte, ja, die hatte ich verstanden. Aber was mein Bruder von sich gab, ergab für mich keinen Sinn mehr. Ali, der anfangs immer so ruhig und überlegt gewirkt hatte, entwickelte sich im Irak zu einem anderen Menschen. Ich wusste nicht, ob es daran lag, dass er ohne Sprachbarriere mit vielen anderen Brüdern reden konnte, die ihn in seinem Glauben bestärkten und auf unheimliche Weise radikalisierten. Oder war er insgeheim schon immer voller Brutalität und Verachtung gegenüber dem Leid anderer gewesen?

Am Ende war mir das egal. Sollte er eben bleiben, ich jedenfalls wollte weg von hier.

Also ging ich zu unserem Amir und bat um ein Gespräch. Ich erklärte ihm, dass ich wieder nach Syrien wolle. Er schaute mich böse an, nickte und füllte einen Zettel aus. Dann sagte er: »Du kannst gehen. Schau, dass du deine Ausbildung machst. Wir sind hier, um unsere Geschwister zu schützen, also trag deinen Teil dazu bei.«

Er drehte sich von mir weg, winkte abfällig mit der Hand und bedeutete mir, dass ich verschwinden solle. Ich ging, ohne weiter ein Wort zu verlieren. Was ich gesehen und erlebt hatte, passte nicht mit meinem Bild vom Kalifat zusammen. Ich wollte eigentlich helfen, ein Staatswesen aufzubauen, in dem meine Geschwister in Sicherheit leben und ihren Glauben praktizieren könnten. Doch hier im Irak schien es mir so, als ob der Islamische Staat ständig auf Sicht fliegen würde. Es gab keinen Plan. Das militärische Training diente eben nicht dazu, »die Geschwister zu schützen«. Den Kommandanten war die Ausbildung im Grunde auch egal. Am liebsten hätten sie uns einfach eine Waffe in die Hand gegeben und ohne weitere Umwege an die Front geschickt. Hier ging es nicht mehr um das Paradies auf Erden, sondern darum, dem IS möglichst große Gebiete einzuverleiben, ohne Rücksicht auf Verluste. Diese Einsicht rettete mir vielleicht das Leben.

Ali konnte oder wollte das nicht erkennen.

28

Abu Aisha bemühte sich zu lächeln, als ich ihm sagte, dass der Kommandant mir die Abreiseerlaubnis gegeben habe. Seine Augen waren immer noch rot geweint.

Wir beteten zusammen und legten uns schlafen. Doch ich wachte die halbe Nacht durch. Keinesfalls wollte ich die Abfahrt verpassen.

Am nächsten Morgen besorgte uns Abu Aisha einen Toyota Hilux. Ich warf meine Sachen auf die Ladefläche und erfuhr, dass wir noch auf drei weitere Brüder warteten, die ebenfalls das Camp verlassen wollten. Sie kamen aus Syrien. Einer von ihnen war mit einem Freund in den Irak gekommen, der bereits nach drei Tagen im Kampf fiel. Er hatte keinerlei Ausbildung erhalten und war sofort an die Front geschickt worden. Verheizt in einem völlig sinnlosen Angriff.

Unser Hauskommandant beobachtete uns. Nur Ali war nicht auffindbar. Ich hätte mich zumindest noch gerne von ihm verabschiedet.

Aus dem gegenüberliegenden Wachhaus kamen zwei Brüder auf uns zu. Sie erkundigten sich bei dem Hauskommandanten, was wir vorhätten, und traten schließlich an Abu Aisha heran.

Ich verstand nicht, worüber sie sich unterhielten. Erst brach der Russe in Tränen aus, sein Gesicht war wieder so verweint wie am Tag zuvor. Doch binnen Sekunden kam Zorn in ihm auf, er holte aus und schlug einem der Wachleute mit voller Wucht gegen das Kinn. Der sackte wie ein nasser Lappen zusammen und blieb regungslos auf dem Boden liegen. Der Russe stieg voller Wut ins Auto ein und knallte die Fahrertür zu.

Später, während der Fahrt, erzählte er mir, was geschehen war: Er wurde gefragt, ob er sich nicht – um seine tote Familie vor Allah zu ehren – freiwillig für ein Selbstmordkommando melden wollte. Offenbar befand man, dass Abu Aisha in seiner derzeitigen Gemütslage bereit sei, sein Leben im Kampf für den IS zu opfern. Das war zu viel für ihn. Nach allem, was passiert war.

Ich setzte mich auf den Beifahrersitz, die drei Brüder stiegen auf die Ladefläche. Wir fuhren so zügig wie möglich in Richtung Syrien davon. Unser Ziel war Rakka, die Hauptstadt des Kalifats.

Auf halber Strecke fragte mich Abu Aisha, ob ich das Steuer für ihn übernehmen könne. Er sei müde und wolle sich ausruhen. Ich hatte bereits in Wien einige Fahrstunden genommen, auf dem Übungsplatz des Österreichischen Automobilclubs. Zwar war ich noch weit entfernt davon, richtig fahren zu können. Aber in diesem Moment wollte ich nicht Nein sagen – zu groß war die Verlockung, es hier in der Einöde noch einmal zu probieren. Also überließ ich Abu Aisha den Beifahrersitz und setzte mich ans Steuer. Ich richtete den Sitz aus, legte den ersten Gang ein, so wie ich es bereits gelernt hatte. Dann stieg ich auf die Kupplung und gab Gas. Mit mäßigem Erfolg. Der Motor soff gluckernd ab. Ich grinste nur und versuchte es erneut, doch auch im zweiten Anlauf erstarb der Motor binnen Sekunden. Nun hatte auch der Russe bemerkt, wie es um meine Fahrerqualitäten stand. Aber er lachte nur und sagte: »Wenn Gott will, dann wird das schon.«

Also probierte ich es noch einmal. Ich drehte den Zündschlüssel um, stieg vorsichtig aufs Gas und ließ die Kupplung kommen. Zehn Meter rollte der Wagen mit Standgas über den Untergrund. Ich krallte meine Finger fest um das Lenkrad, stieg noch einmal in die Pedale und legte den ersten Gang ein. Und tatsächlich, das Auto nahm nun Tempo auf. Anfangs war ich nervös, aber nach einiger Zeit löste sich die Spannung. Es war ein aufregendes Gefühl: Endlich hatte ich hier im Kalifat etwas aus eigener Leistung erreicht. Auch deswegen, weil mir Abu Aisha vertraute, ihn und die anderen drei Brüder sicher durch die Felsenlandschaft zu bringen. Zwei Stunden lang saß ich am Steuer. Abu Aisha erklärte mir, worauf ich zu achten hatte. Das gab mir die nötige Sicherheit. Und ich genoss es, wie das Auto unter meiner Kontrolle Kilometer um Kilometer auf dem Weg zurück nach Syrien gutmachte, bevor der Russe wieder das Steuer übernahm.

Wir legten noch einige kurze Pausen ein. Nahmen Umwege, die vom IS empfohlen wurden, um möglichen Angriffen zu entgehen. Nach neun Stunden erreichten wir Rakka. Einer der Syrer lotste uns durch die Straßen der Stadt zum Ziel, und ich war ein wenig erstaunt, dass es exakt jenes Gebäude war, vor dem ich Tage zuvor mein Gepäck auf die Ladefläche eines Geländewagens geladen hatte. Sogar die Tarnnetze waren noch dort.

Nachdem wir das Auto abgestellt hatten, gingen wir fünf zur Kommandantur, die sich auf dem Komplex befand. Man verlangte von uns, die Erlaubnisschreiben vorzuzeigen, die wir im Irak bekommen hatten. Sie waren der Nachweis dafür, dass wir keine Deserteure waren. Sonst wären wir direkt verhaftet und wahrscheinlich auch hingerichtet worden.

Wir bekamen einen Schlafplatz zugeteilt: ein spärlich eingerichtetes Zimmer mit den altbekannten dünnen Schaumstoffrollen. Da es Zeit für das Gebet war, schlossen wir uns den Kämpfern an, die hier stationiert waren. Unter den Brüdern erkannte ich einen Mann, mit dem ich flüchtig schon einmal in Dscharabulus zu tun gehabt hatte. Er sprach ein einigermaßen verständliches Englisch und sagte, dass wir uns hier in einer Art Verteilungszentrum befänden, von denen es mehrere auf dem Gebiet des IS gab. Ich erzählte ihm von meinen Erlebnissen im Irak und erkundigte mich, ob noch andere Brüder aus Dscharabulus in der Gegend stationiert seien. Mir fehlte es, mich mit anderen auf Deutsch unterhalten zu können.

Der Mann lachte. »Du bist hier in Rakka, wir haben hier sehr viele Brüder aus Deutschland, Österreich und der Schweiz.«

»Echt?«, entfuhr es mir. »Wo kann ich die treffen?«

Er erklärte mir den Weg zu einem Internetcafé in der Nähe. Wenn ich zum Kommandanten ginge, bekäme ich auch einen Ausgangsschein, das sei kein Problem. Und so bat ich Minuten später einen Wachmann um die Erlaubnis, das Lager verlassen zu dürfen. Der Mann verstand kein Wort von dem, was ich sagte, doch nach einigem Hin und Her bekam ich den Schein, er war auf drei Stunden begrenzt, ich musste mich nur pünktlich zurückmelden.

29

Das Internetcafé war kaum hundert Meter entfernt, ein kleiner Raum, wo sich sowohl Kämpfer als auch Zivilisten befanden. Und die wenigen Tische waren laufend besetzt. Man kaufte an der Kasse lediglich das Passwort für das WLAN, es gab keine Computer, man musste selbst ein internetfähiges Gerät mitbringen. Es war das erste Mal in meiner Zeit beim IS, dass ich mein Handy wieder in Betrieb nehmen konnte. Ich checkte die eingegangenen Nachrichten, obwohl das streng verboten war – viele hielten sich allerdings nicht an das Verbot –, und tippte einige News in meinen Blog: darüber, wie gut es mir im Kalifat erging. Die Zweifel, die in mir zu diesem Zeitpunkt immer wieder mal kamen, erwähnte ich nicht. Freunden aus meinem alten Leben schickte ich die Fotos, auf denen die ich mit den Waffen im Irak posiert hatte.

Nachdem ich meine Postings abgesetzt hatte, sprach mich ein Besucher des Cafés an. »Bist du Engländer?«

»Nein, Österreicher«, antwortete ich.

Und sogleich wechselte mein Gesprächspartner die Sprache. Auf Deutsch erzählte er mir, dass er zwar Türke sei, aber einige Jahre in Deutschland gelebt habe. Er gab mir ein paar Tipps für den Umgang mit dem Internet. »Hör zu, du musst aufpassen, was du schreibst!«, sagte er. »Unsere Leute suchen laufend Blogs, Facebook-Seiten und andere Kanäle von Sympathisanten und Geschwistern ab. Wenn sie dabei zufällig über Einträge stolpern, die nicht freigegeben worden sind, dann kann das damit enden, dass dich die Geheimpolizei einige Tage zur Befragung abholt. Und das, Bruder, ist wirklich das Letzte, was du dir wünschen kannst.«

Ich hörte ihm aufmerksam zu. Und doch ließ ich meine Einträge stehen. Natürlich wollte ich der Welt zeigen, wo ich jetzt war. So wie es andere Jugendliche in den sozialen Netzwerken auch tun.

Der Türke nannte mir einige weitere Cafés und gab mir Nummern von deutschsprachigen Brüdern, die ich jederzeit anrufen könnte. Eine davon war die eines Mannes namens Omar aus Österreich.

Omar, kam es mir in den Sinn. Ich kannte den Namen, und ich hatte seine Nummer in Wien bekommen, ganz zu Beginn meiner Radikalisierung. Ich hatte sogar gelegentlich Nachrichten mit ihm ausgetauscht, und er textete im Prinzip immer das Gleiche: »Schau, dass du so schnell wie möglich ins Kalifat kommst. Hier ist alles besser.«

Ich hatte den Namen fast schon wieder vergessen, obwohl ich wusste, dass er in der Szene zusammen mit einigen Deutschen zu den Superstars gehörte. Omar bestückte seine Social-Media-Seiten laufend mit neuen Inhalten: News vom IS und wie heldenhaft die Krieger des Kalifats alle Gegner zerschmettern würden. Da er mir jedoch nie ausführliche Antworten geschrieben hatte, war er nicht wirklich wichtig für mich. Ich wusste eigentlich nur, dass er etwa zwanzig Jahre alt war und ebenfalls aus Wien stammte.

Aber da ich jetzt hier war, wollte ich einen neuen Versuch starten. Also schreib ich eine SMS an seine Nummer: »As-salamu alaikum, Bruder, ich bin jetzt in Syrien. Wir haben uns ab und zu geschrieben, würde mich gerne mal mit dir treffen.«

Und wider Erwarten bekam ich schnell eine Antwort. »Wa alaikum as-salam, Bruder! Was, du bist auch hier? Allahu akbar, ich bin in Rakka, und du?«

»Ich bin auch in Rakka, habe aber keine Ahnung, wo ich mich hier genau befinde, Bruder«, schrieb ich.

Omar nahm eine Sprachnachricht auf, die ich dem Besitzer des Internetcafés vorspielen sollte. Was ich auch sogleich tat. Kurz darauf sandte er mir noch eine kurze SMS, in der stand, ich sollte vor dem Geschäft auf ihn warten.

Bald bog ein Motorrad um die Ecke. Zwei Männer saßen darauf, und ich erkannte schnell auch Omar am Lenker. Er hatte einen sehr dichten Bart und lockige Haare. Wir umarmten uns zur Begrüßung. Er war sehr herzlich, ganz so, als ob wir uns schon ewig kennen würden.

Seinen Mitfahrer stellte er mir als Abu Khalid vor. Er war größer als ich, fast zwei Meter, und trug ebenfalls einen sehr vollen Bart. Wir machten kurz Small Talk, tauschten einige Belanglosigkeiten aus. Und ich bat Omar darum, mit ihm zusammen ein paar Selfies machen zu dürfen. Er fand das toll. Omar fühlte sich immer geehrt, wenn er wie ein Popstar umlagert wurde. Und ich kam mir cool dabei vor, einige gemeinsame Schnappschüsse mit einem der »Helden« des IS zu haben.

Für ein längeres Gespräch hatte er dann aber keine Zeit mehr. Omar sagte, der Kommandant habe alle zu sich gerufen, und er müsse nun los. Er versprach, sich so schnell wie möglich zu melden. Abu Khalid blieb noch bei mir.

Eigentlich war es Zeit für mich, wieder in das Lager zurückzukehren. Meine drei Stunden Ausgang waren fast vorbei.

»Kein Problem«, sagte Abu Khalid in fließendem Deutsch. Seine Vorfahren kamen aus dem Libanon, er selbst hatte aber die meiste Zeit seines Lebens in Deutschland verbracht. »Lass uns schnell zu deinem Kommandanten gehen, ich regele das.«

Am Haus angekommen, verlangte er, den Kommandanten zu

sprechen. Und tatsächlich, sie kannten sich gut. Plötzlich hatte ich zeitlich unbegrenzten Ausgang. Ich freute mich sehr darüber, denn Abu Khalid bot mir gleich darauf an, mir die Stadt zu zeigen.

Wir besichtigten die Feuerwehr von Rakka. Zwei große Löschzüge standen dort, einer war sehr alt, der rote Lack war schon verblichen. Und dennoch konnte man deutlich vorne über dem Kühler das deutsche Wort »Feuerwehr« lesen. Ich staunte. Wie man Kleidung oder Waffen nach Syrien schmuggeln kann, das konnte ich mir vorstellen. Aber wie kam ein alter, ausrangierter Löschzug in das vom Rest der Welt isolierte Kalifat? Aber damit nicht genug: Hinter dem alten Auto stand ein rot glänzender, moderner Feuerwehrwagen, auf dessen Seite der Name einer deutschen Ortschaft angebracht war. Wir beide fanden das damals lustig: zwei Brüder aus dem deutschen Sprachraum, die mitten im Kalifat Feuerwehrautos aus Deutschland besichtigen. Es war, als tauchte vor unseren Augen auf einmal ein Stück westlicher Zivilisation auf. Vielleicht war es so, dass wir beide uns ab und an nach Botschaften aus der Heimat sehnten.

In Rakka sah man die Folgen des Krieges nur zu deutlich. Das erkannte ich nun besser als bei der Durchfahrt vor ein paar Tagen, wo mir die Betriebsamkeit auf den Straßen schon als Beweis für die Normalität gereicht hatte. Im Grunde war Rakka sehr schön, doch immer wieder waren Ruinen entlang der Bürgersteige zu sehen, Bodenflächen waren durch Granatfeuer aufgerissen worden.

Elektrizität gab es in Rakka nur sehr unregelmäßig. Meistens abends, wenn der IS das Stromnetz freischaltete. Das gesamte Herrschaftsgebiet des Islamischen Staates war zu diesem Zeitpunkt Schauplatz von Gefechten, elektrische Leitungen waren zerstört. Und dann konnte es auch passieren, dass Verschiebungen an der Front dazu führten, dass wichtige Kraftwerke oder

Leitungsknotenpunkte auf einmal außerhalb des Kalifats lagen. Wer auf Strom angewiesen war, besorgte sich ein Dieselaggregat. Viele taten das. In Rakka lag deswegen immer der Geruch von verbranntem Kraftstoff in der Luft.

Woran ich mich aber am stärksten erinnere, das sind die Gesichter, in die ich auf meiner Tour durch die Stadt sah. Sie wirkten müde und erschöpft; die Menschen hatten offenbar einiges durchzustehen. Natürlich hatte ich erste Zweifel am IS, die Erlebnisse der vergangenen Tage waren nicht spurlos an mir vorbeigegangen. Und doch glaubte ich bei meiner Ankunft in Rakka immer noch der Erzählung, die mir meine Brüder präsentierten: Die Menschen litten unter einem Krieg, der dem Kalifat von den Kuffar aufgezwungen wurde. Und wir waren die »Guten« in diesem Konflikt.

Abu Khalid zeigte mir die Orte, an denen sich die Leute aus den westlichen Ländern trafen. Es waren meist Cafés und Restaurants. Hier würde ich Menschen finden, mit denen es sich einfacher kommunizieren ließe als mit Arabern oder Kämpfern aus dem russischen Raum.

Dann bot mir Abu Khalid noch an, mit ihm zum Gebet in die Moschee zu gehen. Dort könne man auch übernachten, viele IS-Kämpfer würden das so machen. Direkt am Eingang der riesigen Moschee gab es eine kleine Wohnung. Nach dem Gebet legten wir uns in die Betten und schliefen schnell ein.

Wir verbrachten noch den gesamten nächsten Vormittag in der Stadt. Später begleitete mich Abu Khalid zurück zu meinem Lager. Wir wollten den Kommandanten nicht unnötig verärgern. Ich freute mich darauf, die anderen zu treffen, die mit mir aus dem Irak nach Rakka gekommen waren.

Doch das Gebäude war fast leer. Ein Wachmann sagte mir, dass ich noch mal im Keller nachschauen sollte, vielleicht seien dort noch ein paar Leute. Die meisten jedoch seien vor zwei Stunden abgeholt worden. Unten fand ich jedoch nur meine Tasche und zwei einsame Kämpfer, die sich gerade auf dem Teppich eingerichtet hatten.

»Wo ist Abu Aisha? Wo sind die anderen aus der Gruppe, die gestern aus dem Irak eingetroffen war?«, fragte ich sie.

Ich erfuhr, dass alle Neuankömmlinge, die noch keine Ausbildung bekommen hatten, in ein Trainingslager geschickt worden waren. Ich schwieg. Offenbar wussten die beiden nicht, dass ich zu dieser Gruppe gehörte und dass ich jetzt eigentlich auch auf dem Weg in das Lager sein sollte.

Abu Khalid wartete immer noch vor dem Gebäude auf mich. Er sah an meinem Blick, dass etwas mit mir nicht stimmte. »Ich kläre das später«, sagte er. »Komm jetzt einfach mit, wir machen für den Moment keine große Sache draus.« Wir gingen zurück in die Moschee, um dort meine Tasche abzulegen.

Einige Stunden später stellte mich Abu Khalid einem Mann vor, von dem er glaubte, dass ich mich mit ihm gut verstehen würde: Abu Hureira al-Almani.* Auf den ersten Blick ein netter Bruder, ein bisschen kleiner als ich und sehr herzlich. Er war vielleicht zweiundzwanzig Jahre. Er lud uns auch gleich nach der Begrüßung zu einem Tee zu sich nach Hause ein.

Abu Hureira al-Almani lebte in einer schlichten Wohnung, die nach IS-Standard eingerichtet war: Im Wohnzimmer lagen Schaumstoffmatratzen und Polster, in der Küche war kaum mehr vorhanden als eine Spüle und eine elektrisch betriebene Kochplatte. Die Frau unseres Gastgebers war schwanger. Die zwei freuten sich gemeinsam auf das Kind, beide hatten sie immer ein Lächeln im Gesicht.

Bei einem Spaziergang wollte mir Abu Hureira noch einige Dinge erklären, die man über Rakka wissen sollte. Der so nett wirkende Abu Hureira arbeitete bei der »Shurta Islamiya«, bei der Islamischen Polizei innerhalb des IS, auch »Schariapolizei«

* Der Namensteil »al-Almani« bedeutet »der Deutsche«.

geannnt. Wer in diesen elitären Kreis aufgenommen werden möchte, muss nicht nur fließend Arabisch sprechen, sondern auch sehr gute Kenntnisse über den Islam haben.

Die Schariapolizei hatte im IS die Aufgabe, die Einhaltung der strengen Regeln des Koran zu überwachen. In der Praxis hieß das: Sie kontrolliert eigentlich das gesamte gesellschaftliche Leben im Islamischen Staat. Dass man beten geht, die Finger von Filmen und Musik lässt, nicht raucht, nicht trinkt. Und natürlich auch, dass man sich von Prostituierten fernhält.

Die gab es tatsächlich im Islamischen Staat, wenngleich sie auf den ersten Blick nicht so einfach zu erkennen waren. Auch Prostituierte trugen Burka und verhüllten damit fast ihren gesamten Körper. Nur die Füße bleiben sichtbar und unbedeckt. Allein schon aus praktischen Gründen, ein Fortkommen wäre sonst kaum möglich gewesen. Man erkannte Prostituierte daran, dass sie sehr auffällige Schuhe trugen, mit Stiletto-Absätzen oder mit bunten Pailletten besetzt, oder etwa hochhackige Lederstiefel. Den Damen blieb nur diese kleine Präsentationsfläche dicht über dem Boden, um Männer auf sich aufmerksam zu machen. Freier wiederum gaben sich durch ein Handzeichen oder einige kurze Worte zu erkennen, und sie mussten sich ihrer Sache sicher sein: Wer die falsche Frau auf unmoralische Weise angesprochen hätte, wäre wegen Ehebruchs verhaftet worden.

Oft arbeiteten die Schariapolizisten auch mit ihren eigenen Ehefrauen zusammen, die in gewisser Weise so etwas wie »religiöse Hilfssheriffs« waren. Die Frauen hatten einen eigenen Kleinbus, dessen Scheiben vollkommen abgedunkelt waren. Damit standen sie am Straßenrand und beobachteten die vorbeigehenden Schwestern genau. Wenn die Polizistenfrauen fanden, dass sich eine Passantin unpassend anzog, holten sie diese zu sich in den Bus, wo es schachtelweise IS-konforme Kleidungsstücke gab. Noch im Bus mussten sich die Beschuldigten umziehen, die alte Kleidung wurde beschlagnahmt.

Die Ehefrauen arbeiteten den Schariapolizisten auch direkt zu. Zum Beispiel dann, wenn sie an dem Klackern auf dem Gehweg erkannten, dass eine Passantin hohe Absätze trug. Auch die Polizistenfrauen wussten, dass dies ein Erkennungsmerkmal für Prostituierte war. Sie meldeten solche Fälle an ihre Männer weiter, und die schritten dann zur Tat. Einer verheirateten Frau, die im IS anschaffen ging und dabei erwischt wurde, drohte der Tod durch Steinigung. Man legte den Verkauf des eigenen Körpers nämlich als Ehebruch aus. Unverheiratete Prostituierte wurden ausgepeitscht. Die gleiche Strafe drohte übrigens auch den Freiern: Wer verheiratet war und sich Sex kaufte, musste mit der Steinigung rechnen. Junggesellen, die bei Prostituierten erwischt wurden, malträtierte man mit der Peitsche.

Ein wenig anders war es, wenn Männer beim »Sündigen« mit Alkohol, Tabak und Musik ertappt wurden. Diese Leute nahm die Schariapolizei mit auf die Wache. Wenn die Polizisten befanden, dass der Beschuldigte Ersttäter war und die Wahrheit erzählte – in der Regel gehörte dazu die Offenlegung der Bezugsquellen –, dann war die Angelegenheit für den Betroffenen meist erledigt. Natürlich wurden auch solche Brüder noch bestraft, bevor sie die Wache verlassen konnten. Sie erhielten in einem Nebenzimmer Stockschläge oder wurden ausgepeitscht.

Stellte die Schariapolizei aber fest, dass sie einen Mehrfachtäter verhaftet hatte, dann kam die Geheimpolizei ins Spiel. Sie holte dann den Beschuldigten ab, und nicht selten hörte man nie wieder etwas von ihm. Das galt auch für jene »Sünder«, von denen man glaubte, sie würden die wahren Quellen für ihre verbotenen Genussmittel verheimlichen.

Die Mittel der Geheimpolizei waren extrem, sie wandten grausame Foltermethoden an. Zum Beispiel fesselte man Menschen die Arme hinter dem Rücken. Dann verband man die Fessel mit einer Kette, die hoch über dem Kopf an der Wand hing. Auf diese Weise konnten sich die Häftlinge nicht hinsetzen. Sie mussten die ganze Zeit über stehen. Wurde ein Gefangener müde und sackte zusammen, brach er sich im Fallen die Arme.

Menschen, die in die Fänge der Geheimpolizei gerieten, waren oft dem Tode geweiht. Jeder im IS hatte Angst davor, verhaftet zu werden. Selbst die Kämpfer hielten sich von der Geheimpolizei fern. Denn hätte man bei ihnen ein Fehlverhalten festgestellt, wären sie in Verdacht gekommen, Spione zu sein.

Die Geheimpolizei wurde auch für »Sondermissionen« eingesetzt, zum Beispiel Razzien, oder wenn es darum ging, Informationen aus jemandem herauszuprügeln. Abu Hureira sagte, dass man schon ein »sehr harter Kerl« sein müsse, um bei der Geheimpolizei genommen zu werden. Ich dachte mir, dass die passendere Formulierung eher »krank im Kopf« wäre.

Die Standorte, an denen die Geheimpolizei stationiert war, blieben der Zivilbevölkerung verborgen. Selbst die IS-Kämpfer wussten nicht genau darüber Bescheid, wo sich die Gebäude befanden, in denen verhört und gefoltert wurde. Bei Zugriffen fuhren die Angehörigen der Geheimpolizei in zivilen Fahrzeugen vor. Für den Einsatz hatten sie meist Blaulichter im Fußraum parat, die mit einer magnetischen Vorrichtung am Dach befestigt werden konnten. Die Kleidung der Geheimpolizisten war vollkommen schwarz, wie die Symbolfarbe des IS. Und damit sie niemand erkannte, trugen sie Sturmhauben über ihren Gesichtern. Niemals klopften sie an einer Tür, sie traten sie gleich ein. Sie nahmen sich das Recht, alles zu tun, was sie für richtig hielten. Das galt auch für den Umgang mit ihren Gefangenen.

Es waren wohl solche Geschichten, die in mir endgültig etwas in Bewegung setzten. Diese Brutalität hatte nichts mehr mit der Vorstellung von einer neuen Familie und einer großen Gemeinschaft zu tun, die ich in Wien so faszinierend gefunden hatte.

Es ist so: Vor dem Bruch mit einer Sache bilden sich erste Risse; kleine Verwerfungen, die das einstige Idealbild spröde wirken lassen. Ganz selten schwört man einer Sache von jetzt auf gleich ab, es ist ein Prozess, der sich manchmal über einen längeren Zeitraum vollzieht. Bei mir addierten sich in meinen ersten Tagen in Rakka langsam die Zweifel und ließen diese Risse entstehen.

Abu Hureira erzählte mir auch noch, wie ich mich bei den Luftangriffen zu verhalten hätte, die regelmäßig auf Rakka geflogen wurden. Ich sollte darauf achten, dass ich das islamische Glaubensbekenntnis aufsagte: »Ich bezeuge, es gibt keinen Gott außer Allah. Und ich bezeuge, dass Muhammad der Gesandte Allahs ist.« Das sollten die letzten Worte eines jeden gläubigen Muslims sein, bevor er stirbt. Und natürlich sollte ich auch Deckung suchen. Am besten in einem Park. Falls ich mich gerade in einem Gebäude aufhielt, sollte ich wenigstens versuchen, in das Erdgeschoss zu kommen. Hier gebe es die besten Chancen zu überleben. So wahr Gott will.

30

Ich begann, mich langsam in Rakka einzuleben. Mehrmals versuchte ich, Omar zu erreichen, aber er meldete sich nicht zurück. So blieb mir Zeit, von meinem Quartier in der Moschee aus die Stadt zu erkunden.

Tatsächlich versuchte der IS, in Rakka so etwas wie staatliche Strukturen aufzubauen. An den Straßenkreuzungen gab es bisweilen sogar Verkehrspolizisten, die den steten Strom der Autos zu regeln versuchten. Wenn ihnen Unregelmäßigkeiten auffielen, hatten sie jedoch keine echte Befugnis, etwas zu unternehmen. Sie riefen stattdessen die Schariapolizei, deren neuwertige Fahrzeuge aus syrischen Beständen sich von den Rostlauben der Verkehrspolizei abhoben.

Es gab auch verschiedene Ämter. In einem Gebäude konnte man sich für die Wohnungsvermittlung registrieren lassen. Andernorts gab es die Möglichkeit, finanzielle Hilfen zu beantragen. Selbst ein Gericht existierte, vor dem Streitigkeiten geschlichtet wurden. Es war zu hören, dass der IS plante, eigenes Geld drucken zu lassen. Auch die Prägung von Goldmünzen wurde angedacht. Das Gold hatten die IS-Behörden bereits. Davon konnte ich mich zu einem späteren Zeitpunkt selbst überzeugen.

Meine neuen Brüder versorgten mich mit allem, was ich zum Leben brauchte. Ich wurde zum Essen eingeladen, bekam Geld geschenkt und schlief einigermaßen komfortabel. Ich hatte nun keine Eile mehr, bei einer Einheit einzurücken, um meine militärische Ausbildung zu absolvieren. Meine dunkle Ahnung war, dass man mich vom Fleck weg an die Front schicken würde, um mich dort zu verheizen. Wenn ich heute daran denke, merke ich, wie nun auch mein grundsätzliches Vertrauen in das Kalifat schwand. Die Sache mit den Rissen.

Das bewahrte mich freilich nicht davor, immer noch Dummheiten zu begehen, die mir heute wahnsinnig leidtun.

Gegen Ende meiner ersten Woche in Rakka stellte mir Abu Khalid einige Kämpfer vor. Darunter waren auch deutschsprachige Brüder. Wir verbrachten einen ruhigen Abend miteinander. Später kamen einige aus unserer Runde auf die Idee, »Kuffar zu verarschen«. Einer der Männer versandte E-Mails mit Hassbotschaften an Menschen aus der Heimat. Auch ich wurde gefragt, ob es Menschen gibt, denen ich gerne mal einen Schreck einjagen wollte. In diesem Moment war es Gruppendynamik – was jedoch keine echte Entschuldigung ist für das, was danach geschah. Ich nannte Namen von Leuten, die mir in Österreich das ein oder andere Mal auf den Geist gegangen waren. Es waren meist völlig belanglose Anlässe gewesen: zum Beispiel die Meinungsverschiedenheiten, die ich ab und zu mit einem meiner Lehrlingsausbilder gehabt hatte. Doch weil ich seine Nummer noch im Handyspeicher hatte, erwähnte ich ihn.

»Großartig«, sagte Abu Khalid und forderte mich auf, ihm mein Handy zu überreichen. Er würde das erledigen – was er dann auch tat. Abu Khalid rief bei dem Mann an und meldete sich sofort mit der Bemerkung, dass wir gerade im Kalifat seien. Schon bald würden Bomben explodieren. Es folgten wüste Beschimpfungen gegen die »Kuffar«, und jedes Telefonat, das er von nun an begann, führte ich mit ähnlich derben Beleidigungen und Drohungen zu Ende. Für mich war es damals nur ein blöder Witz, ich hatte nicht daran gedacht, welche Ängste ich mit solchen perversen »Telefonstreichen« bei den Betroffenen auslösen könnte. Ich begriff nicht, wie widerwärtig ich mich in diesem Moment verhielt.

Als wir mit den Anrufen durch waren, fragte Abu Khalid in die Runde, ob wir von dem Journalisten gehört hätten, der das Kalifat besuchen wollte. Es war ein Deutscher namens Jürgen Todenhöfer. Ich kannte mich mit Journalisten zwar nicht aus, der Name sagte mir aber trotzdem etwas: Ich hatte bei der Durchsicht meines Blogs festgestellt, dass mich ein Mann aus Deutschland angeschrieben hatte. Er fragte, ob ich bereit sei, ihm von meinen Erlebnissen zu erzählen. Wenn ich mich recht erinnere, war es der Sohn, der im Auftrag seines Vaters schrieb. Ich gab nichts weiter darauf und antwortete auch nicht.

Hier in unserer Runde erfuhr ich, dass nicht nur ich gefragt worden war, sondern auch sehr viele andere eine solche Nachricht erhalten hatten. Im Kalifat gab es zahlreiche junge Menschen, die in ihren Herkunftsländern mit dem Internet aufgewachsen waren und auch hier ihr Leben weiterhin online dokumentieren wollten. Viele Kämpfer hatten ihren eigenen Blog, auf denen sie sich als »unerschrockene Löwen des Kalifats« vorstellten. So wollten sie ihren Teil dazu beitragen, neue Menschen für das Leben beim IS zu begeistern.

»Antworten dürft ihr auch nicht, es wurden bestimmte Brüder ausgewählt, die ihm zurückgeschrieben haben«, ermahnte uns Abu Khalid. Wenn Jürgen Todenhöfer käme, wolle man ihm vor allem die Vorzüge des Kalifats präsentieren. Man erhoffte sich einen wohlwollenden Bericht über unser Leben und wollte Todenhöfer möglichst wenig Gründe bieten, Kritik am IS zu üben.

Prinzipiell bestand für Nichtmuslime die Möglichkeit, für einige Tage eine Aufenthaltserlaubnis im Kalifat zu erwerben. Angehörigen der sogenannten Buchreligionen, Christen oder Juden also, stand dieser Weg offen, nicht aber Buddhisten oder Hindus. Die Bewilligung musste bei den Behörden des IS beantragt werden. Und sie kostete auch etwas, einen gewissen Prozentsatz vom Jahreseinkommen. Wie hoch diese Quote lag, hing vom Verhandlungsgeschick der Antragsteller ab.

Am nächsten Tag zeigte mir Abu Khalid weitere Orte in der Stadt, die ich bis dahin noch nicht gesehen hatte. Er hatte sehr gute Kontakte hier, er kannte die meisten deutschsprachigen Brüder, aber auch solche aus anderen Nationen. Als Reiseführer für Rakka war er jedenfalls bestens geeignet.

Er zeigte mir die besten Einkaufsmöglichkeiten in der Stadt und führte mich dabei auch zu der Scharie-al-Abjad*, so etwas wie eine Shoppingmeile im Zentrum von Rakka. Juweliere gab es hier, Schneider, Obstgeschäfte. Eine komplette Infrastruktur, mitten im Kalifat. In dieser Straße befanden sich auch drei Waffengeschäfte, eines davon am Ende der Straße, an einem Eck. Der Laden war relativ klein und überschaubar, an den Wänden hingen Schusswaffen sämtlicher Kaliber. Man konnte aber auch Tarnkleidung kaufen oder Wanderschuhe der amerikanischen Marke CAT.

Waffen durften nur Kämpfer des IS erwerben. Zivilisten war es also verboten, Schusswaffen zu besitzen. Zwar wurde dieses Verbot nur sehr nachlässig kontrolliert – es war den Behörden bekannt, dass viele Bewohner der Stadt daheim noch Waffen lagerten. Wer sich damit jedoch auf der Straße zeigte, musste mit empfindlichen Strafen rechnen. Die Polizei kontrollierte das regelmäßig.

Waffen waren relativ günstig zu erwerben, wie ich fand. Eine scharfe Pistole kostete im Schnitt etwa zweihundert Dollar, Sturmgewehre wie die Kalaschnikow waren schon für etwa tausend Dollar zu haben. Beliebt waren vor allem Modelle aus

* Arabisch: »die weiße Straße«

westlicher Herstellung. Deutsche, amerikanische oder österreichische Fabrikate, eigentlich alles, was nicht wie eine Kalaschnikow aussah oder aus den Waffenschmieden des früheren Ostblocks stammte. Über die Preise regten sich die Brüder trotzdem auf. Viele von ihnen hatten in ihrem früheren Leben in dubiosen Kreisen verkehrt und wussten, was diese Modelle auf den Schwarzmärkten ihrer Länder kosteten. Doch die Geschäftsleute passten sich dem Markt an. Geld war schließlich genug im IS vorhanden, und sie wussten das auch für sich auszunutzen.

Abu Khalid zeigte mir stolz ein weiteres Produkt, das der Laden führte und dessentwegen er auch heute hier war. Es gab Sprengstoffwesten für Selbstmordanschläge, komplett befüllt und verdrahtet, man musste nur noch den Auslöser drücken. Der Preis variierte je nach Ausstattung. Manche Westen waren mit einer größeren Menge Sprengstoff bestückt als andere, wieder andere waren aufwendiger gefertigt und in ihrer Wirkung heimtückischer. Abu Khalid dachte zwar nicht ernsthaft darüber nach, sich in die Luft zu sprengen. Doch ihm gefiel der Gedanke, eine solche Weste zu besitzen. Er zahlte und zog sie gleich noch im Laden an.

Ich mochte Abu Khalid damals als Menschen sehr. Doch wie er nun mit einer Sprengstoffweste neben mir ging, war mir nicht wohl. Was wäre, wenn das Ding eine Fehlzündung hätte und wir beide hier mitten auf der Straße in Stücke gerissen würden? Andererseits hatte ich jedoch auch nicht den Mut, ihm zu sagen, dass er sie ablegen soll. Die Weste war für ihn ein Statussymbol.

Es blieb nicht die einzige Gelegenheit, bei der mir Abu Khalids Verhalten sonderbar vorkam. Speziell im Umgang mit anderen Brüdern.

Einmal sahen wir vom Taxi aus auf der Straße einen alten Mann, der einen Blasenkatheder bei sich trug. Seine Gesichtszüge waren blass, und es war deutlich zu erkennen, dass er schwer krank war. Der Mann rauchte für alle sichtbar eine Zigarette, obwohl das im Kalifat streng verboten war. Ich kümmerte mich in diesem Moment nicht großartig darum. Warum sollte man einen Menschen, der womöglich bald sterben würde, noch wegen eines solchen Vergehens bestrafen?

Abu Khalid jedoch sagte dem Fahrer, dass er sofort anhalten solle. Er ging auf den alten Herrn zu und schrie auf ihn ein: »Man sollte dich auspeitschen lassen dafür!«

Ich lief hinterher und versuchte Abu Khalid zu bremsen. »Das ist ein alter Mann, Bruder, und der ist vielleicht bald tot. Was willst du ihm denn noch erklären?«

»Nein, das ist haram. Und man muss ihn dafür bestrafen«, sagte Abu Khalid.

Ich redete auf meinen Bruder ein. Doch Abu Khalid blieb dabei: Egal wie alt oder wie krank der Mann sei, er müsse für diese Tat ausgepeitscht werden. Schließlich versündige er sich am Islam. Erst nachdem wir Minuten darüber diskutiert hatten, ließ er ihn gehen.

Der kranke alte Mann mit dem Katheder schaute uns währenddessen die ganze Zeit zu. Er zeigte keine Reaktion.

An einem anderen Tag waren wir auf dem Weg in eine Moschee. Als wir uns gerade für das Gebet fertig machen wollten, traf ich Abu Hureira al-Almani, den Schariapolizisten.

»Kennst du dich mit Drogen aus? Speziell mit Marihuana?«

»Ja, das ist ein Teil meiner Vergangenheit. In Österreich habe ich mal Cannabis geraucht. Warum fragst du?«

»Ich glaube, dass wir ein paar Leute mit Drogen erwischt haben. Kannst du dir das mal kurz anschauen?«

Ich ging mit Abu Hureira in den Raum, in dem die Gläubigen normalerweise die Wudu, die rituelle Waschung, durchführen. Dort saßen zwei Jugendliche auf dem Boden. Sie sahen aus, als ob sie gerade chillen würden. Aus welchen Gründen auch immer. Sie waren in meinem Alter. Womöglich hatten sie tatsächlich etwas geraucht.

»Haben diese Jungen Marihuana konsumiert?«, fragte Abu Hureira.

»Ich kann das nicht genau sehen. Mag sein, dass sie auch einfach müde sind. Ich habe selbst lange nichts mehr geraucht, es fällt mir schwer, etwas Ungewöhnliches zu erkennen.« Ich spielte die Situation bewusst herunter. Denn ich wusste, dass die Jungen eine schwere Strafe erwarten würde, falls man sie wegen Drogenkonsums verhaftete.

Abu Hureira fragte nochmals nach: »Kann es sein, dass diese Leute Marihuana geraucht haben? Besteht die Möglichkeit?«

»Rein theoretisch kann es sein. Der eine hat vorhin gesagt, dass er unbedingt etwas zu essen haben will. Es kann aber auch sein, dass er einfach Hunger hat.«

»Gut, wenn du uns nicht weiterhelfen kannst, dann geh zum Gebet, wir klären das dann hier.«

Nachdem wir beten waren, kamen einige Kinder zu uns und erzählten Abu Khalid, dass einer der Jungen, die des Drogenkonsums verdächtigt wurden, sich bei der Verhaftung losgerissen habe und davongelaufen sei. Aber sie wüssten, wie er heiße und wo er wohne, und sie wollten uns sein Haus zeigen. Abu Khalid zögerte keine Sekunde und folgte den Kindern. Er wollte, dass der Junge seine Strafe bekommt.

Wir liefen zügigen Schrittes durch die Straßen. Hinter einer Hausecke erkannte Abu Khalid den Jungen. Er sah uns an. Wir sahen ihn an. Und auf einmal rannte der vermeintliche Drogensünder los, so schnell er nur konnte.

Abu Khalid drückte mir seine Kalaschnikow in die Hand und nahm die Verfolgung auf. Ich lief hinterher, doch nur mit Schwierigkeiten, denn ich trug eine Hose mit ausgeleiertem Bund. Mit der einen Hand hielt ich die Waffe und mit der anderen den Hosenbund. Ich sah nur noch, wie Abu Khalid hinter einer Häuserecke verschwand.

Minuten später traf ich ihn vor der Moschee wieder. Der Junge war zu schnell für ihn gewesen. Eigentlich waren wir schon dabei, in unser Taxi zu steigen, als Abu Khalid den Fahrer noch einmal fragte, ob er etwas mit dem Namen des Jungen anfangen könne und wisse, wo er sei. Die Ortskenntnis so mancher Taxifahrer im Kalifat war enorm. Sie kannten nicht nur sämtliche Schleichwege, sondern auch viele Bewohner ihres Bezirks persönlich.

»Klar, den habe ich gesehen«, sagte der Mann. »Der stand gerade noch neben meinem Wagen. Hatte sich ein Kopftuch und ein Kleid angezogen und schob einen Karren vor sich her, ganz so, als wollte er etwas transportieren. Schau, Bruder, dahinten ist er!«

Abu Khalid sprang aus dem Taxi, lud zur Drohung seine Waffe durch und zerrte den Jungen in den Wagen. Zusammen fuhren wir zur Schariapolizei. Dort wurden ihm die Augen verbunden. Mit einem Stock, an dessen Ende ein metallbesetzter Lederkopf war, wurde der Junge einige Male locker geschlagen. Es ging nicht darum, ihn zu verletzen. Man wollte ihm in diesem Moment die Möglichkeiten der Bestrafung andeuten.

Später fuhr ein Auto der Geheimpolizei vor. Der Junge wurde an einen unbekannten Ort gebracht. Abu Khalid sagte, dass die Polizisten versuchten, die Bezugsquellen für das Marihuana aus ihm herauszuprügeln. Der Junge hatte Angst, weil er wusste, dass Drogenkonsum härter bestraft wurde als einfacher Tabakkonsum. Schließlich sagte er aus und nannte einen Mann, der wohl sein Dealer war. Angeblich kam er danach frei. Doch ich habe ihn nie wieder gesehen.

31

Es war eine Zeit in Rakka, die für die Bewohner trotz aller Repressalien verhältnismäßig ruhig verlief. Seit Wochen hatte es keine größeren Bombenangriffe mehr gegeben, fast schien es so, als wäre das Leben hier – wenn man die Regeln des Systems befolgte – ein wenig sicherer geworden.

Meine Erinnerungen an den Irak verblassten. Ich lernte jeden Tag neue Menschen kennen und freute mich, dass ich bald einen kleinen Freundeskreis aufgebaut hatte.

Abu Khalid musste etwas an seinem Motorrad schweißen lassen. Ich begleitete ihn zu den Brüdern, die ich damals schon gut kannte. Sie besaßen eine kleine Werkstatt, die der IS mit Metallarbeiten beauftragte.

Als wir dort ankamen, fielen mir sofort die Metallkäfige auf, die in allen Größen herumstanden. Ich fragte, für wen die gedacht seien. »Spione«, bekam ich zur Antwort. Teilweise waren die Kästen nur so groß wie mittlere Hundeboxen. Unmöglich für einen Menschen, dort zu stehen, dachte ich. Aber eigentlich wollte ich nicht über so etwas nachdenken. Seit die ersten Zweifel aufgetaucht waren, bemühte ich mich, schlechte Gedanken zu verdrängen – mein persönlicher Schutzmechanismus, mit dem ich noch einige Zeit versuchte, mein Idealbild vom IS vor Beobachtungen und Erlebnissen zu schützen.

Außerdem zeigte man mir auch Gaspistolen, an denen experimentiert wurde. Mit Bohrungen wollten die Techniker erreichen, dass die Waffen eine höhere Durchschlagskraft bekamen. Der IS suchte zu dieser Zeit nach einem einfachen Weg, um Brüdern aus dem Ausland die Mittel für Anschläge zu beschaffen. Sprengstoff und scharfe Munition über eine Grenze zu schaffen, ist in so gut wie allen Ländern dieser Welt ohne eine spezielle Genehmigung verboten. Viel effektiver ist es, Gegenstände umzufunktionieren, die in den jeweiligen Staaten legal sind. Im Falle der Gaspistole jedoch blieben die Versuche erfolglos, wie ich an einigen aufgeplatzten Exemplaren erkennen konnte.

Und dann kam Anfang Oktober »Eid al-Adha«, das islamische Opferfest, einer der höchsten Feiertage im Islam. Ich fuhr mit Abu Khalid zu einem Schafsmarkt, der sich am Stadtrand befand. Auf diesen Markt waren Dutzende Schafsherden getrieben worden, und die Besitzer versuchten, ihre größten und teuersten Schafe zu verkaufen. Schon als ich aus dem Taxi stieg, waberte mir der Geruch von Kot und Urin in die Nase. Auch Abu Khalid wollte hier ein Tier kaufen, um es der Sitte nach für das Fest zu schächten. Wir fanden bald ein passendes Schaf, das weder zu teuer noch zu schmächtig war, und nahmen es mit auf die Rückbank des Taxis. Unser Weg führte uns nun in ein Schlachthaus im Süden von Rakka. Der Parkplatz davor war überfüllt mit Autos, und man sah Schafe, die zur Schlachtbank geführt wurden. In dem Gebäude selbst klebte das Blut auf dem Boden, und überall lagen Schafe, denen man die Kehle durchgeschnitten hatte.

Abu Khalid rief einen Metzger, der sein Schaf schächten und ausnehmen sollte.

Während wir darauf warteten, dass der Mann seine Arbeit tun würde, klopfte mir von hinten ein Bruder auf den Rücken. Er trug ein Kameragestell auf der Schulter und wollte wissen, woher ich komme. »Aus Deutschland«, sagte ich. Die meisten konnten hier mit »Österreich« nichts anfangen. Die Leute vom Filmteam fragten mich, ob ich nicht Lust hätte, eine Botschaft für jene Geschwister aufzunehmen, die noch nicht die Ehre hatten, im Kalifat zu leben. Ich war in diesem Moment überfordert mit der Situation. Doch Abu Khalid stand neben mir und sagte nur: »Mach, Bruder!« Er schien sogar etwas neidisch zu sein, denn ein Video von einem Filmteam des IS war eine Auszeichnung, mit der man bei den anderen Brüdern Eindruck schinden konnte.

Ich war natürlich auch ein wenig stolz darauf, dass sie gerade mich ansprachen. Andererseits wäre es auch kaum möglich gewesen abzulehnen. Und so beging ich einen weiteren Fehler, der mich heute noch verfolgt.

Ich fragte den Kameramann, was ich sagen sollte. Abu Khalid übersetzte für mich: »Sag ihnen, wo du bist, fordere sie zum Töten von Ungläubigen auf oder dazu, ins Kalifat zu kommen. Lass dir ein bisschen was einfallen.«

Wir traten zur Seite, wo es in dem überfüllten Schlachthaus noch ein wenig Platz gab. Dann schalteten sie die Kameras an. Ich bekam ein Ansteckmikrofon an die Kleidung geheftet. Während der Aufnahme war ich sehr aufgeregt und versuchte die Dinge zu erwähnen, die mir befohlen wurden. Dabei wählte ich drastische Worte: Unter anderem forderte ich meine Geschwister dazu auf, »Ungläubige abzuschlachten«. Nach wenigen Minuten war die Sache zu Ende. Das Kamerateam verabschiedete sich. Erst später sollte ich über einen Bruder erfahren, dass ich im österreichischen Fernsehen zu sehen gewesen war. Niemand hatte mir gesagt, dass das Video bereits veröffentlicht worden war. Ich ahnte auch nicht, welche Folgen das später haben sollte.

32

Ein paar Tage danach war ich mit Abu Khalid auf dem Weg in die Innenstadt. Eine große Menschenmenge hatte sich an einer Kreuzung der Scharie-al-Abjad versammelt, genau an dem Punkt, wo sonst die Verkehrspolizisten standen.

Ich erkannte inmitten der Menschen einen großen, bärtigen Mann, der Mundschutz und Einweghandschuhe trug. Eine Art Scharfrichter. Neben ihm saß ein älterer Herr an einem Tisch.

Ein weiterer Bruder stand an einem Mikrofon vor den Zuschauern und verlas von einem Zettel einen Text. Es war ein Urteil: Der Mann auf dem Stuhl wurde für schuldig befunden, eine größere Summe an Geld gestohlen zu haben. Aus diesem Grund werde er nun seine gerechte Strafe bekommen.

Dann ging alles ganz schnell: Der Scharfrichter band dem Mann mit einem Seil oberhalb des Handgelenks den Unterarm ab. Die Enden des Seils hielt er fest, während er ihm mit einem Beil die abgebundene Hand abhackte. Gleich mit dem ersten Hieb traf er. Der Verurteile schrie nicht, er versuchte mit aller Kraft, den Schmerz zu unterdrücken. Doch sein Körper bäumte sich auf, er streckte sich auf seinem Stuhl nach hinten und verzog sein Gesicht.

Dann schüttete man ihm Desinfektionsmittel über den Armstumpf, legte ihm ein Tuch über die Wunde und brachte ihn zu einem Krankenwagen.

Abu Khalid stand währenddessen die ganze Zeit neben mir. »Schau! Er hat sich an dem Eigentum anderer vergriffen«, sagte er voller Genugtuung. »Das ist das Urteil Allahs, und das muss man durchziehen!« Unserem damaligen Glauben folgend war das logisch: Diebe mussten nach dem Willen Allahs durch das Abhacken ihrer Hand bestraft werden. Deshalb fiel es mir schwer, in diesem Moment zu widersprechen. Ich hätte damit ja auch Gottes Urteil infrage gestellt.

Aber ich spürte, wie sich in mir alles gegen diese Brutalität sträubte. In dem Moment, als das Beil niederging, fasste ich mir fest an mein eigenes Handgelenk. Ich fand es furchtbar, dass jemand wegen eines angeblich begangenen Verbrechens für den Rest des Lebens verstümmelt wird. Einen Augenblick lang kamen große Zweifel in mir auf: Warum vollstreckt der IS solch grausame Strafen? Ist das wirklich der Staat, den ich hier mit aufbauen helfen wollte? Wieder versuchte ich, das Geschehene zu verdrängen.

Solche Bestrafungen wurden meist an Freitagen vorgenommen, wenn die Menschen von den Gebeten aus den Moscheen zurückkamen. Dann war es für die IS-Führung einfacher, ein Publikum zu finden. Hinrichtungen fanden ebenfalls an Freitagen statt. Die Menschen waren nach den Gebeten empfänglicher für brutale Gewalt. Das galt leider auch für Abu Kahlid, der sich mit der Zeit immer weiter radikalisierte.

Mitte Oktober bekam ich eine Nachricht von Omar. »As-salamu alaikum, Bruder. Wo bist du?« Ich freute mich sehr, von ihm zu hören. Wir verabredeten uns für ein Treffen mit Abu Khalid. Omar kam schon wenige Minuten später ins Internetcafé. Er trug eine Funktionsweste, in der mehrere Magazine und vier Handgranaten steckten. Dabei lächelte er fröhlich.

»Brüder, ich war kämpfen in Kobane!«, erzählte er uns. Die Geschichte seines Fronteinsatzes begann an dem Tag, als wir uns in Rakka getroffen hatten. Er musste uns deshalb früher verlassen, weil sein Kommandant ihn antreten ließ: Er sei auserwählt worden, an der Schlacht teilzunehmen.

Omar erzählte, er sei einer der ersten IS-Kämpfer gewesen, die in Kobane einrückten, nachdem die syrischen Milizen zurückgedrängt worden waren. Stolz berichtete er, dass der IS fast die komplette Stadt erobert habe, und schimpfte über die Medien der Kuffar, die das Gegenteil behauptet hätten. Nein, fast ganz Kobane werde nun von den Brüdern kontrolliert. Eine Lüge, doch da wir kaum Möglichkeiten hatten, das nachzuprüfen, glaubten wir Omar.

Omar schmückte seine Berichte von der Front gehörig aus: etwa, wie die Feinde des IS angeblich ihre Waffen fallen ließen und panikartig flüchteten, als sie den Kämpfern des Kalifats ins Auge blickten. Ich weiß bis heute nicht, ob er selbst an diese Storys glaubte oder ob er den Befehl bekommen hatte, überall herumzuerzählen, wie heldenhaft die Schlacht um Kobane verlaufen war.

Eigentlich verstand ich mich mit Omar sehr gut. Hätte ich die äußeren Umstände außer Acht gelassen, dann hätte ich nie geglaubt, dass wir uns im Kalifat befanden. Wir trafen uns in Restaurants und Cafés, führten auch keine tiefgründigen Gespräche über Religion, sondern unterhielten uns über alles Mögliche, zum Beispiel über die neuesten westlichen Filme, auch wenn das offiziell verboten war. Oder über neue Handymodelle. Meistens tranken wir dabei Red Bull oder Cola – alles, was wir von früher kannten.

Omar heiratete bald darauf eine Schwester; sie bezogen eine gemeinsame Wohnung, die zu einem beliebten Treffpunkt für die deutschsprachige Szene in Rakka wurde. Mit Abu Khalid ging ich des Öfteren Billard spielen. In dem Lokal konnte man sich über WLAN ins Internet einwählen. Auch hier trafen sich immer wieder die deutschsprachigen Bewohner der Stadt.

Obwohl Omar sehr gefestigt in seinem Glauben war und in dieser Gedankenwelt nur wenige Grauzonen zuließ, war er immer für einen Spaß zu haben. Er war über den IS sehr gut informiert und gab sein Wissen auch gern an andere weiter. Bisweilen erzählte er uns von den Propagandavideos, die der IS regelmäßig veröffentlichte. Es gebe Computer-Bots, die solche Postings kurz nach der Veröffentlichung in den sozialen Netzwerken verbreiteten. So gelangten die Videos schon früh zu einer beachtlichen Anzahl von Likes und Shares. Wenn er über die neuen Medien redete, war Omar in seinem Element. Er plante auch, ein Video mit Denis Cuspert zu veröffentlichen – jenem ehemaligen Rapper aus Berlin, der einst unter dem Namen »Deso Dogg« bekannt war. Allerdings waren die Dreharbeiten dazu noch nicht beendet.

Er zeigte mir Videos über die sogenannte Frauenbrigade. In den Filmen sah man vollverschleierte Frauen, die mit Sturmgewehren in Formation marschierten. Omar lachte. Das Ganze sei nur Show gewesen. Die Dreharbeiten seien lustig gewesen: Als man den Frauen die Sturmgewehre übergab, hätten sie diese erst wie Panzerfäuste über die Schulter gelegt. Man habe ihnen erklären müssen, wie man die Waffen richtig hält, damit sie auf dem Video auch wie eine militärisch ausgebildete Einheit aussahen.

Bei einem Besuch im Billardcafé traf ich auch Abu Qatada, einen sehr stämmigen Konvertiten mit Brille und Fistelstimme, der in seinem früheren Leben Christian Emde hieß und aus Solingen in Deutschland kam. Er sollte später Jürgen Todenhöfer auf dessen Reise durch das Kalifat treffen. In der Medienabteilung des IS hatte er eine leitende Funktion.

Omar erzählte mir, dass Abu Qatada der Grund war, warum er selbst zum Kämpfer geworden war. Zuvor hatte er ein relativ lockeres Leben geführt. Er arbeitete selbst für die Medienabteilung, produzierte Videos, textete Blogeinträge und hetzte gegen die Kuffar, wo immer das möglich war. Er mochte es zu provozieren. Allerdings mussten alle Beiträge ausnahmslos von der IS-Führung abgesegnet werden, woran sich Omar nicht hielt. Nachdem er die Vorgabe mehrmals nicht beachtet hatte, entließ ihn Abu Qatada aus der Abteilung, und er wurde zu einer Einheit abkommandiert, die an der Front kämpfte.

Mit Abu Qatada wurde ich nicht wirklich warm. Er war sehr verbohrt in seinem Denken, glaubte an die weltweite Ausdehnung des IS. In seinen Augen gingen die Dinge nicht schnell genug voran. Er fragte mich, zu welcher Einheit ich gehörte. Natürlich hatte ich dafür keine Antwort parat, denn eigentlich hatte ich kein Interesse daran, an die Front zu gehen. Abu Khalid half mir schnell aus der Klemme: Es gebe derzeit ein paar Probleme, wir seien aber kurz davor, die Sache zu klären. Fürs Erste gab sich Abu Qatada damit zufrieden.

Stets trug er eine Glock-Pistole in seinem umgeschnallten Schulterholster. Seine Rolle beim IS nahm er sehr ernst. Wie man hörte, waren seine Kontakte in die Führungsspitze des Islamischen Staates exzellent. Es gab auch vage Gerüchte darüber, dass er zuvor schon in Libyen gekämpft hatte.

Er fragte mich, ob ich Österreich vermissen würde. Ich verneinte, und er lachte laut los: Nein, er selbst würde Deutschland auch nicht vermissen. Allenfalls das schnelle Internet.

An diesem Abend lernte ich auch noch eine andere prominente »Persönlichkeit« des IS kennen – Denis Cuspert, den zuvor schon erwähnten Exrapper »Deso Dogg«, der nach seiner Flucht aus Deutschland zu einer wichtigen Größe innerhalb des Islamischen Staates aufgestiegen war. Als er uns mit Abu Qatada reden sah, trat er entspannt heran, begrüßte den Mann aus der Medienabteilung herzlich und stellte sich uns vor.

Cuspert wurde von vielen Anhängern des IS regelrecht verehrt. Als Rapper hatte er einige Achtungserfolge gehabt, zum

Beispiel begleitete er den amerikanischen Star DMX auf dessen Tournee durch Deutschland. Der große Ruhm als Musiker blieb jedoch aus, »Deso Dogg« wandte sich dem radikalen Islam zu. Seit 2013 lebte er nun in Syrien, und hier war er jemand: Er genoss es sichtlich, wie viel Aufmerksamkeit er bekam.

Ich traf ihn fortan mehrere Male. Wir hatten keinen engeren Kontakt, aber wir verstanden uns. Als wir eines Tages Schawarma essen gingen, fragte ich ihn nach seiner Narbe am Kopf. Und er erzählte mir, dass er bei einem Luftangriff schwer verletzt worden war. An einem sonnigen Tag habe er in seinem Garten gestanden, als sich seinem Haus auf einmal Flugzeuge näherten. Er glaubte, dass ihm ein Peilsender angehängt worden war, als er Tage zuvor am Markt Einkäufe getätigt hatte. Sein Wohnort war selbst innerhalb des IS streng geheim. Er hörte also, wie sich die Flugzeuge näherten, rannte aufs Dach, um sich seine Kalaschnikow zu schnappen. Eigentlich ist es reichlich sinnlos, mit einem Gewehr auf Flugzeuge zu schießen, die sich schnell durch die Luft bewegen. Aber er hoffte, dass Allah, so er denn wollte, die Kugeln ins Ziel lenken würde. Was dieser aber nicht tat.

Stattdessen bekam Denis Cuspert noch mit, wie eines der Flugzeuge eine Rakete ausklinkte. Darauf rannte er ins Treppenhaus, in der Hoffnung, noch bis ins Erdgeschoss zu kommen. Doch auf halbem Wege wurde ihm schwarz vor Augen. Er wurde unter dem Schutt des einstürzenden Gebäudes begraben und lag danach eine Zeit lang im Koma.

Sein Image im IS war ihm äußerst wichtig. Als eines Tages das Gerücht aufkam, er sei von einer Journalistin hereingelegt worden, die er über das Internet kennengelernt hatte, war ihm der Spott seiner Brüder sicher. Er beteuerte aber, dass dies alles Lügengeschichten seien, die mit Absicht über ihn verbreitet wurden.

Es schien mir so, als sei er sehr vertieft in seinen Glauben. Der äußerte sich jedoch nicht in der Liebe zu Gott, sondern in einem ungezügelten Hass auf die Kuffar. Als die Berichte über »Dschihadi John« durch die Medien gingen, der mehrere Menschen vor laufender Kamera mit einem Messer enthauptet haben soll, beteuerte er entschieden, dass auch er kein Problem damit habe, jemandem den Kopf abzuschneiden.

33

Und noch eine Begegnung aus diesen Tagen ist mir im Gedächtnis geblieben. Als ich eines Mittags spazieren ging, hörte ich ein Auto laut in meiner Nähe hupen. Es war Abu Waqaad, der Arzt aus Dscharabulus, der mir einst mit meinem Sonnenbrand geholfen hatte. Wir freuten uns sehr über das Wiedersehen und verabredeten uns für ein Treffen.

Wir aßen Pizza aus der Hand, und er erzählte mir, was in der Zwischenzeit passiert war: Er wurde als Arzt in ein Krankenhaus nach Rakka geschickt, weil er schon in Tunesien als Mediziner gearbeitet hatte. Ich begleitete ihn anschließend auf dem Weg zu seinem neuen Arbeitsplatz: Abu Waqaad war zum Chefarzt in einem Frauenkrankenhaus aufgestiegen. Auch seine Frau, die ebenfalls Ärztin war, wurde hier eingesetzt. Er hatte einen Dienstwagen vom IS zur Verfügung gestellt bekommen, einen relativ neuwertigen Range Rover. Bei dieser Gelegenheit bat ich ihn, auch einmal eine Runde mit dem Wagen fahren zu dürfen.

Nachdem ich ihm die Schlüssel wieder zurückgegeben hatte, fragte er mich, welcher Arbeit ich derzeit nachgehe.

»Ich habe derzeit keine Aufgabe, ich lebe eher in den Tag hinein«, sagte ich. »Außerdem habe ich bis jetzt keine Militärausbildung bekommen.«

Abu Waqaad bot mir an, ihm bei der Arbeit zu helfen. Besonders, wenn Luftangriffe geflogen werden, brauche er jede Hand. Und so kam ich zu einem neuen Job: Ich wurde Arzthelfer im Frauenkrankenhaus.

Die ersten beiden Tage im Krankenhaus gab es keine besonderen Vorkommnisse. Aber bereits der dritte Tag bescherte mir eines der schlimmsten Erlebnisse meines bisherigen Lebens.

Wir saßen in Abu Waqaads Büro, als über Funk die Warnung durchgegeben wurde, dass sich Kampfflugzeuge im Anflug auf die Stadt befänden. Er solle sich bereithalten, um eventuelle Opfer zu versorgen. Wir blieben vor dem Funkgerät sitzen und warteten auf weitere Nachrichten. Und dann ging alles ganz schnell: Die erste Bombe fiel, und in der gesamten Stadt vibrierte der Boden. Als wir bereits auf dem Weg zum Einschlagsort waren, hörten wir, wie eine zweite Bombe detonierte. Das war ungewöhnlich, denn normalerweise brachten die Angriffe auf Rakka immer nur einzelne Einschläge mit sich.

Am Ort der ersten Explosion war die Lage bereits wieder unter Kontrolle, die Verletzten waren in umliegende Krankenhäuser gebracht worden. Also fuhren wir weiter zum zweiten Einschlagsort. Es hatte einen Markt getroffen. Zuerst erblickten wir die Rauchfahnen von brennenden Verkaufsständen, kurze Zeit später sahen wir unzählige Leichen, die verbrannt und verstümmelt zwischen den Obstresten herumlagen.

Wir sprangen aus dem Wagen, und Abu Waqaad gab mir zu verstehen, ich solle ihn sofort rufen, wenn ich jemanden fände, der die Explosion überlebt hatte. Wenn er gerade anderweitig zu tun hätte, sollte ich selbst versuchen, Blutungen an den Gliedmaßen abzuschnüren.

Gleich nach dem Aussteigen sah ich eine tote Frau vor mir auf dem Boden liegen, sie hielt ihr verbranntes Baby im Arm.

Ich war vollkommen überfordert von diesem Anblick, stand womöglich unter Schock, selbst die Tränen wollten mir in diesem Moment nicht kommen. Das jedoch war erst der Anfang.

Noch während ich mich umsah und nach Verletzten suchte, fiel eine weitere Bombe. Und dann noch eine. Und noch eine. Fünf innerhalb von einer knappen halben Stunde. Abu Waqaad trug einen blutenden regungslosen Mann ins Auto und fuhr mit ihm ins Krankenhaus. Ich sah mich noch einmal am Markt um und vergewisserte mich, keine Verletzten übersehen zu haben. Aber es gab nur noch Tote.

Abu Waqaad hatte kurz nach unserer Ankunft sein Funkgerät fallen gelassen und es hier vergessen. Jetzt lag es im Dreck. Ich hob es auf und forderte einen Fahrer an, der mich abholen sollte. Tatsächlich kam kurz darauf ein Jeep vorbei. Ich erinnere mich noch, dass ich den Fahrer anschrie: Er solle mich so schnell wie möglich zu dem Krankenhaus bringen, in das Abu Waqaad gefahren war. Ich ahnte, dass dort gerade jede nur denkbare Hilfe gebraucht wurde. Offenbar verstand der Bruder schnell, wie ernst es mir war. Wir fuhren quer durch einen Park. Beinahe auf direkter Luftlinie gelangten wir so zum Krankenhaus.

Die Straßen waren voll von panischen Menschen, die Familienmitglieder suchten. Am schwersten hatte es den Busbahnhof von Rakka getroffen, der bei dem Angriff vollständig zerstört worden war. Und die syrischen Kampfjets kreisten immer noch über der Stadt.

Am Krankenhaus angekommen, sprang ich sofort aus dem Jeep. Ein Bruder aus England rief mich zu sich und sagte mir, dass ich so schnell wie möglich weitere Helfer einsammeln sollte. Also hielt ich ein Motorrad an, sprang hinten auf den Sitz und wies dem Fahrer den Weg zu Omars Wohnung, dem Treffpunkt der deutschsprachigen Community.

Auf dem Weg dorthin sah ich plötzlich das Auto von Abu Waqaad, er war offenbar schon zu einem nächsten Einsatz gefahren. Ich bedeutete dem Motorradfahrer, er solle anhalten, sprang ab und klopfte an die Scheibe des Wagens. »Bruder, lass uns zu Omar fahren!«

Bis zu dessen Wohnung waren es nur einige Hundert Meter. Ich lief die Treppen hinauf und stemmte die Tür auf. Die Deutschen zückten bereits ihre Waffen, doch ich schrie nur, dass sie alle sofort mitkommen sollten, ich bräuchte ihre Hilfe. Und wir eilten gemeinsam die Stufen hinab.

Wir stiegen ins Auto, Abu Waqaad fuhr uns zum Krankenhaus, wo, wie er sagte, »gerade die Hölle los« sei. Am Ziel gab er zwei deutschen Brüdern die Autoschlüssel und sagte, sie sollten zu den anderen Einschlagsorten fahren, um dort nach Verletzten zu schauen. Noch bevor wir im Klinikflur waren, fiel erneut eine Bombe auf die Stadt.

Schon am Eingang des Gebäudes lagen überall Schwerverletzte. Ich folgte Abu Waqaad, der sich durch die Menschenmassen im Foyer kämpfte, in einen Operationssaal. Dort lagen Menschen, die regungslos ihrem Tod entgegendämmerten. Andere schrien hemmungslos vor Schmerzen, manchen waren Gliedmaße abgetrennt worden. Der Boden war bedeckt mit Blut. Angehörige liefen umher, in heller Aufregung um das Schicksal ihrer Nächsten. In diesem Tumult verlor ich völlig die Orientierung: Die Schreie und die Hilferufe verschwommen zu einem Brei, ich war emotional nicht mehr in der Lage, auf diese ganzen Reize zu reagieren, die plötzlich von allen Seiten auf mich einstürzten. Ich sah nur, wie sich Abu Waqaad kurz mit einer Krankenschwester unterhielt und diese mit dem Finger auf eine Box deutete. Er nahm eine Spritze daraus und drückte sie einem Mann ins Bein, der auf dem Klinikboden lag. Vielleicht war es Morphium.

Ich fasste mich und fragte Abu Waqaad, wie ich helfen könne. Wir gingen in ein Nebenzimmer, das in diesen Stunden als provisorischer Operationsraum diente. Statt einer verletzten Person waren jedoch etwa zehn dort untergebracht. Zuerst kümmerte er sich hier um einen etwas dickeren, älteren Mann, dessen Kleidung auf voller Länge mit Blut durchtränkt war. Der Mann hockte auf einer Liege und lehnte mit dem Oberkörper an einer Wand. In der Stirn hatte er ein großes Loch.

Abu Waqaad legte ihm einen Verband um den Kopf, doch der Mann war so verwirrt, dass er sich den Verband wieder herunterriss und an dem Loch kratzte. Abu Waqaad war verzweifelt, er wusste nicht, wo er anfangen und wo er aufhören sollte. Während er sich um einen Patienten kümmerte, konnte es sein, dass in dieser Zeit zwei andere verstarben.

Ich drückte den Mann mit aller Kraft an die Wand, damit er aufhörte, sich weiter selbst zu verletzen. Doch dieser versuchte andauernd, aufzustehen und mich wegzustoßen. Die Blutlache unter seiner Liege wurde immer größer, er musste mehrere Wunden haben. In den vergangenen Minuten hatte er wohl schon ein bis zwei Liter Blut verloren. Obwohl ich Einweghandschuhe trug, spürte ich das Blut an seinem Körper, das sich zusehends mit Urin vermischte. Doch ich wollte den Mann nicht aufstehen lassen. Er wäre bestimmt umgefallen, und allein hätte ich es nicht geschafft, ihn wieder auf die Trage zu heben.

Irgendwann machte der Mann plötzlich keine Bewegungen mehr. Ich schüttelte ihn und schrie ihn auf Arabisch an, er solle nicht einschlafen.

Ich spürte, wie es mit ihm zu Ende ging. Seine Körperspannung ließ nach, er zeigte keine Reaktionen mehr. Ein seltsames Gefühl durchflutete für einen kurzen Moment meinen Körper, jetzt schossen mir tatsächlich die Tränen in die Augen. Ich war erst sechzehn, und ich hatte keine Ahnung, wie ich mit dem Sterben umgehen sollte.

So laut ich nur konnte, rief ich nach Abu Waqaad. Ich schrie, bis mir die Stimme versagte. Als er angerannt kam und sah, dass ich den Mann immer noch in meinen Armen hielt, fühlte er kurz dessen Puls. Dann sagte er mir, der Mann sei jetzt im Jenseits, ich könne ihn loslassen.

Er selbst hatte gerade ein schwer verletztes Kind operiert. Dem Jungen waren drei Finger von umherfliegenden Metallsplittern abgetrennt worden. Zwei Splitter waren in die Bauchhöhle vorgedrungen. Er verstarb noch auf dem Operationstisch.

Abu Waqaad und ich waren fertig nach all diesen Stunden. Und doch gab es immer noch viel zu tun. Nun versorgten wir jene Verletzten, deren Leben nicht unmittelbar in Gefahr war. Menschen mit offenen Wunden waren dabei, anderen fehlten einzelne Finger. Wir verabreichten Schmerzmittel, legten Verbände an und versuchten anschließend noch, Ordnung in den Operationssaal zu bringen.

Irgendwann kam Abu Waqaad zu mir und meinte nur: »Lass uns gehen!«

Wir gingen zu einem Restaurant, das sich in unmittelbarer Nähe zu dem Krankenhaus befand. Als wir dort angekommen waren, brach Abu Waqaad zusammen. Er meinte noch, ich sollte ihm ein Glas Wasser und Zucker bringen.

Nach einigen Minuten kam er wieder zu sich.

Wir wunderten uns, wo die Deutschen blieben, die Abu Waqaads Wagen mitgenommen hatten. Also nahmen wir uns ein Taxi. Vor Omars Wohnung parkte tatsächlich das Auto. Oben saßen die Brüder und erzählten uns, was passiert war: Als sie an den Detonationsorten angekommen waren, hatte man die Verletzten bereits in Krankenhäuser gebracht. Als sie dann zurückfahren wollten, war die Straße abgesperrt. Es sollten nicht zu viele Fahrzeuge vor den Hospitälern stehen. Zu groß war die Angst, dass auch hier noch Bomben abgeworfen werden würden.

Am nächsten Tag trafen Abu Waqaad und ich uns, um über das Geschehene zu sprechen. Es war wieder ruhig in der Stadt, und ich begleitete ihn ins Krankenhaus, wo er an jenem Abend Nachtschicht hatte. Ich wollte bei ihm bleiben, mir war wohler bei diesem Gedanken, und ich entschloss mich auch, im Krankenhaus zu schlafen.

Gerade als ich mich gegen Mitternacht zudecken wollte, bebte wieder die Erde. Einmal, zweimal, dreimal. Insgesamt sind es wohl sechs Bomben gewesen, die kurz hintereinander einschlugen. Ich rannte zu Abu Waqaad, der das Funkgerät bei sich hatte. Es waren verzerrte Schreie zu hören, auch Weinen. Einige Brüder riefen: »Kommt her, schnell, fahrt zum Al-Nur-Krankenhaus!« Doch Abu Waqaad rührte sich nicht.

Es kam ein Wachmann ins Zimmer, der bemerkt hatte, dass Abu Waqaad keine Anstalten machte, zu den Brüdern hinauszufahren. Wir schrien ihn beide an: »Warum sitzt du da herum?«

Erst später erfuhren wir, dass er über Funk strikte Anweisung bekommen hatte, auf seinem Posten zu bleiben, da sich die Kampfjets immer noch über der Stadt befanden.

Da wir ihn so unter Druck gesetzt hatten, stürmte Abu Waqaad nun doch los. Ich setzte mich zu ihm ins Auto. Unterwegs gab es fünf oder sechs weitere Explosionen. Und plötzlich war das Funkgerät, über das wir die Schreie der Brüder gehört hatten, für einige Sekunden still. Als wir uns dem Al-Nur-Krankenhaus näherten, sahen wir aus der Ferne schon zwanzig bis dreißig Autos, die vor einem Nachbargebäude parkten. Blaulichter rotierten im Dunkeln. Hier waren einige der Bomben eingeschlagen.

Dort musste einst ein riesiges Gebäude gestanden haben, hundert Meter lang und vielleicht zwanzig Meter breit. Doch davon waren nur noch die Grundmauern zu erkennen, was die Vielzahl der Einschläge erklärte. Das Haus war dem Erdboden gleichgemacht worden.

Wir waren nicht die Einzigen, die zu Hilfe gerufen worden waren. In kürzester Zeit waren gut hundert Brüder zusammengekommen, um Verletzte zu bergen und die Toten abzutransportieren. Die Leichen lagen über das gesamte Gelände verteilt. Oft waren es keine vollständigen Körper mehr. Manche der Toten lagen verrenkt unter den Trümmern, erschlagen von Betonbrocken. Einige hatten bei der Explosion ihre Kleidung verloren. Andere waren im Schlaf überrascht worden und trugen noch ihre Nachthemden.

Ich ging um das Gebäude herum. An einer Stelle war ein Krater zu sehen, zwei Meter tief. Ich war schockiert von der schieren Wucht des Angriffs. Wir hatten gelernt, was wir beim Beschuss durch syrische Raketen tun mussten. Im Grunde musste man vor allem darauf achten, sich nicht im obersten Stockwerk aufzuhalten. Die unteren Etagen wären nach dem Wegräumen der Trümmer weiterhin bewohnbar gewesen. Dieser Angriff aber hatte eine andere Wucht. Mit einigen Bomben war ein riesiger, mehrstöckiger Gebäudekomplex komplett ausgelöscht worden. Und mit ihm auch das Leben der meisten Menschen, die sich darin befunden hatten.

Wir konnten nicht mehr helfen. Sogar Männer mit den Warnwesten des medizinischen Personals, die zu Hilfe geeilt waren, lagen tot unter den Trümmern. Sie kamen bei der zweiten Angriffswelle ums Leben. Ich sah auch Waffen, die überall im Schutt verteilt herumlagen. Immer mehr Brüder kamen, um bei der Suche nach Verletzten zu helfen. Doch die Kommandanten begannen nun, die Helfer wegzuschicken. Zu groß sei die Gefahr eines weiteren Angriffs, sagten sie. Weit mehr als hundert Mann auf einem ohnehin schon durch Trümmer und Blaulicht markierten Gelände hätten ein gutes Ziel abgegeben.

So fuhren Abu Waqaad und ich wieder ins Hauptkrankenhaus von Rakka, um bei der Versorgung der Verletzten zu helfen. Dort erfuhren wir, dass lediglich ein einziger Mann überlebt hatte. Er hatte ein Loch in der Schädeldecke, der Rest des Körpers war von schlimmeren Blessuren verschont geblieben. Ich versuchte ihm, Trost zu spenden: »Allah wird dich heilen, so wahr er will!« Dann fuhren wir ins Frauenkrankenhaus und versuchten zu schlafen.

34

Am nächsten Tag saß ich in einer Pizzeria und aß mit einem englischen Bruder zu Mittag, den ich schon seit meiner Ankunft in Syrien kannte. Er wurde als Wachmann vor IS-Gebäuden eingesetzt. Während wir unser Essen zu uns nahmen, bekam der Engländer über Funk die Anordnung, sich sofort in einem bestimmten Haus einzufinden. Er lud mich ein, mit ihm zu kommen. Und so fuhren wir eine ganze Zeit lang durch die Stadt, bis wir in den Randgebieten von Rakka angekommen waren. Dort befand sich ein Gebäude, das die Verwaltung des Islamischen Staates in Beschlag genommen hatte. Davor parkten drei Toyota Hilux. Ein sicheres Zeichen, dass hier auch Kämpfer vor Ort waren.

Die Männer befanden sich im Garten. Sie trugen Sturmhauben und einige der im Kalifat so begehrten westlichen Waffen: Sturmgewehre amerikanischer Bauart. Dazu Protektoren an den Knien und moderne Kampfwesten mit ballistischen Einlagen am Oberkörper. Aus einer der Westen lugte ein Kampfmesser. Mir wurde ziemlich schnell klar, dass die Kämpfer zur Spezialeinheit gehörten.

Wir wurden kurz von ihnen kontrolliert. Der Engländer musste seine Waffe abgeben. Dann betraten wir das Haus, auch drinnen saßen gut ausgerüstete Kämpfer. Der Grund für die Anwesenheit dieser Männer stand im Wohnzimmer: zwei große Kisten voller Gold. Ich wollte das erst nicht glauben, dachte anfangs, dass es sich dabei vielleicht um Attrappen aus Kunststoff oder blank poliertes Messing handelte. Ich fragte den Engländer.

Und der Engländer wandte sich ganz direkt an die Brüder: »Ist das echtes Gold?«

Sie lachten und gaben ihm einen Barren in die Hand.

Mein Bekannter stöhnte: »Boah, Bruder, ist das Ding schwer!«

Ich hätte den Barren am liebsten auch mal in der Hand gehalten. Gleichzeitig beschlich mich das Gefühl, dass ich eigentlich nicht hier sein sollte. Und dass ich besser nicht von den beiden Goldkisten erfahren hätte.

Wir blieben noch einige Zeit in dem Haus. Der Engländer sprach mit dem Kommandanten des Trupps, ich saß im Wohnzimmer und trank Tee mit den Kämpfern. Nach etwa einer halben Stunde kam mein Begleiter zu mir und sagte, dass wir nun gehen könnten. Angeblich gab es in diesem Haus noch andere Wertgegenstände. Vielleicht Waffen oder wertvolle Gemälde. Die Vorstellung war bizarr. Während in der Stadt Menschen starben, wurden hier Millionenschätze zusammengetragen und verwaltet. Das passte nicht mit meinen Idealen zusammen.

35

Die Bombardements auf Rakka gingen weiter.

Einige Tage später traf ich mich ein weiteres Mal mit Abu Waqaad. Wir sprachen sehr viel über Frauen. Über das Thema Sex haben wir zwar nie direkt geredet. Aber es gab gewisse Signalwörter: Wenn jemand sagte, dass er »unbedingt heiraten« wolle, war klar, dass damit ein Bedürfnis nach sexueller Nähe gemeint war. Wir unterhielten uns auch über die Jungfrauen im Paradies, die Huris. Sie würden mit jedem Mal schöner werden, sagte Abu Waqaad. Wenn man mit allen zweiundsiebzig Huris zusammengekommen sei, die einen Märtyrer im Paradies erwarten, sehe die erste wieder ganz anders aus als am Anfang. Als ob man sich nicht mehr an sie erinnern könnte.

Über meinen Blog war ich einmal gefragt worden, ob das nicht langweilig sei, wenn man die Ewigkeit im Paradies verbringen würde. Denn irgendwann müsse man sich doch selbst an die schönsten Dinge gewöhnen. Es heißt jedoch, dass man jeden Freitag Allah im Paradies treffen und dabei die Erlebnisse der vergangenen Woche vergessen würde. So komme jedem Märtyrer die neue Woche wie die erste vor.

Wir hatten uns gerade verabschiedet. Ich wollte gerade in ein

Taxi steigen, das mich zurück zu meinem Schlafplatz bringen sollte, als eine Parallelstraße weiter ein Sprengsatz explodierte. Statt nach Hause zu fahren rannte ich, so schnell ich konnte, zu dem Explosionsort. Und schon während ich lief, ahnte ich, dass es wieder viele Tote gegeben hatte. Es war ein dicht besiedelter Bezirk von Rakka. Wo immer hier ein Sprengsatz detonierte, traf er mit Sicherheit zahlreiche Menschen.

Als ich in der Querstraße war, sah ich nur noch Rauch. Ich tastete mich vorwärts. Die Ladenlokale entlang der Gehwege waren komplett zerstört, die Druckwelle hatte Scheiben platzen lassen und die Rollläden aus ihren Verankerungen gefetzt.

Die Straße, in der die Bombe gezündet hatte, war eine sehr enge Gasse, überall lag Schutt. Menschen, die den Angriff überlebt hatten, rannten ins Freie, um sich in Sicherheit zu bringen. Andere waren damit beschäftigt, Verletzte zu bergen. Immer mehr Leute kamen zu Hilfe, auch die Feuerwehr war schon im Einsatz.

Ein Helfer trug ein totes Baby aus den Trümmern. Er ging direkt auf die Mutter des Kleinen zu. Als sie ihr totes Kind sah, brach sie zusammen. Sie schrie so laut, wie sie nur konnte. »Trefft mich! Trefft mich! Aber warum mein Kind? Ya Allah!«

Ich habe ihre Worte immer noch im Ohr. Immer wieder rief sie dem abdrehenden Flugzeug hinterher: »Komm zurück und triff mich!«

Währenddessen half ich ein paar älteren Menschen, die von dem Angriff ordentlich durchgeschüttelt worden waren, aber äußerlich unversehrt schienen, bei der Suche nach Verletzten. Stunden dauerte dieser Einsatz. Die Bilanz des Tages: zwei tote Kinder, ein totes Baby, drei tote Frauen und ein toter Mann.

Ich befand mich in der Hölle. Es war eine nicht enden wollende Dauerschleife des Wahnsinns, die ich jeden Tag erlebte. Früher kannte ich den Krieg nur aus Filmen. Da sterben manche Schauspieler, und andere werden zu Helden. Doch das hier war Realität. Ich war mir bewusst, dass ich freiwillig ins Kalifat gegangen war und dass ich mich damit auch aus eigenen Stücken in ein Kriegsgebiet begeben hatte. Doch nicht im Entferntesten hatte ich geahnt, wie schwer es sein würde, die Bilder aus dem Kopf zu löschen, die hier ständig auf mich einstürmten. Bei Filmen ist das einfach: Man macht den Fernseher aus und legt sich schlafen. Meist ist die Erinnerung schon am nächsten Morgen verblasst. Doch wenn du das Leid von echten Menschen mit eigenen Augen siehst, entwickeln die Bilder ein Eigenleben. Der Film geht ständig in deinem Kopf weiter. Und statt zu schlafen, versuchst du ständig nur, vor deinen Gedanken wegzulaufen.

Ich kam an mein Limit. Ich fühlte mich komplett überfordert von den Eindrücken und bat um eine kleine Auszeit. Es waren zu viele Schwerverletzte und Tote, die ich während der Angriffe gesehen hatte.

Omar hatte mir angeboten, bei ihm zu übernachten, er hatte noch ein freies Zimmer, in dem ich ein wenig Ruhe finden sollte. Doch die folgenden Nächte lag ich meist wach in meinem Bett. Ich konnte an nichts anderes denken als an das, was ich erlebt hatte.

Eines Abends, es war schon dunkel draußen, kam Omar in mein Zimmer und sagte, ich müsse mitkommen. Sein Kommandant habe ihn beauftragt, so viele Brüder wie möglich für einen Sondereinsatz zu rekrutieren.

»Wird das am Ende eine Kampfmission?«, fragte ich müde. Doch Omar verneinte.

Wir fuhren zu einer großen Lagerhalle, wo sich bereits dreißig bis vierzig Brüder versammelt hatten. Mir wurde gesagt, dass wir hier auf Lastzüge warteten, die wir sofort nach ihrer Ankunft entladen sollten. Omar führte mich in die Halle und wies auf ein gewaltiges Waffenlager. Er kannte die Wachposten, und so durften wir näher herantreten. Palettenweise waren dort Flugabwehrraketen gelagert. Woher sie stammten, wusste ich nicht. Ich fragte auch nicht nach. Eigentlich war es mir ziemlich egal. Ich wollte nicht hier sein. Und außerdem hatte ich keine Lust darauf, Lastwagen zu entladen.

Als die Sattelschlepper eintrafen, nutzte ich die Gelegenheit und verschwand auf die Toilette. Zwei Stunden saß ich dort, und wenn ich ehrlich bin, war ich froh, dass ich in dieser Zeit für mich allein war. Ich kam zurück, als die Laster schon beinahe entladen waren. Auch Omar war aufgefallen, dass ich gefehlt hatte. Ich schwindelte ihm etwas von Magen-Darm-Problemen vor.

Doch einfach vor den Ansprüchen der anderen Brüder davonzulaufen, das war auf die Dauer keine Lösung. Zu sehr war mein Schicksal im Kalifat von den Entscheidungen anderer abhängig. Das merkte ich schon am nächsten Tag. Abu Waqaad fragte mich, ob ich nicht mit ihm zusammen zum Amir des Hauptkrankenhauses fahren wolle. Es gebe Arbeit für mich. Was, wollte er mir zunächst nicht verraten.

Wir betraten ein weitläufiges Büro, an dessen Ende ein großer Schreibtisch stand. Dahinter saß ein etwas älterer bärtiger Bruder. Meine Arabischkenntnisse waren – obwohl ich nur einige Monate in Syrien und im Irak verbracht hatte – inzwischen ganz passabel. Was die beiden aber besprachen, verstand ich nur bruchstückhaft, da sie sich in einem tunesischen Dialekt des Arabischen unterhielten.

Der Kommandant wandte sich zu mir und bot mir einen Stuhl an. Er fragte mich, was ich bisher im IS gemacht habe. Aber eigentlich war er schon längst im Bilde: Er wusste, dass ich keine Militärausbildung bekommen hatte und dass ich deswegen auch kein richtiger Angehöriger des IS war. Nur wer ausgebildet war, bekam einen Ausweis.

Er bot mir daher eine Lösung an: Weil Abu Waqaad für mich ein gutes Wort eingelegt und ihm versichert hatte, dass man sich auf mich verlassen könnte, wollte er mich auch ohne Ausbildung in den Dienst übernehmen. Das Thema »Kobane« fiel hier zum ersten Mal. Für meinen Einsatz sollte ich dann auch regelmäßig Lohn bekommen.

In Wien hatten mir meine Brüder erzählt, dass man beim IS sehr gutes Geld verdienen konnte. Auch das war eine Lüge gewesen. Als Sold veranschlagte der Kommandant ein Taschengeld von einhundertfünfzig Dollar im Monat. In den kalten Monaten sollte ich einmalig einen Zuschlag von zweihundert Dollar bekommen, damit ich mir warme Winterkleidung und die Heizkosten leisten konnte. Im zweiten Monat wurden nur noch fünfzig Dollar extra gezahlt. Wenngleich dieser Betrag sehr überschaubar war, verbesserte ich mich damit. Nun musste ich nicht mehr meine Brüder bitten, mir Geld zu geben und mich zum Essen einzuladen.

Ein höheres Einkommen gab es für Familienväter. Jeder Bruder bekam pro Kind fünfzig Dollar Beihilfe extra, ebenso hoch war der Zuschlag für jede Frau. Da mancher Bruder zwei, drei oder vier »Teilfamilien« hatte, kamen manche so auf ein Monatsgehalt von bis zu tausendzweihundert Dollar. Was bei näherer Betrachtung auch nicht wirklich viel ist.

Noch besser verdienten die Kämpfer. Vorausgesetzt, es wurde Geld erbeutet. Pro Fronteinsatz waren das im Schnitt etwa tausend Dollar. Es konnte vorkommen, dass die Beute reichlich ausfiel, dann wurden Kämpfer auch mal mit zweitausend Dollar entlohnt. Es gab aber auch Einsätze, bei denen nicht so viel zu holen war. Vielleicht einige Hundert Dollar pro Mann.

Darüber hinaus war es Kämpfern gestattet, bei Eroberungen gefundene Wertgegenstände an sich zu nehmen. Man könnte auch sagen: zu plündern. Fahrzeuge, Einrichtungsgegenstände, Elektrogeräte. Es lag im Ermessen des jeweiligen Amirs, welchen Teil der Beute er seinen Männern überließ.

Kobane war mir natürlich ein Begriff. Ich erwartete nichts Gutes, als ich den Namen der Stadt hörte. In der Propaganda des IS spielte er eine wichtige Rolle. Überall hörte man Erlebnisberichte von den Kämpfen im syrischen Norden. Denis Cuspert, der hier den Namen Abu Talha al-Almani trug, hielt einmal einen Vortrag vor uns deutschsprachigen Brüdern. Jeder solle so schnell wie möglich nach Kobane ziehen, denn dort stehe das Tor zum Paradies weit offen. Im Grunde hätte es für jeden von uns das Höchste sein müssen, ins Paradies einzutreten, eigentlich hoffte jeder, irgendwann dorthin zu gelangen. Doch es gab genügend Brüder, die trotzdem zögerten, nach Kobane aufzubrechen.

Für mich war der Job eines Rettungsfahrers vorgesehen. Der Kommandant erklärte mir die Aufgabe: Im Prinzip müsste ich nichts anderes tun, als einfach nur zu fahren. Pro »Rettungsfahrereinheit« waren drei Aktive eingeteilt und ein Fahrer als Ersatz. Die Unterkunft selbst sei in Manbidsch und nicht an der Front. Nur im Notfall würde ich hinzugerufen werden.

Ich hörte mir das alles an und willigte lustlos ein. Immerhin konnte ich auf diese Weise wirklich helfen und entging damit der Gefahr, dass andere mich mit der Waffe in der Hand an die Front trieben.

Noch in Wien, aber auch später auf meiner Reise durch das Kalifat spielte ich zwar mit dem Gedanken, meine Geschwister bei Angriffen notfalls mit Waffengewalt zu verteidigen. Deswegen wollte ich anfangs eine militärische Ausbildung bekommen. Doch die Realität hatte mich zu diesem Zeitpunkt schon längst eingeholt. Ich hatte erkannt, dass es vielen Brüdern nicht um den Aufbau eines funktionierenden Gemeinwesens ging. Das war nur Mittel zum Zweck: nämlich der Unterwerfung von Ungläubigen und anderen Muslimen wie den Schiiten, die in ihren Augen »Abtrünnige« waren.

Abu Waqaad gab mir im Krankenhaus eine Art Crashkurs für die Versorgung von verletzten Kämpfern. Ich lernte, wie ich Spritzen mit Adrenalin oder Morphium zu setzen hatte. Sie sollten in den Oberschenkel verabreicht werden. Oder gegebenenfalls an einer anderen Stelle, wo sich Körperfett ansammelte. Das Morphium sollte ich bei starken Schmerzen verwenden, Adrenalin dann, wenn die Verletzten wegdämmerten.

Schon am nächsten Tag würde ich mit meiner Truppe verlegt werden.

In den darauffolgenden Stunden unterhielt ich mich aufgeregt mit Abu Waqaad darüber, wie ich mich im Fall von Beschuss verhalten sollte. Er sagte: »Ja nicht stehen bleiben. Schau, dass du wegkommst. Du musst so schnell wie möglich die Position wechseln. Alles andere liegt in den Händen Allahs.«

36

Abu Waqaad brachte mich am folgenden Morgen zum Hauptkrankenhaus von Rakka. Dort warteten bereits drei Brüder mit einem großen Pick-up, die mit mir nach Manbidsch fuhren. Dort angekommen, steuerten wir ein Gebäude an, das ein wenig außerhalb der Stadt lag. Jeder von uns bekam eine Kalaschnikow mit einem vollen Magazin in die Hand und eine kurze Einweisung, wie die Waffe zu bedienen war. Anschließend gingen wir in eine große Garage, wo fünf Humvees und einige Toyota Hilux standen. Mir wurde einer der Humvees zugeteilt und gezeigt, wie ich dort die Verletzten unterbringen sollte.

Da diese Aufgabe völlig neu für mich war, sollte ich den ersten Teil der Strecke als Beifahrer absolvieren. So hatte ich die Möglichkeit, mich mit dem Wagen vertraut zu machen. Immer noch hatte ich große Angst, dass ich der Aufgabe nicht gewachsen war. Ich wusste nicht, ob mir das alles – nach dem, was ich in Rakka gesehen hatte – nicht doch zu viel werden würde. Notfalls würde ich um eine andere Verwendung bitten.

Der Kommandant des Sanitätstrupps erklärte uns, wo die Sammelstelle für die Verwundeten war. Es gab auch ein Haus, in dem wir schlafen konnten. Es lag direkt am Rand von Kobane.

»Allah sei mit euch!«, sagte er zum Abschluss. »Inschallah, wir sehen uns in ein paar Tagen. Ihr seid Krieger Allahs, vergesst das nicht!«

Der Fahrer des Humvees kannte die Strecke nach Kobane sehr gut. Er hatte sie schon unzählige Male genommen und erklärte mir den Weg bis ins Detail. Dann zeigte er mir das Krankenhaus von Manbidsch, bevor er mir nach einer kurzen Einweisung das Fahrzeug überließ.

Mit Mühe brachte ich den Humvee in Gang. Wenigstens schaute hier niemand so genau hin, wie es um meine Fahrkünste bestellt war. Es war wichtiger, dass ich meine Aufgabe erfüllte. Auf Geheiß meines Beifahrers fuhr ich bis auf zwei Dörfer an Kobane heran. Die Sammelstelle war zwar direkt am Stadtrand, dort sei es derzeit jedoch zu gefährlich. Das Dorf, in dem wir stoppten, bestand nur aus ein paar Lehmhütten. Und es gab einen notdürftig hergerichteten Unterstand für die Fahrzeuge, der mit einer Plastikplane abgedeckt war.

Wir hörten über das Funkgerät Schreie. »Sie kommen von da!«, rief eine der Stimmen. Ein paar Minuten später beobachteten wir am Horizont, wie ein Flugzeug einen Angriff flog. Unverzüglich startete ich den Humvee und fuhr, so schnell es ging, in die Stadt. Ich ahnte, dass es Verletzte geben würde, und Sekunden später hörte ich über Funk das Wort »Sayiq«, es wurde ein »Fahrer« benötigt. Dazu wurde eine Positionsangabe übermittelt.

Je näher wir der Stadt kamen, desto deutlicher sahen wir das Feuer über den Dächern lodern.

An der Sammelstelle trafen wir niemanden an. Womöglich war dieser Ort zum Schutz der Truppe schon aufgegeben worden. Über Kobane flogen in diesen Stunden zahlreiche Kampfdrohnen. Ich bekam den Befehl, die Stellung zu wechseln. Doch gerade als wir losfahren wollten, tauchten hinter der Ecke eines zerschossenen Hauses drei Brüder auf, die einen Verletzten trugen.

Hinten im Humvee waren die Sitze ausgebaut und eine Liege montiert worden, auf der notfalls auch mehrere Verletzte Platz fanden. Der Mann hatte viel Blut verloren. Splitter hatten seinen Körper durchsiebt, und sein linker Unterarm war nur noch ein Stumpf. Ich setzte ihm eine Spritze mit Morphium und band den Arm unterhalb des Ellenbogens ab, um zu verhindern, dass er noch im Wagen verblutete. Mir war nicht wohl dabei. Immerhin hatte ich nun Verantwortung für ein Menschenleben, und ich hatte Angst, Fehler zu machen. Deswegen bat ich meinen Beifahrer, das Steuer zu übernehmen.

Das Morphium wirkte nicht. Über die gesamte Dauer der Fahrt schrie der Bruder im Laderaum vor Schmerzen. Nachdem wir ihn in die Obhut der Ärzte gegeben hatten, fuhren wir gleich weiter zu unserem nächsten Einsatz.

Die Gefechte rissen nicht ab. Es war ein ständiges Sterben. Ich dachte an die Worte von Omar, der stolz davon erzählt hatte, dass Kobane fast vollständig vom IS erobert worden sei und dass die Feinde vor lauter Furcht geflüchtet waren. Doch was ich nun sah und hörte, passte so gar nicht zu seinen Erzählungen. Der Gefechtslärm lag wie eine grauenvolle Hintergrundmusik über der Stadt. Niemand hatte Kontrolle über das Gebiet. Hier tobte ein erbitterter Kampf, der keine Sieger kannte. Um das zu verstehen, musste ich am Ende des Tages nur einen Blick auf die blutverschmierte Liege meines Humvees werfen.

Am ersten Tag fuhren wir neun Schwerverletzte ins Krankenhaus. Meist mehrere gleichzeitig. Von diesen neun Brüdern überlebten nur drei, und einer von ihnen war so schwer getroffen worden, dass er den Rest seines Lebens im Rollstuhl sitzen würde.

Eine Wegstrecke von der Front zurück nach Manbidsch konnte je nach Gefechtslage bis zu einer Stunde dauern. Für Menschen mit akuten Verletzungen war das oft zu lang. Sie starben noch im Laderaum auf unserer Liege.

Am frühen Morgen übergaben wir den Humvee an einen anderen Fahrer und bekamen einen Schlafplatz zugewiesen.

Die Kämpfe um Kobane waren schon aus vielen Kilometern Entfernung zu sehen. Überall brannte es. Das war zum einen die Folge der Luftangriffe. Aber es wurden auch absichtlich Feuer gelegt, damit der Ruß des verbrennenden Öls Sichtbarrieren über die Stadt legte. Die Kämpfer des IS hofften so, es den Piloten schwerer zu machen, ihre Ziele zu finden. Maschinengewehre knatterten zu jeder Tageszeit. Ihr Klang mischte sich mit den krachenden Einschlägen von Mörsergranaten und dem Donnern der schweren Artillerie.

Ich fiel in einen sehr flachen Schlaf, der ständig von kurzen Phasen der bewussten Wahrnehmung unterbrochen war. Man kann das in solchen Situationen kaum steuern. Wahrscheinlich ist das ein Schutzreflex, wenn im Hintergrund der Gefechtslärm tobt.

Nach einigen Stunden weckte mich der Kommandant und teilte mir ein neues Fahrzeug zu. Dieses Mal sollte ich allein fahren. Doch ich fühlte mich immer noch unsicher und bat noch einmal um einen Beifahrer.

Der zweite Tag in Kobane verging wie der erste. Hinten auf der Ladefläche starben die Männer bisweilen noch vor ihrer Ankunft im Krankenhaus. Mich plagten Schuldgefühle, weil ich es nicht schaffte, die Brüder zu retten. Und gleichzeitig lebte ich die ganze Zeit in der Angst, selbst getroffen zu werden. Nicht ohne Grund.

Abends, als wir das Fahrzeug übergaben, erfuhren wir, dass an einer anderen Stelle der Front ein Sanitäts-Humvee von einer Granate getroffen wurde. Sowohl die beiden Verletzten als auch der Fahrer kamen dabei ums Leben. Ein anderer Sanitätsfahrer wurde beim Bergen eines Verletzten von einem Scharfschützen in den Rücken getroffen.

Auch deswegen mangelte es an einsatzfähigen Fahrern. So

meldete ich mich für eine Doppelschicht. Allein fuhr ich nun mit einem Toyota Hilux hinaus, dessen schrottreifes Funkgerät die Anweisungen und Lageberichte bis zur Unkenntlichkeit verzerrte. Einige Sammelstellen waren mir zu diesem Zeitpunkt schon bekannt, und deswegen fuhr ich einfach dorthin, wo ich zuvor schon einmal gewesen war. Es waren ständig neue Verwundete zu finden.

Wie ich durch die Nacht fuhr, spürte ich, dass mich der Zorn auf Omar packte. Und auf das Kalifat überhaupt. Natürlich hatten mich auch davor schon Brüder belogen. Ich lebte in Rakka immer noch wie ein Obdachloser, zog von Schlafplatz zu Schlafplatz und war bis vor wenigen Tagen noch auf die Almosen von anderen angewiesen. Und natürlich hatte ich Kommandanten getroffen, die ihre eigenen Brüder ohne Ausbildung an die Front schicken wollten, um sie dort als Kanonenfutter zu verheizen. Ich hatte versucht, das alles zu verdrängen. Außerdem fand ich auch immer wieder Menschen, die mich in Krisen wieder aufbauten.

Das hier war jedoch anders. Es ging mir weniger um die bloße Tatsache, dass hier gekämpft wurde. Das konnte ich auch in Rakka ahnen, denn wo es Frontheimkehrer gab, da musste es logischerweise auch eine Front geben. Aber diese Selbstverständlichkeit, mit der mir mein Freund Omar ins Gesicht gelogen hatte, machte mich wütend. Waren wir nicht alle eine große Familie? Sollten wir einander nicht bedingungslos vertrauen können? Und was war eine Familie eigentlich wert, in der die Lüge zu etwas vollkommen Normalem geworden ist?

Ich hatte Zweifel, ob ich wirklich das Richtige tat. Wie so oft betete ich zu Allah, er möge mir die Kraft geben, den Sinn hinter alledem zu erkennen. Doch die Zweifel blieben.

Seit zwei Tagen schoss das Adrenalin durch meine Venen. Ich bekam keinen Schlaf, aber ich war auch nicht müde. Ein weiteres Mal fuhr ich zu einer Sammelstelle, um Verletzte ins Fahrzeug zu laden. Noch während ich unterwegs war, hörte ich ein metallischen Picken, das hinten von der Ladefläche kam, es war Beschuss, der von irgendwo aus dem Dunkeln kam. Sofort fuhr ich in Zickzacklinien, um den schnurgeraden Geschossbahnen besser entgehen zu können. Fast wäre ich dabei ins Schleudern geraten, was auch an meiner mangelnden Fahrpraxis lag. Aber ich wollte einfach so schnell wie möglich weg von dort. In den vergangenen Tagen hatte ich viele Schusswunden gesehen. Glatte Durchschüsse, Streifschüsse, Volltreffer auf den Torso. Je nachdem, wie die Munition beschaffen war, konnte sie verheerende Verletzungen verursachen: Projektile mit frei liegender Bleispitze etwa, so genannte Dum-Dum-Geschosse, splitterten im Körper auf, zerfetzten die Gedärme und rissen bei ihrem Austritt riesige Verletzungen.

Als mir Abu Waqaad vor einigen Tagen erklärt hatte, dass ich bei Beschuss so schnell wie möglich die Position wechseln müsse, war das für mich etwas Neues. Nun lief alles wie automatisch ab: Ich trat auf das Gaspedal, um mein Leben zu retten. Keine Sekunde verschwendete ich einen Gedanken daran, den Hilux zu stoppen, die Kalaschnikow in die Hand zu nehmen und das Feuer auf Gegner zu erwidern, die ich noch nicht einmal sah. An der Sammelstelle bemerkte ich, dass der Wagen von vier Kugeln getroffen worden war. Zwei hatten die Karosserie durchschlagen, zwei weitere waren abgeprallt und hatten Beulen hinterlassen. Später tauschte ich den Toyota gegen einen gepanzerten Humvee.

Der dritte und letzte Tag in Kobane war der schlimmste. Ich wurde per Funk zu Hilfe gerufen, dieses Mal saß ich allein in dem Humvee. Es gebe Verletzte, doch es sei nicht möglich, die Männer zu der Sammelstelle zu tragen. Also müssten zwei Sanitäter in die Stadt fahren, darunter auch ich. Ich folgte dem Bruder, der im Fahrzeug vor mir fuhr, und konzentrierte mich auf die Straßen, die im Stadtgebiet von Granateinschlägen fast vollständig zerstört waren. Als wir in eine Gasse einbogen, hörte ich von überall Kugeln auf die Karosserie prallen. Auch an meine Fahrertür. Wir waren falsch abgebogen und standen nun mitten im Feuer. Ich gab Vollgas und rauschte mit dem Fahrzeug direkt in die nächste Straße, wo ich Deckung fand. Hätte ich ein wenig länger dort gestanden – von allen Seiten sichtbar, wie auf dem Präsentierteller –, wäre womöglich eine Panzerabwehrgranate auf mich abgefeuert worden.

Ich sah noch, dass das Fahrzeug meines Bruders sehr viele Treffer abbekommen hatte. Überall in der Stadt lagen Scharfschützen auf erhöhten Positionen. Und sie konnten uns auch hier unter Beschuss nehmen. Aus der Nachbarstraße dröhnte Gefechtslärm. Obwohl ich das Getöse nur hörte, spürte ich körperlich, dass wir der Hauptkampfzone nun ganz nah waren.

Drei Schwerverletzte hatten wir zu bergen. Hilfe bekamen wir dabei von zwei Kämpfern, die uns zur Hand gingen, als wir die Verwundeten versorgten und in die Fahrzeuge luden. Mir gegenüber stand ein Bruder, dessen Namen ich nicht einmal kannte. Wir waren mitten im Krieg und hatten keine Gelegenheit, uns einander vorzustellen oder gar zu unterhalten. Ich hörte ein Pfeifen. Der Mann kippte seitlich zu Boden. Dann spürte ich etwas Warmes, Flüssiges in meinem Gesicht. Es war sein Blut. So schnell es ging, suchten wir Schutz, der verbliebene Helfer gab uns mit seiner Kalaschnikow Deckung.

Mit Mühe zogen wir den getroffenen Bruder, der mir gerade noch bei der Versorgung von Verletzten geholfen hatte, zu uns herüber. Aber wir konnten nur noch seinen Tod feststellen. Eine Kugel war seitlich durch seine Schläfe geschlagen und an der Wange wieder ausgetreten. Die eine Gesichtshälfte hatte es dabei vollkommen zerfetzt. Ein Großteil der vorderen Zähne fehlte, und die Unterlippe hing lose herab wie ein Stück Fleisch. Er hatte einen Meter von mir entfernt gestanden und einen Kopfschuss erlitten.

Weitere Kämpfer eilten herbei. In ihrer Ratlosigkeit feuerten sie ihre Magazine wahllos auf die umliegenden Gebäude ab. Man konnte nicht sehen, wo sich der Scharfschütze postiert hatte. »Haut so schnell wie möglich ab!«, gab uns ein Bruder zu verstehen. Wir sprangen in unsere Fahrzeuge und rauschten davon.

Erst als wir Kobane schon verlassen hatten, spürte ich, wie mein Adrenalinspiegel langsam zu sinken begann. Ich begann unkontrolliert am ganzen Körper zu zittern, meine Zähne klapperten, ohne dass ich es stoppen konnte. Obwohl wir in der syrischen Steppe unterwegs waren, wo es selbst im November noch knapp 30 Grad warm wird, fror ich.

Im Krankenhaus sagte ich dem Kommandanten, dass ich nicht mehr weiterfahren könne. Ich konnte die Bilder der Toten und der Verletzten nicht aus dem Kopf bekommen. Der Mann dankte mir für meinen Einsatz und entließ mich nach Rakka.

Dort traf ich mich mit Omar und erzählte ihm, was ich gesehen hatte. Über die Lügen, die er verbreitet hatte, sprachen wir nicht. Stattdessen berichtete er mir von einer Idee, die in den Tagen meiner Abwesenheit entstanden war. Ein Bruder hatte vorgeschlagen, eine deutschsprachige IS-Gruppe zu gründen, und er ließ fragen, ob ich dabei sein wolle. Ich stimmte zu. Wieder ohne große Begeisterung, sondern eher aus praktischen Gründen: Auf diese Weise gab es für mich keine Kommunikationsprobleme mehr, ohnehin stammten die meisten, mit denen ich in Rakka Kontakt hatte, aus der deutschsprachigen IS-Szene. Unser zukünftiger Kommandant sah aus wie mein Spiegelbild. Einige Brüder fanden das sehr witzig.

Der neue Amir und ich verstanden uns auf Anhieb. Er sagte mir, dass die deutsche Gruppe Teil der russischen Brigade werden solle. Wir würden uns am Abend mit dem russischen Kommandanten treffen und über die Details sprechen, alle Gruppenmitglieder sollten dafür anwesend sein.

Das Gespräch kam schnell auf meinen rechtlichen Status. Eigentlich war ich ja noch dem Sanitätskommando des Krankenhauses unterstellt. Aber auch dafür werde man eine Lösung finden, ich würde einfach zu der neuen Einheit abkommandiert werden.

»Ist es ein Problem, wenn ich nicht an die Front gehen möchte?«, fragte ich unsicher.

»Das ist im Moment kein Thema«, antwortete der Kommandant mit einem Lächeln. »Ich kann mir gut vorstellen, dass ich später für dich als Sanitäter oder Fahrer eine Verwendung finde. Aber erst einmal müssen wir die deutschsprachige Gruppe aufbauen. Dann können wir sehen, wo sie innerhalb des Kalifats aktiv wird.«

Ich fand in den nächsten Tagen etwas Ruhe. Mit der Ruhe kamen die Gedanken. Und mit den Gedanken wieder die Zweifel.

Es waren oft nur beiläufige Beobachtungen, die mir durch den Kopf gingen. Doch wenn ich darüber nachdachte, ergaben sie in Kombination mit anderen Beobachtungen einen Sinn. Viele der Brüder in hohen Positionen trieben uns dazu an, in den Kampf zu ziehen. Aber wenn man diese oft noch recht jungen Brüder dann danach fragte, warum sie selbst nicht hinauszögen, um die Sache des IS zu verteidigen, dann antworteten sie stets, dass ihnen etwas dazwischengekommen sei. Sie würden mit der nächsten Gruppe an die Front ziehen. Was sie nie taten. Obwohl Allah auch ihnen Belohnung versprach, wenn sie für die Sache des Islam in den Kampf zogen.

Wir waren doch alle Brüder, oder?

Aus Gesprächen mit anderen Brüdern in Rakka erfuhr ich, dass es überall auf der Welt so ablief. In Berlin, Paris, London: Überall gab es Moscheen, deren Besucher sich mit begeisterten Treueschwüren für das Kalifat übertrafen. Wenn es aber darum ging, tatsächlich nach Syrien zu reisen und dort den Staat aufzubauen, wich die Begeisterung für die große Gemeinschaft einem ziemlich verschämt vorgetragenen Egoismus. Das Gleiche hatte ich in meiner Moscheegemeinde in Wien erlebt.

Was mich trotz allem noch nicht komplett mit dem IS brechen ließ, waren einige gute Gespräche, die ich mit meinen Brüdern führte. Das lenkte mich noch einmal ab. Und außerdem bestand damals in meinen Augen auch nicht die Perspektive, nach Österreich zurückzukehren. Meine radikalisierten Brüder in der Wiener Moschee hätte ich dann verloren. Und die alten Bekannten von früher würden nichts mehr von mir wissen wollen, ich hatte ja auch einige von ihnen aus dem Kalifat bedroht. Nicht zuletzt würde die Polizei dafür sorgen, dass ich schon am Flughafen verhaftet würde. Andererseits drohte mir im Kalifat möglicherweise ein noch schlimmeres Schicksal, spätestens dann, wenn ich das nächste Mal als Sanitätsfahrer an die Front musste. Ich saß also ziemlich in der Scheiße.

Ich wusste nicht, was besser wäre: ob ich weiterhin im Kalifat auf ein besseres Leben hoffen sollte oder ob es an der Zeit wäre, den Plan für eine Rückkehr nach Europa zu fassen.

Allerdings wäre auch eine Ausreise nicht leicht zu bewerkstelligen. Einerseits gab es Brüder, bei denen das anscheinend problemlos möglich war. Andererseits aber wurden Brüder von der Geheimpolizei zu Befragungen abgeholt, nachdem sie den Wunsch geäußert hatten, in die Heimat zurückkehren zu wollen. Man warf ihnen Spionage vor. Und es war nie sicher, wie eine solche Befragung endete.

37

Mein Leben im Kalifat wurde noch absurder.

Während ich noch dabei war, meine Gedanken zu sortieren, bekam ich Besuch.

Abu Khalid war gekommen, um mir eine Neuigkeit zu verkünden. »Bruder, ich habe meine Bestimmung gefunden! Ich bin endlich bereit!«, sagte er.

»Wofür?«

»Ich will mich in einem großen Anschlag für das Kalifat opfern und dann zu Allah ins Paradies gehen!«

Was redete er da? War das noch derselbe Bruder, der mir in Rakka ein so toller Stadtführer gewesen war? Andererseits wunderte mich im Kalifat eigentlich fast nichts mehr. Ich unternahm einige Versuche, ihn umzustimmen, doch Abu Khalid duldete in diesem Punkt keinen Widerspruch. Er war fest davon überzeugt, dass er nun seine Mission gefunden hatte.

Selbst Omar fand das Vorhaben seines Freundes nicht weiter tragisch. »Es ist so, wie es ist«, sagte er.

Abu Khalid traf sich mit einem Kommandanten, der solche Attentate koordinierte. In seinem Büro konnte man sich für einen Selbstmordanschlag einplanen lassen. Schneller als gedacht bekam er grünes Licht für seine letzte Mission. Noch am selben Tag nahm er ein Video auf, was in solchen Fällen üblich war. In einem kurzen Film stellte man sich vor, verfluchte die Ungläubigen und hielt eine Ansprache darüber, wie glücklich man doch sei, diese Ehre zu haben. Nach dem Attentat wurden solche Videos als Beleg für die Verbindung des Attentäters zum IS ins Netz gestellt.

In einer Woche sollte Abu Khalids »großer Tag« sein. Doch seine anfängliche Euphorie schlug um.

Spät in der Nacht weckte er mich. »Bruder, ich werde es nicht tun können, ich bin besessen.«

»Wovon?«, fragte ich schlaftrunken.

»Ich merke, wie etwas Böses in mir die Oberhand gewinnt. Ich habe Angst davor, den Auftrag nicht ausführen zu können.«

»Okay, dann lass es doch einfach.«

»Nein, unmöglich, ich möchte es tun, aber ich vermute, ein Dschinn, ein böser Geist, hat von mir Besitz ergriffen.«

Ich musste mich beherrschen, damit ich nicht lachte, und fragte nach: »Du meinst das doch jetzt nicht ernst, oder?«

»Bruder, du musst mir helfen. Ich merke, wie er stärker wird. Geh mit mir zur Moschee!«

In der Moschee sprachen wir dann mit einem Imam. Die ganze Szene muss abenteuerlich ausgesehen haben. Abu Khalid saß dort mit seiner Selbstmordweste, die er explosionsfertig in dem Waffenladen gekauft hatte, und redete davon, dass er von einem Geist besessen sei. Im Gegensatz zu mir nahm der Imam die Geschichte jedoch vollkommen ernst. Er verständigte einen Raki, eine Art Exorzist. Der würde in etwa einer Stunde eintreffen.

Während der Wartezeit las uns der Imam aus dem Koran vor. Der mit Sprengstoff bepackte Abu Khalid fing nun an, in unregelmäßigen Abständen zu zucken. Einige Brüder hatten sich in der Moschee versammelt und schlossen sich unserem Gebet an.

Plötzlich stand Abu Khalid auf, ging zu einem Bruder, den keiner von uns kannte, und übergab ihm seine Weste. Mit der eilig formulierten Bitte, dieser möge nun die Ehre annehmen, sich für den IS zu opfern. Der Mann schaute uns ungläubig an, nahm die Weste aber dennoch an sich. Wohl auch, um größeren Schaden von uns allen abzuwenden.

Abu Khalids Zuckungen wurden immer heftiger, schließlich gab er Grunzlaute von sich. Zur Erleichterung aller traf dann schließlich der Raki ein und nahm uns mit in einen Nebenraum der Moschee. Zwei Brüder hielten Abu Khalid fest, der nun glaubte, sich immer heftiger gegen den Dschinn wehren zu müssen.

Der Raki rezitierte etliche Suren aus dem Koran. Ich half mit, meinen Freund zu fixieren, der mittlerweile vollends die Besinnung zu verlieren schien. Um die Zeremonie für ein breiteres Publikum zu öffnen, trat der Raki im Hauptsaal an ein Mikrofon. Dort wollte er eine Ansprache halten. Doch das Gerät versagte schon nach einigen Momenten den Dienst. Es müsse Ersatz besorgt werden, sagte der Raki und verschwand.

Abu Khalid schlug nun um sich, begleitet von lautem Stöhnen und Grunzen. Ein Bruder wollte sich die ganze Situation nicht länger mit ansehen und holte ein riesiges Kampfmesser hervor. Ich zuckte zusammen, dachte schon, er würde ihn töten wollen. Doch der Bruder zog Abu Khalid die Stiefel von den Füßen, riss die Socken herunter und stach ihm mit Schwung in den großen Zeh. Er sagte uns, dass dieses blutende Loch dem Dschinn die Möglichkeit gab, aus dem Körper zu entweichen.

Schließlich kam der Raki mit einem neuen Mikrofon zurück. Als er sah, was in der Zwischenzeit passiert war, schimpfte er mit uns. Die Wunde im Zeh sei völlig nutzlos. Da Abu Khalid jetzt jedoch tatsächlich ruhiger geworden war, mussten wir ihn nicht mehr festhalten und ließen ihn allein mit dem Raki zurück. Die Austreibung des Dschinns dauerte noch einige Stunden. Danach kam Abu Khalid in ein Krankenhaus.

38

Die Aufstellung unserer deutschen Gruppe machte indes Fortschritte. Gegen Ende der Woche rief uns der Kommandant zusammen, um uns mitzuteilen, dass wir am nächsten Tag in ein kleines Dorf abkommandiert werden würden, das gerade erst vom IS erobert worden war. Wir sollten helfen, einen Versorgungsstützpunkt für die Frontkämpfer aufzubauen. Räume herrichten, Lagerstätten aufbauen. Dafür glaubte man nun also, uns »Deutsche« hier in Syrien gebrauchen zu können.

Am nächsten Tag fuhren wir zu dem Ort, der nahe der Stadt Al-Hasaka im äußersten Nordosten Syriens lag. Wir bekamen ein Haus zugeteilt. Omar und ich gingen direkt in die Küche. Dort hatte der Kommandant des Pionierkommandos eine Kiste chinesischer Fertignudeln aufstellen lassen. Wir aßen, und kurze Zeit später wurde uns ein Checkpoint im Dorf zugeteilt.

Die erste Zeit verlief unspektakulär. Uns wurde befohlen, Geröll wegzuräumen und Waren von den Lastwagen in die Lager zu bringen. Wir schleppten etliche Munitionskisten, Lebensmittel und Fässer mit Treibstoff, spannten Tarnplanen über Lager und Gerätschaften, die wir außerhalb der Gebäude lagern mussten.

Dann bestreuten wir die Planen mit Dreck, sodass sie von oben die gleiche Farbe wie der Untergrund hatten.

Der Ort selbst zeichnete sich durch keinerlei Besonderheit aus. Aber gerade darin lag das Kalkül: Die Piloten der Drohnen und Kampfjets sollten denken, dieses Dorf wäre eigentlich nicht wichtig.

Nach einigen Tagen kamen nachts mehrere Brüder in unsere Unterkunft gestürmt und riefen: »Wir werden angegriffen, alles aufstehen!«

Die Brüder behaupteten, durch ein Fernglas gesehen zu haben, wie aus einer vermutlich kurdischen Basis mehrere Autos in unsere Richtung fuhren.

Wie wir da so standen, war zuerst noch alles ruhig. Und dann flogen plötzlich rote Leuchtspurgeschosse durch die Nacht. Maschinengewehrschützen nutzen sie, damit sie auch im Dunkeln ihre Ziele erkennen können. Wir hatten zwar schon einige Munition, aber nicht genügend Sturmgewehre ins Dorf geschafft. Deshalb sprangen die meisten von uns einfach in einen kleinen Wassergraben, gingen in Deckung und hofften, nicht von den Kugeln getroffen zu werden.

Die wenigen, die ein Gewehr abbekommen hatten, feuerten ab und an ziellos in die Nacht. Eigentlich hatten wir nur eine Hoffnung – dass möglichst bald Verstärkung eintreffen würde.

Es wurde der Befehl ausgegeben, sofort aus dem Dorf abzurücken, falls die gegnerischen Truppen sich uns näherten. Doch nach einer Stunde hörte der Beschuss einfach auf, und so legten wir uns wieder hin.

Geschlafen haben wir in dieser Nacht trotzdem nicht mehr. Wieder hatte man uns in die Irre geführt. Eigentlich hieß es, die Lage sei hier einigermaßen sicher, wir hätten nichts zu befürchten. Und wir waren ja auch nicht als Kampftrupp hier. Unsere Aufgabe war es, Infrastruktur aufzubauen.

Es war pures Glück, dass unsere Gegner nicht wussten, wie

wehrlos wir im Grunde waren. Hätten sie davon erfahren, wären sie mit Sicherheit ins Dorf vorgerückt.

Am nächsten Morgen entschied der Kommandant, dass wir uns zurückziehen. Wir hätten angeblich nicht genügend Truppen, um die Ortschaft zu einem Logistikzentrum auszubauen. Einige von unseren Männern blieben dort. Ganz wohl wird ihnen dabei nicht gewesen sein. Ich war für meinen Teil jedenfalls froh, wieder wegzukommen.

Unsere Gruppe war schon bald darauf Geschichte. Die einen wollten kämpfen, die anderen wollten lieber aufbauen. Es gab auch Streit um die Hierarchien, jeder wollte am Ende mehr zu sagen haben als der andere. Und so war ein völlig missglückter und dilettantisch geplanter Einsatz in der Region Al-Hasaka die erste und letzte Mission der deutschen Gruppe im IS.

39

Ich hatte völlig das Zeitgefühl verloren. Mittlerweile war es Anfang Dezember.

Die alltägliche Brutalität auf den Straßen Rakkas nahm immer grausamere Züge an. Tage zuvor hatte der IS ein Ölfeld erobert und dabei drei syrische Soldaten gefangen genommen. Die Männer wurden nach Rakka gebracht, gefoltert und an einem der größten Verkehrskreisel der Stadt enthauptet. Ihre Köpfe stellte man auf einem Podest aus, das zu einem Uhrenturm im Mittelpunkt des Kreisels gehörte. Dann band man die Leichen der Männer an die Anhängerkupplungen verschiedener Fahrzeuge und schleifte sie kilometerweit durch die Straßen, bis der Korso wieder am Ort der Hinrichtung ankam.

Abu Khalid, der aus dem Krankenhaus zurück war, pflanzte ein Bajonett auf seine Kalaschnikow und stach wie von Sinnen auf die Leichen ein. Auch Omar kam später hinzu. Er wollte unbedingt seiner Frau die sterblichen Überreste der Soldaten zeigen, weil sie bisher selbst noch keine Toten gesehen hatte. Die Hinrichtung der Männer und die Schändung der Leichen waren für die Kämpfer von Rakka ein großes Spektakel.

Da ich nicht mehr länger in jeder Lebenslage von meinen Brüdern abhängig sein wollte, fragte ich den ehemaligen Kommandanten der deutschen Gruppe, ob er mir nicht bei der Suche nach einer eigenen Wohnung behilflich sein könnte. Der vermittelte mich weiter an einen Wohnungsmakler des IS. Bei einem Treffen schilderte ich dem Mann meine Lage: Seit Monaten lebte ich nun schon im Kalifat, ohne eine feste Schlafstätte zu haben. Er griff sich einige Akten und bot mir eine großzügige Wohnung an. Zu verdanken hatte ich diese unbürokratische Hilfe dem Umstand, dass wir viele gemeinsame Bekannte hatten.

Ich bekam eine Vierzimmerwohnung zugeteilt, sehr westlich eingerichtet, komplett möbliert, mit schönen Tellern und Besteck. Im Wohnzimmer stand ein Sofa und im Schlafzimmer ein großes Bett. Die Wohnung war sogar relativ günstig.

Noch am selben Tag ging ich in unser Internetcafé und traf dort einen Bruder aus Bangladesch, der in einem der Krankenhäuser arbeitete. Voller Freude erzählte ich ihm von meiner geräumigen Wohnung. Leicht beschämt sagte er dann, dass er selbst mit seiner Frau und seinen drei Kindern in einer Einzimmerwohnung leben würde, und bat mich, mit ihm zu tauschen. Ich dachte an die Belohnung, die ich von Allah bekommen würde, und schlug ein. Eine Stunde später hatten wir den Wohnungstausch bereits vollzogen, da ich noch nicht dazu gekommen war, meine Sachen einzuräumen. Mir war auch dieses kleine Zimmer recht, für mich war wichtig, dass ich endlich etwas Eigenes hatte.

Ich besorgte mir Essen auf dem Markt und fuhr in meine neue Wohnung. Gerade hatte ich meine Mahlzeit beendet, da wurden die Wände von einem dumpfen Schlag erschüttert. Zwei Häuser weiter war eine Bombe explodiert, die Druckwelle war so stark, dass die Regale in meiner Küche umstürzten. Weil ich meinen Geschwistern helfen wollte, rannte ich schnell nach draußen. Ich sah eine große Rauchwolke. Ein junger IS-Kämpfer kam mir entgegen, vollkommen mit Staub bedeckt und orientierungslos, doch äußerlich unverletzt.

Zusammen mit einigen Zivilisten suchte ich nach Verletzten, vergeblich. Dann kam eine Frau aus einem Haus, nur mit einem Nachthemd bekleidet, das Gesicht blutbedeckt. Ich rannte in das Gebäude, da ich dort weitere Opfer vermutete. Als ich die Stockwerke hinauflief, sah ich, dass jede einzelne Wohnung durch den Einschlag der Bombe verwüstet war. So laut wie möglich rief ich »As-salamu alaikum!«, in der Hoffnung eine Antwort zu bekommen. Vielleicht nur ein Jammern, ein Husten, ein Seufzen. Da ich keine Reaktionen hörte, ging ich wieder nach draußen.

Vor dem Haus stritten sich zwei Jungen. Seltsam, fand ich. Gerade erst war hier eine Bombe eingeschlagen, sie hatten unversehrt überlebt. Und nun hatten die beiden nichts Besseres zu tun, als einander Vorwürfe zu machen? Ich lief zu ihnen und versuchte sie zu trennen. Ich weiß noch, dass ich die Jungen voneinander wegstieß und dass ich dem Älteren der beiden noch einige Schritte folgte, um mit ihm zu reden.

Dann schallten Schreie durch die Straße. Ich drehte mich um, und ich erinnere mich, dass ich für einige Zehntelsekunden das Triebwerksrauschen einer Rakete hörte.

Es folgte ein Knall, der so unfassbar laut war, als bedeute er das Ende der Welt. So laut, dass man ihn nur für Bruchteile eines Augenblicks mitbekommt, weil man danach gar nichts mehr hört.

Die Druckwelle war wie ein Schlag, der gleichzeitig von allen Seiten kam.

Mein Körper fiel starr wie ein Baum zu Boden.

Ich schlug mit dem Gesicht auf.

Alles war schwarz.

Ganz schwarz.

Und das Gefühl der Dunkelheit kam von innen heraus. Ich war nicht mehr fähig, Dinge wahrzunehmen, ganz so, als hätte sich mein Geist schon von meinen Sinnen verabschiedet.

Ich flüsterte das Glaubensbekenntnis, so wie man es mir gesagt hatte. Weil ich fest davon überzeugt war, dass ich sterben würde. Es gab so viele Dinge, die ich noch hätte erleben wollen. Ich hätte gern geliebt, geheiratet, Kinder bekommen, ein Haus gebaut.

Doch obwohl ich davon überzeugt war, sterben zu müssen, trat der Tod nicht ein. Ich musste Minuten regungslos im Staub gelegen haben, bis ich merkte, dass ich vielleicht doch noch eine Chance haben würde.

Mit all meiner verbliebenen Kraft richtete ich mich auf, sodass ich mich wenigstens hinknien konnte. Mit den Händen fuhr ich mir im Gesicht umher. Merkte, dass ich viel Blut verloren hatte. Fasste mir noch einmal an den Kopf, um herauszufinden, ob mein Schädel getroffen war, konnte aber keine äußeren Verletzungen ertasten.

Dann blickte ich auf die linke Seite meines Bauches, die mir unter der Kleidung ein wenig unförmig erschien. Metall oder Trümmer konnten es nicht sein, das hätte ich gespürt. Ich knöpfte meine Weste auf und sah, dass meine Bauchdecke aufgerissen war. Ein dunkelviolettes, leicht blutendes Organ hing ein Stück weit heraus. Erschrocken knöpfte ich die Weste zu und drückte mit der linken Hand, so fest es nur ging, gegen die Stelle, um zu verhindern, dass mir die Gedärme aus dem Leib fielen.

Ich sah nun, dass dem älteren der beiden Jungen, die sich zuvor gestritten hatten, ein komplettes Bein abgerissen worden war. Ich packte ihn bei dem Fuß, den er noch am Körper hatte. Doch er reagierte nicht. Ihn hatte der Einschlag auf der Stelle getötet.

Um selbst zu überleben und gesehen zu werden, das wusste ich von meinen Rettungseinsätzen, musste ich versuchen, aus der Rauchwolke herauszukommen, die mittlerweile den Einschlagsort eingeschlossen hatte. Ich sammelte noch einmal meine Kraft, stand auf, ging vier Schritte und fiel wieder hin. Noch im Fallen streckte ich meinen Arm nach vorne aus und wackelte mit der Hand, in der Hoffnung, mich würde hier jemand finden.

Zu meinem Glück war das Feuer, das durch die Explosion ausgelöst worden war, nicht allzu groß. Der Rauch löste sich bald wieder auf. Mehrere Männer rannten auf mich zu und trugen mich in ein Taxi, das im nächsten Moment losraste.

Auf dem Weg ins Krankenhaus wurde alles plötzlich sehr hell. So, als würde ich in einen blütenweißen Tunnel hineinfahren. Es war sehr schön. Doch dann verschwand das Licht, und ich merkte noch, wie sich der Taxifahrer verfuhr. Er steuerte nicht das Hauptkrankenhaus an, sondern das Frauenkrankenhaus, in dem Abu Waqaad arbeitete. Ich hatte aber nicht genug Kraft, um ihn darauf hinzuweisen. Da ich im Frauenkrankenhaus eine Zeit lang beinahe täglich zu tun hatte, kannten mich vom Arzt bis zur Schwester fast alle, die dort arbeiteten. Ein Wachmann kam ans Taxi und erklärte dem Fahrer, wohin er mich bringen musste.

Am Hauptkrankenhaus erkannte mich ein befreundeter Arzt. »Abu Muqatil?«, rief er schockiert. Ich grinste ihn an, weil ich die Situation so absurd fand. Wie viele Verletzte hatte dieser Mann schon gesehen, und wie verstört er jetzt war. Er wies dem Fahrer den Weg zum Gebäude für Angehörige des IS, das nur einige Meter vom Zivilkrankenhaus entfernt war.

Es kam mir seltsam vor, dass ich nicht schon längst in Ohnmacht gefallen war. Eigentlich aber auch egal, denn in diesem Moment wollte ich nichts anderes, als bloß zu überleben.

Ich wurde in den Keller getragen. Einer der Männer griff mir unabsichtlich mitten in meine Bauchwunde hinein. Das weiß ich noch. Und auch, wie ich in den Operationssaal hineingeschoben wurde. Meine letzte Erinnerung ist, wie mir jemand eine Sauerstoffmaske über das Gesicht zog.

Zwei Wochen lang war ich im Koma. Als ich aufwachte, lag ich nackt in meinem Bett, und an meinem Körper waren Schläuche befestigt. Einer führte in meine Nase, vier in meine Bauchhöhle. Ein weiterer war in meiner Achselhöhle befestigt, um meine Lunge zu versorgen. Außerdem hatte man mir einen Blasenkatheder gesetzt.

Neben mir lag ein somalischer Bruder, und wie ich ihn anschaute, wurde mir klar, dass ich ihn schon einmal gesehen hatte. Kurz vor meiner Verletzung war ich in einem IS-Krankenhaus, um Verwundete zu besuchen. Es hieß, dass wir dafür von Allah belohnt würden. Einer der Männer, die ich damals sah, war ein dunkelhäutiger Bruder, der auf einem der Gänge lag. Sein gesamtes Gesicht war vernarbt, und seine Hände waren verbunden, er lag damals im Koma. Zwei Monate hatte er vor sich hin gedämmert, doch nun war er aufgewacht.

Ich erzählte ihm von meinem Besuch. Und Abu Hamza, so nannte sich der Somalier, berichtete mir von seiner Zeit beim IS: dass er schon fast ein Vierteljahr hier war, sich aber nur an die Woche seiner Ankunft aus Schweden und an die vergangene Woche im Krankenhaus erinnern konnte.

Wie so viele Brüder hatte auch er keine Ausbildung bekommen. Er sagte, dass er sich nach seiner Ankunft oft mit seinen beiden Cousins getroffen habe. Später in der Woche äußerte einer von ihnen, aufgeputscht durch die IS-Propagada, den Wunsch, nach Kobane zu fahren. Abu Hamza selbst wollte unbedingt mit, während sein zweiter Cousin, der schon einige Zeit länger in Syrien lebte, zunächst zur Vorsicht geraten hatte. Doch schließlich fuhren alle drei in den Norden.

Sie hätten zusammen ein kleines Haus zugeteilt bekommen, das eigentlich relativ weit von der Frontlinie entfernt lag. Eines Mittags wollte Abu Hamza Wasser holen und verließ das Haus. Dann riss seine Erinnerung ab. Später erzählte man ihm, dass er noch durch Kobane gegangen sei, um einen Bruder in dessen Haus zu besuchen. Dort seien beide gegen Abend von einer Bombe getroffen worden.

Abu Hamza scherzte über seine Zeit im Koma: Immerhin habe das auch gute Seiten, er könne sich nicht mehr an die Schmerzen erinnern. Wir unterhielten uns oft bis spät in die Nacht, machten Witze. In dieser Situation war das eine angenehme Abwechslung.

Ich schaute ihm dabei zu, wie er von Neuem gehen lernte. Und er half mir, mein Arabisch zu verbessern.

Omar und viele andere Brüder besuchten mich oft. Das Furchtbare war, dass Nervenbahnen in meinem Rücken durch einen Granatsplitter geschädigt worden waren, der links der Wirbelsäule in meinen Körper eingedrungen war. Wenn ich mich freute und mich dabei bewegte, spürte ich einen solch enormen Schmerz, dass ich fast weinen musste.

Mein Chirurg war um die fünfzig Jahre alt und spezialisiert auf Operationen im Bauchraum. Er half mir, einige Abschnitte jener Zeit zu rekonstruieren, die ich im Koma gelegen hatte. Als ich eingeliefert worden war, hätte er nicht damit gerechnet, dass ich überlebe, sagte der Chirurg. Es habe bei mir »zu viele Baustellen gleichzeitig« gegeben und er habe gar nicht gewusst, wo er mit dem Operieren anfangen sollte.

Noch während ich auf dem OP-Tisch lag, sollen gut dreißig bis vierzig Leute im Krankenhaus vorbeigekommen sein und sich nach meinem Gesundheitszustand erkundigt haben. Die Nachricht von meiner Verwundung muss sich in kürzester Zeit verbreitet haben.

Der Chirurg nannte mich bald schon einen »Sohn«. Er hatte einen Jungen in meinem Alter. Als er erfuhr, dass ich erst sechzehn war, spürte er wohl so etwas wie väterliche Gefühle für mich. Ich verdanke ihm wohl mein Leben.

Und dennoch hatte ich im Krankenhaus oft so starke Schmerzen, dass ich dachte, ich müsste doch noch sterben. Hinzu kamen die Einschränkungen aufgrund meiner Verletzungen. Ich war buchstäblich ans Bett gefesselt, dafür sorgten die Schläuche, die überall an meinem Körper befestigt waren. Noch nicht einmal auf die Seite drehen konnte ich mich, geschweige denn aufstehen.

Auch Essen konnte ich nicht zu mir nehmen. Zwei Splitter der Rakete hatten meinen Magen durchbohrt und so starke Verletzungen verursacht, dass eine OP nötig wurde. In den ersten Wochen wurde ich intravenös ernährt. Nur ein einziges Mal trank ich eine Verschlusskappe voll Wasser, ungefähr vierzehn Tage nachdem ich aus dem Koma erwacht war.

Und dann war da noch der Heilprozess an sich. Nach einiger Zeit merkte mein Chirurg, dass sich meine inneren Wunden entzündet hatten. Er empfahl mir eine weitere Operation, und ich stimmte anfangs auch zu. Kurz darauf machte ein Pfleger aber beim Setzen einer Infusion einen Fehler. Die gesamte Substanz gelangte unter die Haut meiner Hand statt in die Vene. Am Tag der Operation weigerte ich mich deshalb, einen weiteren Eingriff in diesem Krankenhaus über mich ergehen zu lassen. Womöglich würde mir jemand, während ich schon unter Narkose war, noch einmal eine Infusion falsch setzen, und ich würde auf dem OP-Tisch sterben.

Mehrere Leute hielten im OP-Saal meinen Arm fest. Ich schrie und verlangte, dass sie mich loslassen sollten. Doch bevor ich wusste, wie mir geschah, hatten die Pfleger mir schon Infusionen gelegt. Dieses Mal, ohne dass ihnen dabei ein Missgeschick passierte. Die Operation verlief gut, und ich machte danach weitere Fortschritte.

Nach Wochen im Krankenhaus machte ich auf Anweisung meines Chirurgen erste Gehversuche. Meine Muskulatur hatte sich so stark zurückgebildet, dass ich mich kaum aus eigener Kraft auf den Beinen halten konnte. Mir fehlte neben der Bewegung ja auch richtiges Essen. Sechs Leute standen um mich herum, die mir meine verschiedenen Schläuche und Infusionsbeutel hielten oder mich einfach nur abstützten. Ich schaffte es von meinem Bett bis zu dem Bett gegenüber und zurück. Am Ende wollte ich wieder einmal vor Schmerzen weinen.

40

Manchmal besuchten mich Brüder aus anderen Städten. Einer nahm eine zehnstündige Fahrt von Homs nach Rakka auf sich, um mich zu sehen. In solchen Momenten war ich den Tränen nahe. Vor Freude in diesem Fall.

Ich wusste, dass es unter uns Männern einen Zusammenhalt gab. So etwas wie Kameradschaft, denn wir durchlebten die gleichen Gefahren, waren den gleichen Bedrohungen ausgesetzt und trauerten um dieselben Freunde.

Wenn die Brüder dann wieder weg waren, es Nacht wurde und ich allein in meinem Bett lag, hatte ich viel Zeit, mir Gedanken zu machen. Es war ja genau diese Kameradschaft, die mich lange Zeit dazu verleitet hatte, meine Zweifel am IS zu verdrängen. Letztlich hatte sie mich auch für die Gefahren blind gemacht, denen ich mich hier täglich aussetzte.

Meine Verwundung aber änderte alles. Gerade noch so war mit dem Leben davongekommen. Und ich wollte auch wieder gesund werden. Nichts war mir so wichtig wie die Aussicht, irgendwann einmal wieder ein normales Leben führen zu können. Den Glauben an den IS hatte ich zu diesem Zeitpunkt ohnehin verloren. Wir waren nicht die »Guten«, so viel war mir klar geworden. Die Dinge, die hier geschahen, waren grauenvoll.

Was ich Wochen zuvor noch verworfen hatte, reifte nun in meinem Kopf zu einem Plan: Wenn ich überleben wollte, musste ich das Kalifat verlassen – auch wenn ich mich später für meine Zeit beim IS vor einem österreichischen Gericht verantworten musste.

Doch dazu musste mein Heilungsprozess erst einmal so weit vorankommen, dass ich aus eigener Kraft imstande wäre, die Reise anzutreten. Vorerst behielt ich meine Gedanken für mich.

Eines Tages besuchte uns der Cousin von Abu Hamza, mit dem dieser einst nach Kobane gegangen war. Wir sprachen über mein Befinden, über das Krankenhaus und ein paar Belanglosigkeiten.

Schnell fragte er mich: »Was willst du als Nächstes tun, wenn du hier raus bist?«

Ich dachte: mich von hier verdrücken. Und zwar so schnell wie möglich.

Ich sagte: »Keine Ahnung, Bruder, ich werde mich einer Gruppe anschließen, es wird sich irgendwann sicher etwas ergeben.«

»Kein Problem, ich bringe dich zusammen mit meinem Cousin bei der Spezialeinheit unter. Da bekommt ihr gutes Geld und könnt viel Ehre sammeln«, antwortete er.

»Ich denke nicht, dass wir nach so langer Zeit im Krankenhaus die Ausbildung schaffen«, grinste ich verlegen.

Doch er winkte ab. »Das ist kein Problem, ihr bekommt eine Aufgabe in der Logistik, seid aber dann Teil der Gruppe. Wir gehen schnell zum Kommandanten, er liegt zwei Zimmer weiter auf derselben Etage wie ihr.«

»Was, zwei Zimmer weiter? Warum das?«, stammelte ich.

Doch bevor ich noch einen weiteren Satz herausbringen konnte, bat er uns, kurz auf ihn zu warten. Nach zehn Minuten kam er wieder zurück und verkündete aufgeregt, dass er »alles geklärt« habe. Er bat uns nun mitzukommen. Ich hatte mittlerweile einen Rollstuhl und erhob mich aus meinem Bett.

Die Spezialeinheit war bekannt und respektiert. Sie war so etwas wie eine »Feuerwehr« des IS, sie wurde dorthin entsandt, wo es heftige Kämpfe gab und schlagkräftige Einheiten gebraucht wurden, vor allem bei Offensiven auf größere Städte. Das spiegelte sich auch in der Ausbildung wider.

Ganz allgemein hatte der IS die Fähigkeit, Fachkräfte aus allen Lebensbereichen dafür zu begeistern, ins Kalifat zu kommen. Es gab versierte Ärzte, intelligente IT-Experten, aber auch gut ausgebildete Schlosser, Tischler und Maurer. Unter den vielen Männern, die dem IS nach Syrien und in den Irak folgten, waren außerdem zahlreiche Soldaten, die ihr Training in den Armeen ihrer Heimatländer erhalten hatten und dort zum Teil schon Kampferfahrung sammeln konnten. Viele von ihnen wurden der Spezialeinheit zugeordnet. Darunter war auch ein Nahkampfexperte, der die Einzelkämpferausbildung leitete.

Ich wusste, dass die Spezialeinheit mit allen nur denkbaren Waffen ausgestattet war, die der IS bei seinen Raubzügen erbeutet hatte. Die Ausbildung, so erfuhr ich von Abu Hamzas Cousin, sollte neun Monate dauern und nicht nur einige Wochen wie bei den übrigen Kämpfern. Sie beinhaltete neben dem Nahkampf auch ein Scharfschützentraining, das Verhalten im Häuserkampf und eine Einführung in den Bau von Sprengfallen. Das größte Trainingslager der Spezialeinheit war in der Nähe von Mossul – unweit des Ortes, an dem ich schon einmal im Irak stationiert gewesen war.

In den Wüsten hatten die Männer ein weitverzweigtes Netz von Schützengräben angelegt, das durch Planen vor den Kameras der Aufklärungsdrohnen verborgen wurde. Die Waffendepots lagen an Orten außerhalb der Städte, wo sie von Angreifern am wenigsten vermutet wurden. Männer der Spezialeinheit durften nie unmaskiert ihre Stützpunkte verlassen. Und im Gegensatz zu anderen Kämpfern konnten sie sich nach der Ausbildung eine eigene Waffe aussuchen, die mit etlichen Modifikationen ausgestattet war. Auch die Bezahlung war um einiges höher. Statt des normalen Satzes von einhundertfünfzig Dollar bekamen sie einen monatlichen Festbetrag von eintausendfünfhundert Dollar, plus ihren Teil an der Beute.

Im Krankenhaus hatte ich auch schon einige Veteranen der Spezialeinheit kennengelernt. Sie erzählten mir Dinge, die nicht so recht zu den offiziell verbreiteten Heldengeschichten passen wollten. Ihr damaliger Kommandant schickte sie noch während der Ausbildung an die Front. Im Gefecht lerne man mehr als durch Bücher und Übungen, glaubte er.

Einer der Veteranen lag mit einem riesigen Stock im Bett, es war eine Trophäe; er trug sie bei sich, wo immer er auch war. Er erzählte mir, dass der Stock von einem Palmbaum stammte und ein Andenken an die IS-Schlacht um Falludscha war. Die Stadt hat eine beinahe mystische Bedeutung unter den Kämpfern, seit US-Soldaten im Jahr 2004 dort unter hohen Verlusten gegen Milizen vorgingen, in deren Tradition sich der IS verstand. Mehr als fünfhundert Angehörige der U.S. Army und der verbündeten Iraker wurden damals verletzt oder getötet. »Selbst die Amerikaner bezeichnen diese Stadt als ein Schlachthaus. Der Ort, an dem Menschen zu Hackfleisch werden«, sagte der Veteran.

Ich fuhr mit meinem Rollstuhl zu dem neuen Kommandanten der Spezialeinheit, einem groß gewachsenen Mann mit langem Haar aus Kanada, dessen Großeltern einst aus Syrien ausgewandert waren. Nach einem ausführlichen Gespräch über meine zukünftigen Aufgaben rollte ich frustriert zurück zu meinem Bett.

Im Krankenhaus war es üblich, dass sich gesunde Brüder aus derselben Einheit um die Verwundeten kümmerten und für sie Besorgungen erledigten. Zum Beispiel fuhren sie das Essen ans

Bett, machten Einkäufe auf dem Markt oder organisierten Obst. Abu Hamza und mir half ein Bruder namens Abu Haruun, er kam aus Katar und war selbst gerade einmal zwanzig Jahre alt. Ich verstand mich sehr gut mit ihm.

Doch eines Tages meinte unser Kommandant im Nachbarzimmer, dass Abu Haruun nicht weiter »im Krankenhaus herumsitzen« solle, und kommandierte ihn an die Front ab.

Vier Tage später kam ein junger Mann um die Ecke, dessen Gesicht völlig entstellt war. Von Ohr zu Ohr zog sich eine große Wunde, unter der kaum noch menschliche Züge erkennbar waren. Der Mann steuerte direkt auf mein Bett zu. Ich vermutete, er wollte einfach mal mit jemandem reden. »As-salamu alaikum, Bruder. Erkennst du mich nicht? Ich bin es, Abu Haruun.«

Noch am selben Tag war er an die Front verlegt worden und bald darauf in den Kampf um Kobane ausgerückt. Am zweiten Tag sollte er einige Verletzte nach Manbidsch bringen. Ein Kampfjet näherte sich dem Fahrzeug von vorne und klinkte eine Rakete aus. Mit einhundertvierzig Stundenkilometern fuhr Abu Haruun direkt in das Geschoss hinein. Das Auto überschlug sich. Wie durch ein Wunder hatte er überlebt, aber mit Verletzungen, die ihn für den Rest seines Lebens zeichnen werden.

Am Anfang der Woche hatte er uns noch Getränke besorgt. Und am Ende der Woche lag er schwer verletzt neben uns.

Viele der Brüder, die einstmals voller Überzeugung an das Kalifat glaubten, waren mittlerweile tot, verkrüppelt oder wollten einfach nur noch weg von hier. Mir erging es nicht anders. Ich konnte mich mittlerweile mit dem Gedanken an eine lange Haftstrafe in Österreich eher anfreunden als mit dem Leben und Sterben in diesem Wahnsinn.

Es mochte sein, dass es viele Menschen gab, die trotz ihrer Radikalisierung mit guten Absichten ins Kalifat gekommen waren. Aber sie waren in der Minderheit. Die Verrückten hatten die Oberhand, und sie steuerten die Geschicke in diesem Flecken Land, der alles war, nur kein Gottesstaat. So viel hatte ich verstanden.

Im Krankenhaus erfuhr ich noch mehr Geschichten, die mich lehrten, den IS zu verachten. Einmal erhielt ein Bruder von der Spezialeinheit Besuch von einigen Kämpfern. Es entwickelte sich ein makabres Schauspiel: Ein Franzose prahlte damit, dass er Feinden die Köpfe abgeschnitten habe. Zur Demonstration zog er sein Kampfmesser und vollführte in der Luft exakt die Bewegungen, die er wohl auch bei den Hinrichtungen vollzogen hatte. Er tat so, als ob er eine imaginäre Person festhielte, und zeigte, wie man das Messer ansetzen müsse.

Ein Bruder fragte, ob es leicht sei, einem Menschen den Kopf abzuschneiden.

»Klar«, sagte der Franzose und führte das Messer wie bei einer Enthauptung.

Angehörige der Spezialeinheit lauschten ihm dabei, ganz so, als würde er gerade die Funktionsweise eines Gurkenhobels erklären. Das war krank.

Danach erwähnte der Franzose noch voller Freude, dass die »Kreuzzügler« in seinem Heimatland sehr bald schon mit »etwas Großem« rechnen müssten. Er versicherte, das sei kein Spaß. Ich fragte ihn, wo denn genau die Sache stattfinden sollte. »In Paris?« Doch er zuckte nur mit den Schultern und lachte.

Kurze Zeit zuvor starben bei Anschlägen auf die Satirezeitschrift »Charlie Hebdo« und einem koscheren Supermarkt sechzehn Menschen. Die Attentäter hatten sich zum Islamischen Staat bekannt. Es gab Gerüchte, dass etwas passiert war. Aber ich bekam das im Krankenhaus nur bruchstückhaft mit.

Am 7. November 2015 töteten Terroristen des IS in Paris nahe dem Stade de France, bei Anschlägen auf verschiedene Bars und Restaurants im Stadtzentrum sowie auf das Bataclan-Theater dann einhundertdreißig Menschen. Ich weiß nicht, ob das die »große Sache« war, die der Kämpfer aus Frankreich gemeint hatte. Aber ich denke heute noch an dieses Gespräch, wenn ich davon in den Nachrichten höre.

Schließlich redeten die Männer ganz selbstverständlich über einen »Frauenmarkt«, wo Sklavinnen verkauft wurden. Ich wusste zwar, dass es solche Märkte geben sollte, habe so etwas jedoch selbst nie gesehen. Doch der Gedanke, dass sie offenbar tatsächlich existierten, bestärkte mich in meiner Abscheu vor dem IS.

41

Bei einem Krankenbesuch erfuhr ich auch, was aus Ali geworden war, mit dem ich vor Monaten ins Kalifat eingereist war. Kurze Zeit nachdem wir uns im Irak getrennt hatten, wurde er schwer verwundet. Seine Gruppe hatte den Versuch unternommen, einen Militärflughafen anzugreifen. Auf Fotos, die mir ein Bruder auf seinem Handy zeigte, sah man, wie Ali danach in einem Lazarett auf dem Bauch lag. Eine Rakete hatte ihm vom rechten Schulterblatt bis zur linken Hüfte den kompletten Rücken aufgerissen. Außerdem verlor er an einem Bein Teile seines Oberschenkels und seinen kompletten Wadenmuskel. Fuß und Knie waren nur noch durch das Schienbein miteinander verbunden. Ali sah grauenvoll aus.

Ob er überlebt hat, weiß ich nicht. Der Bruder jedenfalls ging nicht davon aus, dass er es geschafft hat. Selbst auf dem Krankenbett soll Ali noch gesagt haben, dass er dankbar sei über seine Verwundung. Er freue sich über die Prüfung durch Allah.

Ich erinnerte mich an eine kurze Unterhaltung, die wir in der Nähe von Gaziantep geführt hatten, auf dem Weg in das Safe House.

Als wir schon in dem VW-Bus saßen, wenige Kilometer vor

unserer Ankunft im Kalifat, fragte ich ihn voller Ungeduld: »Hey, ist das jetzt eigentlich schon jemand vom IS oder wieder nur irgendjemand, der uns irgendwo hinfährt?«

Ali schaute mich mit großen Augen an: »Wer sagt dir, dass wir zum IS fahren?«

»Mach keinen Scheiß! Ich kenne die Leute sehr gut, die das organisiert haben.«

»Aber was sagst du, wenn wir jetzt nicht zum IS, sondern zu Al-Nusra* gebracht werden?«

Ihm war es im Grunde egal, ob er nun für den Islamischen Staat oder irgendeine andere Organisation kämpfte. Hauptsache, er konnte Kuffar töten. Mit seiner Ausreise wurde er immer radikaler, und am Schluss muss er so verblendet gewesen sein, dass ihm die ganze Welt egal war. Nur auf diese Weise kann man mit zerfetzten Gliedmaßen dem Tode entgegensehen und dabei gleichzeitig glücklich sein.

Da Ali von meinem WhatsApp-Account auch mit seiner Familie kommuniziert hatte, hatte ich die Nummer seiner Mutter in meinem Handy gespeichert. Sie hatte er wirklich geliebt. Unter ihrem Profil stand auf Türkisch der Begrüßungssatz: »Allah ist mit uns«.

Von Mohammed, der mich in Wien einst in die Islamistenkreise eingeführt hatte, habe ich nur noch ein Mal gehört: Er hatte eine Aufgabe im Irak übernommen. Ob er noch lebt, weiß ich nicht. Wir haben uns nie wiedergesehen.

* Eine radikalislamistische Bürgerkriegspartei in Syrien, die von Anfang 2012 bis Juli 2016 existierte. Die »Al-Nusra-Front«, so der komplette Name in seiner deutschen Übertragung, war verbündet mit der Terrororganisation Al-Qaida. Im Sommer 2016 schloss sich Al-Nusra dem IS an und firmiert seitdem unter dem Namen »Dschabhat Fatah asch-Scham«, ungefähre Übersetzung: »Front zur Eroberung der Levante«.

42

Abu Waqaad, der mir während meines Aufenthalts im IS eine große Stütze war, bekam indes Probleme mit der IS-Führung. Ein tunesischer Landsmann, der unter ihm im Frauenkrankenhaus arbeitete, hatte es auf seinen Posten abgesehen und schwärzte ihn wegen unerlaubter Beschäftigung von Externen an. Damit war vor allem ich gemeint. Man nahm die Vorwürfe ernst und enthob Abu Waqaad seines Postens. Später legte die IS-Führung ihm nahe, eine Umschulung zu machen. Der Mann, der einst das Frauenkrankenhaus leitete, arbeitete fortan als OP-Assistent.

Meine Gedanken kreisten nun immer mehr um meine mögliche Ausreise. Wenn ich meine Chance jetzt nicht nutzen würde, käme ich vermutlich nie wieder hier raus, dachte ich. Ich beobachtete manchmal, dass besonders schwer Verletzte in die Türkei gebracht wurden. Doch obwohl ich beinahe gestorben war, befanden die Ärzte wohl, dass meine Verletzung nicht schlimm genug gewesen war.

Also überlegte ich sehr lange und suchte auf Google Maps nach Wegen ins Ausland. Der IS beherrschte damals ein Gebiet von der Größe Großbritanniens, das mancherorts an die Türkei grenzte. Jedoch strich ich eine Flucht von meiner Liste, ich konnte ja nicht einmal richtig gehen.

Zweieinhalb Monate verbrachte ich im Krankenhaus. Danach wurden Abu Hamza, der kanadische Kommandant, und ich in eine Art Rehawohnung überwiesen. Es kamen zwar noch jeden Tag Ärzte und Physiotherapeuten, um uns zu pflegen. Aber unsere Betten im Krankenhaus wurden nun für neue Schwerverletzte gebraucht. Und von denen gab es viele. Jeden Tag.

Kurz bevor ich das Krankenhaus verlassen sollte, erfuhr ich, dass Omar gestorben war. Er hatte ein drittes Mal nach Kobane ausrücken müssen und fiel dort bei den Gefechten, so wie fast zweitausend andere IS-Kämpfer.

Zwei Brüder fuhren mich in ihrem Auto zu seinem Leichnam.

In diesen Tagen hielt Mohamed Mahmoud einen Vortrag vor deutschen Brüdern in Rakka, bei dem er mich auch namentlich erwähnte.

Mahmoud galt neben Denis Cuspert als prominenteste Figur der deutschsprachigen Dschihadistenszene. Seine Familie stammte aus Ägypten, er selbst wurde in Wien geboren. Angeblich war er schon 2003 in einem Ausbildungslager von Al-Qaida im Irak, vier Jahre später wurde er wegen Mitgliedschaft in einer terroristischen Vereinigung zu einer mehrjährigen Haftstrafe verurteilt. Später zog er nach Deutschland, wo er auf Cuspert traf und weiterhin den radikalen Islam predigte. Er wurde aus Deutschland ausgewiesen und setzte sich in die Türkei ab. Nachdem er auch dort eine Haftstrafe abgesessen hatte, floh er im August 2014 nach Syrien.

Mahmoud sagte bei seinem Vortrag: »Brüder, lasst euch nicht unterkriegen! Alhamdulillah, ihr seid im Dschihad! Es kann sein, dass ihr kämpfen geht und nichts passiert. Und es kann sein, dass ihr wie der Bruder Abu Muqatil einfach nur helfen wollt und dann getroffen werdet. Lasst euch dadurch nicht einschüchtern und erfüllt eure Pflicht gegenüber Allah!«

Mich erreichten diese Worte zu diesem Zeitpunkt schon lange nicht mehr.

Ich lebte nun in unserer Rehawohnung, die im IS mit dem Wort »Makar« bezeichnet wurde, was so viel wie Unterschlupf bedeutet. Ich lag die meiste Zeit auf meiner Matratze und suchte im Internet nach Möglichkeiten, das Kalifat zu verlassen.

Ich wollte auch meinem Vater schreiben, verwarf den Gedanken aber. Ich schämte mich vor ihm. Deshalb wandte ich mich an die Betreuer meiner alten Wohngemeinschaft und deutete an, dass ich gerne das Kalifat verlassen und nach Österreich zurückkehren wollte. Sie wollten mir zuerst nicht glauben, dass ich wirklich der Oliver bin, den sie von früher kannten. Nach einigem Hin und Her gaben sie mir den Tipp, den Roten Halbmond einzuschalten. Das war an sich kein schlechter Gedanke, doch ich hatte keine Ahnung, ob und wo die islamische Hilfsorganisation überhaupt im IS tätig war.

Sehr lange überlegte ich, wen ich noch kontaktieren könnte, und entschied mich, nun doch meinem Vater zu schreiben. Unser neuer Kontakt startete schleppend. Anfangs hatte er große Zweifel an meinen Absichten. Ich war in seinen Augen ein »Kopfabschneider«, und ich musste ihm unzählige Male versichern, dass ich trotz der Schuld, die ich schon mit meiner bloßen Anwesenheit im IS auf mich geladen hatte, keinerlei Gewaltverbrechen begangen hatte.

Irgendwann glaubte er mir. Wobei er gleich zu Beginn unseres Kontakts versicherte, unsere Nachrichten an die Behörden weiterzuleiten. Er wolle nicht »in die Scheiße« hineingezogen werden. Mein Vater hielt Wort, und ab diesem Tag wussten auch die staatlichen Stellen, dass ich nach Österreich zurückkehren wollte.

Wir führten Text-Gespräche über alle nur erdenklichen Themen. Immer wieder versuchte ich ihm versteckt mitzuteilen, dass er mir bitte helfen solle, nach Österreich zurückzukommen.

Ganz direkt wollte ich das nie ausdrücken, da ich keine Ahnung hatte, ob jemand Falsches davon etwas mitbekommen konnte. Es gab im IS tatsächlich sehr versierte IT-Experten.

Meine Stiefmutter und mein Vater ermutigten mich, den Versuch zu wagen.

Zuerst probierte ich es über die offiziellen Kanäle. Ich versuchte meinen kanadischen Amir zu überzeugen, erzählte ihm die Lüge, dass mein Großvater im Sterben liege und dass ich mich noch von ihm verabschieden wolle, bevor er von uns gehe. Er sagte daraufhin, dass er auch eine Großmutter habe, die in Syrien lebe, und zu der könne er auch nicht einfach so fahren.

Dann kam ich mit der Bitte zu ihm, er möge mich ausreisen lassen, damit ich Anschläge in Europa verüben könne. Diesen Ansatz fand er wohl spannender und erbat sich Bedenkzeit.

Wenig später holte er mich erneut zu sich. Er hatte zwei Brüder hinzugebeten. Einer davon war ein Deutsch-Pole, der bereit war, für den IS in Europa einen Selbstmordanschlag zu verüben. Er sagte, dass man die Kuffar dort treffen müsse, wo sie uns treffen. Wenn diese im Kalifat Alte und Kinder töteten, dann müssten wir eben das Gleiche in ihren Ländern tun. Seine Ziele wären Kindergärten, Schulen und Altenheime. Ich war sprachlos über diesen Mist, doch ich nickte, während er sprach. Wenn ich erst einmal in die Türkei käme, wäre ich diesen Idioten los.

Der Kommandant fragte mich nun einige Sachen. Ob mein Name schon einmal in Zeitungen aufgetaucht sei, zum Beispiel. Ich verneinte. Auch das war die Unwahrheit, ich hatte in Syrien sehr wohl mitbekommen, dass in den österreichischen Medien bereits über mich berichtet wurde. Ich hoffte, er würde das nicht erfahren.

Dann beorderten sie mich nach draußen, um über meinen Fall zu beraten. Dem Kommandanten gefielen zumindest die Idee und der Umstand, dass ich als weißer Mitteleuropäer leicht durch die Kontrollen kommen könnte.

Ein paar Tage später kam ein weiterer deutschsprachiger Bruder in unsere Wohnung und sagte, ohne zu wissen, dass er mich damit in Teufels Küche brachte: »Hey, schau mal, unser Bruder Abu Muqatil ist ein richtiger Superstar. In Europa haben sie gerade eine kleine Doku über ihn gezeigt.«

Schlagartig änderte sich der Gesichtsausdruck unseres Kommandanten. Ich traute mich nicht, ihn anzusehen. Derweil redete der deutsche Bruder munter weiter und zeigte ihm sogar noch einige Zeitungsartikel.

Als der Bruder gegangen war, sagte mein Kommandant: »Wenn du noch einmal fragst, ob ich dich zurückschicke, dann werde ich dir eine Reise in die Wüste spendieren. Sollst du doch versuchen, von dort aus wegzukommen.« Was er meinte: Sollte ich noch einmal ein krummes Ding drehen, würde er mich töten.

Ich verstand die Ansage. Ab diesem Moment wurde ich noch vorsichtiger. Ich wusste nur noch einen Weg, wie ich auf offiziellem Weg aus dem Kalifat ausreisen konnte. Ich musste mir die Erlaubnis eines IS-Führers einholen, der in der Hierarchie höher stand als mein Kommandant. Und das war ein Problem, denn der hatte als Chef der Spezialeinheit sehr viel zu sagen und war darüber hinaus bestens im IS vernetzt. Wenn er zum Beispiel der Meinung gewesen wäre, dass es nun Zeit ist, Damaskus anzugreifen, dann wäre zumindest der Versuch gestartet worden.

Die zweite Schwierigkeit bestand darin, ein hochrangiges IS-Mitglied zu finden, das mir eine Erlaubnis ausstellt, ohne mich zu kennen. Während ich überlegte, bekam ich den Tipp, es direkt bei jenem Haus zu versuchen, wo die Geschwister warteten, die bereits die Genehmigung bekommen hatten, in die Türkei auszureisen. Ich kann mich noch gut daran erinnern, wie schwierig es war, dieses Haus zu finden. Es war ein sogenanntes Amniat-Makar, ein geheimer Unterschlupf.

Ich fuhr zuerst mit dem Taxi zu einem Checkpoint, an dem einige Brüder den Unterschlupf vermuteten. Dort sagte man mir, ich sollte an einen anderen Ort fahren und dort suchen. Doch auch bei der nächsten Adresse wurden wir nicht fündig. Insgesamt sieben Anlaufstellen innerhalb und außerhalb Rakkas fuhren wir erfolglos ab. Erst der Kommandant einer Einheit, in der viele Australier waren, gab mir den richtigen Tipp.

Wir fuhren zu einem Wohnhaus, das sich nahe der Autobahn befand. Ein unscheinbares Gebäude ohne IS-Symbole, vor dem einige Brüder saßen. Auf dem Schotterweg daneben waren, getarnt unter Bäumen, einige Fahrzeuge geparkt. Ich sprach mit dem Kommandanten des Hauses und erzählte ihm, dass ich in der Türkei operiert werden müsse und dass die Ärzte, die eigentlich in einem solchen Fall eine Empfehlung abgeben müssten, nicht kompetent genug seien, um die Schwere meiner Verletzung zu erkennen.

Der Mann nahm mir ab, dass ich nach erfolgreicher Operation wieder ins Kalifat zurückkehren wollte. Gleichzeitig gab er mir jedoch zu verstehen, dass er nicht gegen den Islam handeln wollte. Und als ich bereits dachte, dass mein Plan scheitern würde, meinte er, ich könne mir eine Erlaubnis im Büro des Bürgermeisters von Rakka abholen. Dann stehe einer Ausreise nichts im Wege.

In diesem Moment kam ein Bruder hinzu, der eine hohe Stellung in der Spezialeinheit hatte. Er war dort für die Finanzen zuständig. Ausgerechnet jetzt befand er sich auch hier, aus welchem Grund auch immer.

»Was machst du hier?«, fragte er mich. Zum Glück auf Englisch, der Kommandant des Hauses verstand seine Frage nicht.

Ich sagte ihm, dass ich bloß hier sei, um ein paar Freunde zu besuchen, die ich aus der Moschee kannte. Damit war die Sache für ihn erledigt.

Noch am selben Tag fuhr ich unter Schmerzen zum Bürgermeister von Rakka. Die meisten Leute gingen zu ihm, weil sie Geld brauchten, einen Streit schlichten lassen oder andere Beschwerden vortragen wollten. Ein Mitarbeiter des Bürgermeisters erkundigte sich nach meinem Anliegen. Er sagte, ich solle ein Formular ausfüllen und er würde es dem Bürgermeister zusenden, der gerade an Kämpfen in Tel Abyad teilnahm. Ich solle in ein paar Tagen wiederkommen.

So ging ich wieder nach Hause und hoffte, dass in der Zwischenzeit niemand etwas von meinen Plänen mitbekam. In dieser Zeit schrieb ich häufig meinem Vater. Und auch der Kontakt zu meiner Stiefmutter wurde intensiver.

Ich fühlte mich oft schlecht, wenn ich über die vergangenen Monate nachdachte. So schlecht, dass ich kaum schlafen konnte. Wie konnte ich jemals nur so dumm gewesen sein, auf die Idee zu kommen, mich für die Sache des Kalifats zur Verfügung zu stellen.

Nach einigen Tagen fuhr ich nochmals zum Büro des Bürgermeisters. Der war immer noch nicht zurück in Rakka. In meiner Not sagte ich zu einem Bruder, der dort arbeitete, dass ich schwer verletzt sei. Ich müsse operiert werden, ob der Bürgermeister nun da sei oder nicht. Notfalls würde ich auch ohne Erlaubnis ausreisen.

Der Bruder schaute mich an. »Wenn du einfach so gehen willst, dann musst du dich vorher mit einem Gelehrten zu einem Gespräch treffen. Der wird dir sagen, dass du sündigst, wenn du in deine Heimat zurückkehrst.«

»Natürlich werde ich wieder zurückkommen. Meine Brüder leben ja hier, und es ist ja nur eine kleine Operation, damit ich später wieder kämpfen kann.«

»Ich richte das gern dem Bürgermeister aus. Das dauert aber seine Zeit.«

Die nächsten Tage vergingen sehr langsam. Um mir die Zeit zu vertreiben, besorgte ich mir ein paar Filme von dem »Dealer« – das war ein Mann aus Bangladesch, der in England gelebt hatte. Er versorgte viele von uns mit illegal heruntergeladenen

Videos. In regelmäßigen Abständen fuhr er an einen nicht näher genannten Ort im Kalifat, wo er schnelles Internet vorfand. Dort packte er sich Raubkopien der neuesten Kinofilme auf seinen Laptop, mit denen er dann handelte. Damit hatte er seine eigene kleine Marktlücke gefunden.

Natürlich war es heuchlerisch, tagsüber den reinen Islam zu predigen und sich abends dann die neuesten westlichen Filme anzuschauen. Offiziell ahndete der IS den Konsum solcher Unterhaltungswerke mit strengster Härte. Fernseher wurden zerschlagen, wo sie noch existierten, Satellitenschüsseln zerstört. Auch die Geheimpolizei verfolgte Geschwister, die sich trotzdem Filme ansahen. Aber wenn es im Stillen geschah, gab es eine gewisse Grauzone. Der Dealer kannte viele Brüder, die Kinofilme oder Pornos von ihm bezogen hatten. Wenn man ihn verraten hätte, wären Dutzende anderer Männer mit aufgeflogen.

Er war damals verletzt und hatte dementsprechend viel Zeit. Wir trafen uns regelmäßig in einem baufälligen Teil unseres Krankenhauses, der nicht mehr genutzt wurde. Der Dealer hatte einige Betten in einen Raum gebracht, auf denen Brüder saßen und *Counterstrike* und *Battlefield* zockten. Hier überspielte er mir die Filme von seinem Computer auf mein Handy. Für uns Männer aus dem Westen waren die Filme eine Brücke ins alte Leben. Ich sah »Die Pinguine aus Madagascar«, »Ride Along«, »Guardians of the Galaxy« oder »Harry Potter«, und mir halfen die Filme, die Zeit zu überstehen.

Nach fast einer Woche ging ich nochmals zum Büro des Bürgermeisters. Derselbe Bruder war da, der mir schon beim letzten Mal begegnet war. Wieder sagte er, dass der Bürgermeister nicht in der Stadt sei. Ich war schon auf dem Weg nach draußen, als der Bruder meinte, dass er mit dem Bürgermeister per WhatsApp getextet habe. Es sei alles geklärt, er habe seine Erlaubnis gegeben.

Er übergab mir einen Zettel, auf dem stand, dass ich, »Abu

Muqatil al-Almani«, für drei Wochen das Gebiet des Islamischen Staates verlassen dürfe, um meine Verletzungen in der Türkei behandeln zu lassen. Darunter war der Stempel vom Büro des Bürgermeisters. In der Kopfzeile stand groß geschrieben: »Büro des Islamischen Staates, Bürgermeister des Gebiets Rakka«.

Ich hielt es endlich in den Händen, mein Ticket nach Hause. Vor mir lag eine ungewisse Zukunft, doch ich war fest davon überzeugt, dass alles, was nun folgte, besser sein würde als ein Leben im Kalifat.

43

Ich musste mir nun meine weiteren Schritte genau überlegen. Mein Plan: Alles sollte so schnell wie möglich ablaufen, damit nicht noch ein Verdacht aufkam. Also fuhr ich noch am selben Tag zu dem Unterschlupf nahe der Autobahn. Der Kommandant empfahl mir, wieder in die Stadt zurückzukehren. Hinter dem Rathaus würden die Wartenden alle drei Stunden von einem Fahrzeug abgeholt. Tatsächlich standen dort schon vier weitere Brüder, die ebenfalls wegwollten.

Wir fuhren den Markt entlang. Mitten auf der Hauptstraße hielt der Wagen an, und der Fahrer meinte, wir sollten in einem der Häuser an eine Tür klopfen, auf der eine kleine IS-Fahne zu sehen war. Es öffnete ein Araber, der uns ein paar Fragen stellte, die angeblich nötig wären, um uns unsere Reisepässe auszuhändigen: wann wir angekommen waren, in welchem Trainingslager wir waren und so weiter. Ich hatte gar nicht damit gerechnet, dass mein Pass noch existierte.

Er fragte uns auch, ob wir unsere Sachen für die kommenden Wochen dabeihätten. Die hatte ich natürlich noch in der Rehawohnung. Und im Grunde waren sie mir völlig egal gewesen, ich wäre auch ohne mein Gepäck in die Türkei gereist.

So fuhren wir nun noch einmal an meiner Wohnung vorbei.

»Was machst du da gerade?«, fragte mich mein Kommandant.

»Ein Bruder hat mich eingeladen, ein paar Tage bei ihm zu schlafen!«, sagte ich und packte meine Sachen in eine Plastiktüte.

Die Geschichte mit dem Bruder, bei dem ich übernachten wollte, war eine denkbar schlechte Lüge. Eigentlich waren wir ja in dieser Wohnung zur weiteren Behandlung untergebracht worden. Und ich hatte wirklich noch sehr starke Schmerzen, was man mir auch ansah.

Ich wartete die Antwort des Kommandanten nicht ab und machte mich aus dem Staub.

Nun steuerten wir den Unterschlupf an, in dem wir auf unsere Ausreise warten sollten. Es war eine Wohnung in einem zehnstöckigen Gebäude, die mit Marmorböden und LED-Lichtern an der Decke ausgestattet war. Als wir ankamen, warteten bereits sechs weitere Brüder auf uns. Ich suchte mir ein Plätzchen und begann mich mit den Leuten zu unterhalten.

Einer erzählte mir, dass er den Lärm der Flugzeuge nicht aushielt. Ein anderer sagte, er wolle seine Familie wiedersehen. Ob das nun tatsächlich der Wahrheit entsprach, wusste ich nicht. Aber ich spürte, dass auch sie einfach nur noch weg von hier wollten.

Am nächsten Morgen stießen weitere Leute zu uns. Einen von ihnen kannte ich: Es war ein deutschsprachiger Bruder namens Abu Ubayda, den ich in Dscharabulus kennengelernt hatte. Ich freute mich, endlich einen Menschen zu treffen, der dieselbe Sprache wie ich sprach und ebenfalls aus dem Kalifat ausreisen wollte. In Rakka starben die Deutschen ja eher, als dass sie in ihre Heimat zurückkehrten.

Abu Ubayda war bald nach seiner Ankunft im Kalifat in den Irak verlegt worden. Ohne Ausbildung sollte er direkt an die Front geschickt werden, um dort die ausgedünnten Reihen des IS wieder aufzufüllen. Die alte Geschichte vom Kanonenfutter.

Er hatte wohl auch gekämpft. Aber was er genau tat, wollte er mir nicht erzählen. Den Menschen in dieser Wohnung war allgemein nicht mehr nach Heldengeschichten vom Krieg.

Und so tickte die Uhr. Wir verbrachten einen zweiten Tag in unserem Unterschlupf und auch eine zweite Nacht.

Am dritten Tag stürmten plötzlich Männer von der Geheimpolizei die Wohnung. Sie packten Handschellen aus und verhafteten einige Brüder. Darunter auch Abu Ubayda. Und als sie eigentlich schon wieder losfahren wollten, kamen sie noch einmal hoch und riefen meinen Namen: »Abu Muqatil al-Almani!«

Der Kommandant des Unterschlupfs kam zu mir und bat mich, ihm meine Ausreiseerlaubnis zu zeigen. Wir diskutierten kurz mit den Polizisten, doch sie zogen wieder ab. Später erfuhr ich, dass mein Kommandant mich bei der Spezialeinheit zur Fahndung ausgeschrieben hatte. Der Kanadier hatte den Befehl gegeben, dass ich bei meiner Ergreifung sofort zu ihm gebracht werden sollte. Und er hatte mir ja schon einmal mit dem Tod gedroht.

Ein Glück nur, dass mein Plan aufgegangen war: Tatsächlich hatte der Bürgermeister von Rakka in der Hierarchie eine etwas höhere Stellung als mein Kommandant. Letzterem waren deswegen die Hände gebunden, nachdem ich die Erlaubnis vorgelegt hatte.

Ich hoffte jedoch inständig, dass sich die Dinge nun rasch entwickeln würden. Ohne Zweifel hatte mein Kommandant sehr gute Kontakte. Und wenn er wollte, dann würde ich womöglich schneller im Foltergefängnis landen, als ich mir das vorstellen konnte. Ihm machte es nichts aus, einen Menschen hinrichten zu lassen – oder ihn gegebenenfalls auch selbst zu töten.

Gleichzeitig fragte ich mich, was mit Abu Ubayda geschehen würde. Ich hoffte für ihn, dass es gut ausgehen würde.

In unserem Unterschlupf gab es nur selten Internet. Aber wenn ich mich ins Netz einwählen konnte, chattete ich regelmäßig mit meinem Vater, der mir Tipps gab, wie ich das alles überstehen könnte.

Der fünfte Tag war angebrochen. Von den zuvor verhafteten Brüdern kehrten drei zurück, darunter auch Abu Ubayda.

»Was ist passiert, Bruder? Weswegen haben sie euch mitgenommen?«, fragte ich.

»Sie hielten uns für Spione. Im Gefängnis haben sie uns immer wieder geschlagen und gefoltert. Wir sollten sagen, woher wir angeblich kommen und wer uns geschickt hat. Am Ende glaubten sie mir irgendwie, dass ich kein Spion bin. Gut fünfzig Leute sitzen in dem Gefängnis. Ich glaube nicht, dass irgendwer von denen spioniert hat.«

Am selben Tag wurde eine Kommission einberufen, vor der jeder der zwölf Ausreisewilligen, die sich mittlerweile in der Wohnung befanden, einzeln Fragen zu den Ausreisegründen beantworten musste.

Ich war als Vierter an der Reihe, nannte meinen Namen. Sie fragten mich, warum ich wegwill, und ich versicherte ihnen, dass es einzig und allein die schweren Verletzungen seien, die eine Operation in der Türkei notwendig machten. Natürlich wollte ich zurückkehren, log ich. Ich liebte den IS und wollte keinesfalls unter den Kuffar leben. Dabei achtete ich peinlich genau darauf, mich nicht in Widersprüche zu verwickeln. Ausführlich pries ich das Kalifat und das Vorgehen des IS. Offenbar glaubten mir die Männer und baten mich, noch einmal draußen Platz zu nehmen.

Und trotzdem war jedem von uns, der den Raum wieder verließ, die Unsicherheit anzumerken. Die Blicke waren voller Angst, denn beim IS wusste man nie, was als Nächstes geschah.

An diesem Tag wurde allen die Ausreise bewilligt. Die Anspannung verflog. Es war ein weiterer kleiner Etappensieg auf dem Weg in die Heimat.

Wir blieben noch eine Nacht in dem Unterschlupf. Am nächsten Morgen holte uns ein Bus ohne IS-Kennzeichen ab. Zuvor hatten sich alle Männer noch die Bärte trimmen müssen. Keiner durfte an Bord, der äußerlich wie ein IS-Angehöriger aussah. Manchen fiel die Rasur schwer, da sie sich in ihrer Zeit im Kalifat dichte, große Bärte hatten wachsen lassen.

Es war ein regnerischer Tag, die Straße war nass und übersät mit Bombenkratern. Ich saß ganz vorne auf dem Beifahrersitz, hatte die Schuhe ausgezogen und meine Füße auf das Armaturenbrett gelegt, hatte Kopfhörer aufgezogen und schloss die Augen. Ich wollte keine Landschaften mehr sehen, nichts mehr hören.

Nach etwa einer Stunde Fahrt ging es plötzlich ganz schnell. Der Bus kippte nach links, dann nach rechts, ich hörte, wie jemand das Glaubensbekenntnis aufsagte. Und dann wurde es schwarz.

Als ich meine Augen wieder öffnete, sah ich, dass die Windschutzscheibe aus ihrer Verankerung gesprungen war. Der Bus war umgekippt, ich lag zusammengekauert zwischen den Sitzen. Was genau geschehen war, wusste ich nicht. Gut möglich, dass es dieses Mal keinen Bombenangriff gegeben hatte und dass der Bus einfach nur verunglückt war. Ohne meine Schuhe kroch ich durch die fensterlose Front und entfernte mich möglichst schnell von dem Wrack. Ich hatte Angst, der Bus würde explodieren.

Mit meinen Socken stand ich nun im Schlamm und sah, wie die Brüder einer nach dem anderen aus dem Bus gekrabbelt kamen. Nur die Männer auf den hinteren Plätzen hatten Pech, sie wurden bei dem Unfall eingeklemmt. Zivilisten leisteten Erste Hilfe, viele Brüder hatten offene Platzwunden. Ich wurde zum nächsten Krankenhaus gefahren. Die Menschen, die mich mitnahmen, waren noch so nett und suchten nach meinen Schuhen, die irgendwo in dem Bus lagen.

Ein Arzt untersuchte mich. Meine Wunden waren zum Glück nicht wieder aufgerissen. Er empfahl mir, noch eine Nacht zur Beobachtung im Krankenhaus zu bleiben, doch ich wollte keine Minute länger als nötig im Kalifat bleiben. Ich bedankte mich, nahm ein Taxi und fuhr direkt wieder zu der Unfallstelle. Doch keiner meiner Mitreisenden war dort.

Was für eine beschissene Situation! In Rakka suchte womöglich mein kanadischer Kommandant nach mir, zurück konnte ich nicht mehr. Andererseits wusste ich auch nicht, wie ich aus dieser Stadt wegkommen sollte, deren Namen ich nicht einmal kannte. Ich richtete mich schon darauf ein, noch einige Tage in Syrien bleiben zu müssen, als ich einen Bus entdeckte, der sich mir näherte. Es war genau der gleiche Typ Bus wie der, mit dem wir verunglückt waren. Und der Fahrer gehörte offenbar dem IS an, er trug eine Sturmhaube, die er so zusammengerollt hatte, dass sie wie eine Mütze auf seinem Kopf lag.

Ich winkte, der Bus hielt. Im Innenraum saß außer ihm nur noch seine Frau. Der Mann erklärte mir, dass er den Auftrag habe, eine Gruppe Frauen und Kinder an der Grenze abzuholen und sie nach Rakka zu bringen.

Irre, dachte ich: Während ich dem ganzen Wahnsinn hier entkommen wollte, gab es immer noch Menschen, die es nicht abwarten konnten, in diese Hölle zu gelangen.

Ich gab dem Fahrer meine Ausreiseerlaubnis, auf dem auch mein Fahrtziel stand – ein kleines syrisches Dorf an der türkischen Grenze. Er lächelte. Genau dorthin müsse er fahren. Etwas Besseres hätte mir in dieser Situation nicht passieren können. Wir fuhren etwa zwei bis drei Stunden Richtung Westen. Einmal machte er noch in Al Bab halt, um die Familie seiner Frau zu besuchen. Man bot mir Essen an, doch ich verzichtete dankend. Eigentlich wollte ich nur, dass die Reise so schnell wie möglich weiterging.

Als wir in dem Dorf ankamen, war ich meinem Ziel schon sehr nahe: Die Türkei war keine fünfhundert Meter mehr entfernt. Ich konnte schon die türkischen Grenzposten sehen. Der Fahrer klärte ab, wo ich mich zu melden hatte, und ich wurde zum Kommandanten des Dorfes gerufen. Zu meiner Überraschung kannte ich Amir sogar: Es war der Mann, der bei meiner Ankunft in Dscharabulus die Schule geführt hatte, in der ich zuerst untergebracht war. Er musterte mich kurz, offenbar regte sich auch bei ihm eine Erinnerung, doch er konnte mich nicht mehr zuordnen.

Er gab mir ein paar Instruktionen: In Kürze würde ich in die Türkei eingeschleust werden. Noch einmal schärfte er mir ein, dass ich nicht erwähnen solle, woher ich käme. Sobald es möglich war, sollte ich wieder zu den »tapferen Löwen des Kalifats« zurückkehren. Ich nickte und dachte mir: was für ein Idiot! Ich hatte immer noch schlimmste Verletzungen, die längst nicht abgeheilt waren. Würde man mich mit freiem Oberkörper sehen, wüsste jeder, dass ich im Kalifat gewesen war. Aber ich stimmte ihm einfach zu, beschwor überschwänglich den IS, schimpfte auf die Kuffar und war dabei ziemlich erleichtert.

44

Die Sonne war wieder zwischen den Wolken hervorgekommen. Ich ging vor das Haus, genoss die Strahlen, die auf meine Haut trafen, und wartete darauf, dass man mich in die Türkei bringen würde. In diesem Moment steuerte ein Bus auf das Haus zu, darin saßen die meisten der Männer, die mit mir in Rakka die Reise angetreten hatten. Auch Abu Ubayda war darunter. Er war genauso verwundert wie ich, dass wir uns hier wiedersahen. Ich erfuhr, dass es nicht alle geschafft hatten, die in dem verunglückten Bus saßen. Die Eingeklemmten im hinteren Teil des Busses starben noch an der Unfallstelle. Alle anderen waren jedoch ohne größere Verletzungen davongekommen. Kurz nachdem ich ins Krankenhaus gebracht worden war, kam ein Ersatzbus. Er fuhr auch zum Krankenhaus, um mich dort abzuholen, doch ich war zu diesem Zeitpunkt schon auf dem Weg zum Unglücksort gewesen.

Abu Ubayda fiel ein, dass ich noch den Fahrer des Ersatzbusses nach meinem Reisepass fragen sollte, bevor er sich wieder auf den Weg zurück nach Rakka machte. Ich rannte, so schnell es meine Gesundheit zuließ, und doch konnte ich den Bus nicht mehr einholen, der das Dorf gerade verlassen hatte, bat den

Kommandanten, per Funk Bescheid zu sagen. Aber die Verbindung kam nicht zustande.

Als dann Abu Ubayda und die anderen nach zwei Stunden in ein Auto stiegen, um zur Grenze zu fahren, sagte mir der Kommandant, dass ich warten solle, bis der Busfahrer mir am nächsten Tag meinen Reisepass aus Rakka mitbringen würde.

Ich verabschiedete mich, wir wünschten uns gegenseitig alles Gute. Und trotzdem wollte ich einen letzten Anlauf unternehmen, doch noch heute an ein Auto zu kommen, das Richtung Freiheit fuhr. Ich sagte dem Kommandanten, dass ich ja eigentlich keinen Reisepass brauchte. Über die Grenze würde man uns schleusen, und nach der Operation wollte ich ohnehin so schnell wie möglich zurück ins Kalifat. Ich zeigte dem Mann meine Verletzungen, um ihm die Dringlichkeit eines Eingriffs klarzumachen. Schließlich stimmte er zu und organisierte ein Fahrzeug, das mich auf Schleichwegen in die Türkei bringen sollte.

Zwei meiner »Brüder« geleiteten mich an die Grenze. Wie schon bei meiner Ankunft sollte ich über eine eingedrückte Stelle am Zaun steigen, die mit Buschwerk getarnt war. Auf der anderen Seite warteten bereits zwei ältere türkische Männer auf mich. Sie liefen langsam und bedächtig durch den Schlamm, und doch hatte ich Mühe, ihnen zu folgen.

Die beiden führten mich einige Hundert Meter weg von der Grenzlinie, wo ein kleiner VW-Bus mit laufendem Motor auf mich wartete. Der Fahrer, ein junger Türke, war sichtlich nervös. Er wollte ebenso wenig wie ich von den türkischen Grenzern erwischt werden. Doch anders als bei meiner Einreise ins Kalifat war ich nicht in der Lage, längere Strecken im Laufschritt zurückzulegen. Als ich endlich am Bus ankam, fuhr er mit hohem Tempo in ein Dorf, das einige Kilometer entfernt lag.

Dort wurde ich dann zu einem Busbahnhof gebracht. Es war eigentlich nur ein Hinterhof, auf dem zwei Kleinbusse zur Weiterfahrt bereitstanden. Es gab dort einen winzigen Kiosk, an dem ich mir ein Ticket nach Gaziantep, eine Telefonkarte und eine Packung Zigaretten kaufte. Zum Glück trug ich noch etwas Geld bei mir. Vor meiner Abreise hatte ich von einigen Neuankömmlingen insgesamt achthundert Euro bekommen.

Ich nahm im Bus Platz. Erst jetzt realisierte ich, dass ich es tatsächlich geschafft hatte. Und bald schon wurde mir klar, wer ich von nun an in den Augen der Menschen sein würde. Interpol suchte mich bereits seit Monaten als Terroristen. Würde ich es überhaupt schaffen, das Land zu verlassen? Mein Vater hatte mir geschrieben, dass mich in der Türkei Beamte abholen würden, so hatte man es ihm erzählt, und es klang plausibel. Und trotzdem wartete ich noch ein wenig damit, mich bei ihm zu melden, denn ich wollte nicht von türkischen Sicherheitskräften verhaftet werden. Es war ja kein Geheimnis, dass es hier sehr viele IS-Sympathisanten gab. Den Gedanken, mit meinen Verletzungen in einem türkischen Provinzgefängnis zu schmoren, fand ich bedrückend.

Nach einer Stunde setzte sich eine syrische Familie in den Bus, die ebenfalls aus dem Kalifat geflüchtet war. Bald danach ging die Fahrt los. Was ich von meinem Fenster aus sah, fand ich aufregend. Es gab wieder intakte Autobahnen ohne Schlaglöcher. Und die Häuser entlang der Straße wiesen keine Einschusslöcher auf. Erleuchtete Fenster zeugten davon, dass es hier zu jeder Zeit Strom gab. Der Bus fuhr mit eingeschalteten Scheinwerfern. Und ich musste auch keine Angst mehr davor haben, dass ein Flugzeug käme, um uns zu bombardieren.

Der Krieg war für mich vorbei, doch richtige Freude empfand ich nicht. Zu groß war meine Sorge vor dem, was nun kommen würde. Ich hatte keine Ahnung davon, wie es ist, in einem Gefängnis zu sitzen. Wie viele Jahre würde ich in Haft verbringen müssen? Ich hatte tausend Fragen an mein Leben, aber keine einzige Antwort.

45

In Gaziantep ging die Tür des Kleinbusses auf, und im nächsten Moment waren wir von türkischen Geschäftsleuten umringt, die uns Tickets ihrer Busunternehmen anboten. Ich stieg aus und sagte bloß: »Istanbul.«

Ein Mann nahm mich an die Hand und führte mich zu seinem Bus. Ich bezahlte und setzte mich in die hinterste Reihe. Wieder war da diese Nervosität, die ich schon von meiner Hinreise kannte. Es gab hier viele Polizisten. Würden sie mich entdecken und verhaften? Ich lenkte mich mit meinem Handy ab.

Kurz vor der Abfahrt stieg auch Abu Ubayda in den Bus ein. Ohne ein Wort zu sagen, setzte er sich neben mich. Er reichte mir ein Blatt Papier herüber: »Wir kennen uns nicht, bis wir in Istanbul angekommen sind. Zerstöre diesen Zettel nach dem Lesen.« Ich zerriss das Papier und nickte unauffällig.

Wir verbrachten die Fahrt mit unseren liebsten Hobbys: Nachrichten checken und YouTube-Videos anschauen. Und ich beschloss, meinem Vater zu schreiben, dass ich in der Türkei angekommen sei, mich jedoch erst in Istanbul melden würde. Seine Antwort kam fast zeitgleich, er und meine Stiefmutter warteten schon seit einiger Zeit auf eine Nachricht.

»Schön, dass es dir gut geht! Wir dachten schon, es wäre etwas passiert.«

»Ich bin auf dem Weg nach Istanbul, leitest du alles in die Wege?«

»Ja, wir organisieren alles. Melde dich bitte sofort, wenn es Probleme gibt.«

»Denkt ihr, dass ich lange ins Gefängnis muss?«

»Nein, die wissen doch, wie alt du warst. Und außerdem stellst du dich freiwillig«, schrieb mein Vater.

Im Innersten wusste ich, dass er versuchte, mich zu beruhigen. Aber nach meinem beschissenen Video, den Drohanrufen – nein, mir war klar, dass es nicht einfach werden würde. Und doch freute ich mich darüber, dass sie versuchten, mich abzulenken.

»Hab euch lieb, ich melde mich!«, schrieb ich.

»Wir dich auch, pass auf dich auf!«

Kurz vor Istanbul überholte uns ein Polizeiauto auf dem Standstreifen. Es war eine Routinekontrolle, drei Polizisten stiegen in den Bus. Einer redete mit dem Fahrer, die anderen beiden kontrollierten anscheinend wahllos Reisepässe. Als sie in der Reihe vor mir angelangt waren, ging ich im Kopf sämtliche Szenarien durch. Ich sei wandern gewesen, würde ich dem Polizisten zu Protokoll geben, und hätte meinen Pass verloren. Und doch hatte ich Angst, dass es jetzt vorbei sein würde, dass ich es nicht bis Österreich schaffen würde.

Doch der Mann drehte sich im letzten Moment um, kontrollierte einen anderen Mitfahrenden und verließ mit seinen Kollegen schließlich den Bus. Abu Ubyada deutete mit dem Finger nach oben. Allah habe uns aus dieser Situation geholfen.

Wenig später wurde der Bus noch einmal an einem Checkpoint angehalten. Dieses Mal hatte ich kein Glück und wurde von den Beamten abgeführt.

Vor dem parkenden Bus wurde ich gefragt, warum ich so dreckig sei und wo mein Pass geblieben sei. Außerdem wollten sie wissen, warum ich im Land war. Ich gab mich als Rucksacktourist aus, sagte, dass ich die Natur in der Türkei möge, doch leider sei ich überfallen worden und befände mich nun auf dem Weg zum Konsulat. Außerdem gab ich einen erfundenen Namen an und machte mich um drei Jahre älter, um nicht noch die Frage beantworten zu müssen, warum ich als Minderjähriger unterwegs war.

Der Beamte notierte meine Angaben in einem Block und führte noch ein kurzes Gespräch mit seinem Kollegen. Ob es einfach ein guter Tag für mich war? Offenbar hatte die Polizei kein Interesse daran, sich weiter mit meinem Fall auseinanderzusetzen. Die Männer wünschten mir noch viel Glück bei der Wiederbeschaffung meines Passes und ließen mich wieder in den Bus steigen.

Am Vormittag trafen wir an einem alten, schmutzigen Busbahnhof in Istanbul ein. Ich ging zur Metro. Abu Ubayda folgte mir. In einer ruhigen, dunklen Ecke stellten wir unser Gepäck ab und sprachen ein letztes Mal miteinander.

»Ich melde mich gleich beim Konsulat und stelle mich dort«, sagte ich. »Kann sein, dass ich bald schon im Gefängnis sitze.«

»Wird bei mir wohl ähnlich laufen«, antwortete er.

»Ich wünsche dir viel Kraft für das, was kommt.«

Zum Abschied umarmten wir uns.

46

Ich fuhr zum Taksimplatz und rief erneut meinen Vater an. Der hatte bereits etliche Telefonate geführt. Er sagte, ich solle mit dem Konsulat Kontakt aufnehmen, der Verfassungsschutz habe die Beamten von meinem Eintreffen informiert, und dort würde dann alles Weitere geklärt. Mein Vater gab mir eine Telefonnummer.

Es war ein recht windiger Samstag in Istanbul, und ich rief mit einem tiefen Gefühl der Unsicherheit über meine weitere Zukunft beim österreichischen Konsulat an. Ich erklärte dem Beamten kurz mein Anliegen und bat um Hilfe bei den nächsten Schritten.

Die Antwort war: »Tut mir leid, heute ist Samstag, wir können nichts für Sie tun. Aber Sie können am Montag gerne persönlich vorbeikommen.«

Ich hatte mit vielem gerechnet. Nur damit nicht. »Haben Sie nicht verstanden, was ich Ihnen gerade gesagt habe? Ich werde von Interpol als Terrorist gesucht und möchte mich freiwillig stellen.«

»Das mag sein. Kommen Sie bitte am Montag, wir können heute nichts für Sie tun.«

Dann war das Gespräch vorbei. Und ich stand allein in einer fremden Stadt, mit dem Willen, endlich reinen Tisch zu machen und das schrecklichste Kapitel meines Lebens abzuschließen. Doch die Behörden beriefen sich auf ihre Dienstzeiten.

Ratlos rief ich meinen Vater an. Zusammen mit meiner Stiefmutter versuchte er, von Österreich aus alle Hebel in Bewegung zu setzen, doch sie hatten genauso wenig Erfolg wie ich. Die beiden bekamen noch den Ratschlag, dass ich mich den türkischen Behörden stellen solle – das wollten wir aber alle nicht. Die Türkei beteiligte sich damals schon an Militäreinsätzen gegen den IS. Auch im weltläufigen Istanbul war es ungewiss, wie man mit einem Österreicher umgehen würde, der ein halbes Jahr im Kalifat gelebt hatte.

Seit Wochen wusste der Verfassungsschutz, dass ich bereit war, nach Österreich zurückzukehren. Man hätte durchaus zu dem Schluss kommen können, dass meine bloße Rückkehr ein Sicherheitsrisiko darstellte. Sie kannten mich ja nicht, wussten nur wenig über die Beweggründe meiner Rückkehr. Und alles, was den Konsulatsbeamten einfiel, war, mich auf den Montag zu vertrösten?

Die Hotelsuche gestaltete sich ähnlich schwierig wie schon im August, als ich mit Ali auf dem Weg nach Syrien war. Damals wollten wir unsere Ausweise nicht zeigen, weil wir Angst vor unserer Enttarnung hatten. Nun hatte ich ohne Pass keine andere Wahl, als ein Hotel zu suchen, das mich auch ohne Registrierung aufnahm.

Stundenlang irrte ich erfolglos durch Istanbul. Dann versuchte ich es in einem Hotel, das von außen etwas billiger aussah. Auch dort wollte der Rezeptionist zuerst meinen Reisepass sehen. In meiner Verzweiflung bot ich ihm hundert Euro an, wenn er diese Formalie vergessen würde. Er nahm an und gab mir die Schlüssel zu meinem Zimmer.

Im Bad wusch ich meine Sachen. Außer dem, was ich am Körper trug, hatte ich kaum mehr Kleidung bei mir. Ich duschte, weil ich nach all den Tagen, die ich in Unterschlüpfen, Autos und Bussen geschlafen hatte, unerträglich stank. Am Montag im Konsulat wollte ich einen ordentlichen Eindruck machen.

Ich malte mir aus, wie es sein würde, wenn ich nach Österreich heimkam. Endlich bin ich wieder in Freiheit und darf meine Familie in den Arm nehmen, ging es mir durch den Kopf. Eine richtige Familie, die für mich da war, egal welche Schuld ich auf mich geladen hatte. Aber mit der Freiheit würde es schon bald nach meiner Ankunft vorbei sein.

47

In den folgenden sechsunddreißig Stunden verdrängte ich die Gedanken an den Knast und wollte, wenigstens an diesem Wochenende, noch einmal unbeschwert leben. Ich ging in die Einkaufszentren der Stadt, aß bei McDonald's und Burger King, so viel ich nur konnte. Auch der Kontakt zu meiner Familie wurde intensiver. Besonders zu meiner Stiefmutter, mit der ich bis dato so gut wie gar nichts zu tun gehabt hatte. Ich entdeckte, dass ich mich mit ihr im Grunde sehr gut verstand.

Wie ausgemacht nahm ich am Montag ein Taxi zum Konsulat. Wir fuhren vorbei an Slums und über eine Bosporusbrücke. Der Wagen hielt vor einer großen Villa, über der die österreichische Fahne wehte. Ich musste gut eine halbe Stunde mit den Wachleuten diskutieren. Immer wieder erklärte ich, wer ich war und was ich wollte. Wenn sie mir nicht glaubten, sollten sie doch den Verfassungsschutz kontaktieren. Oder wenigstens meinen Vater. Schließlich gab man mir die Erlaubnis, das Gebäude zu betreten.

Ich ging zu einer jungen Frau, die mir gegenüber an einem Schalter stand. Noch einmal erzählte ich meine Geschichte: Minderjähriger Österreicher, als Terrorist von Interpol gesucht, will sich freiwillig den österreichischen Behörden stellen. Ich bat um Hilfe, doch die Frau schaute mich ganz verwundert an: Sie hatte offenbar noch nie von meinem Fall gehört. Ich erwähnte noch einmal den Verfassungsschutz, der über alles im Bilde sei, und dass es Menschen in Österreich gebe, die von meiner Ankunft wüssten.

Die Beamtin verschwand in einen Hinterraum. Nach endlos langen Minuten kehrte sie zurück.

»Wenn Sie ein Flugticket buchen, kann ich Ihnen einen Notpass ausstellen. Dann können Sie in Österreich alles Weitere regeln.«

Wir diskutierten noch einige Zeit: dass ich mich endlich meiner Verantwortung stellen möchte, und dass es auch nicht angehen kann, mich allein auf eine Flugreise zu schicken, während ich weltweit zur Fahndung ausgeschrieben bin.

Gut möglich, dass die Mitarbeiter des Konsulats schlichtweg überfordert waren mit meiner Geschichte. Die Beamtin sah jedenfalls keine andere Möglichkeit, als mir – gegen die Vorlage eines Zahlungsbeleges für meine Rückreise – ein Ersatzdokument auszustellen, und so verließ ich das Gebäude unverrichteter Dinge.

Ich hatte zwar noch Bargeld bei mir, aber auf die Idee, zum Flughafen zu fahren, um dort zu versuchen, ein Flugticket zu kaufen, kam ich in diesem Moment nicht. Stattdessen schaute ich ins Internet. Doch für eine Onlinebuchung hätte ich eine Kreditkarte gebraucht.

So ging ich noch einmal ins Konsulat und bat die Beamtin, mir wenigstens das Ticket zu buchen – gegen Vorlage des Betrags in bar. Sie lehnte ab. Ich bot ihr an, den doppelten Ticketpreis zu zahlen, wenn sie mir den Gefallen tue. Doch auch davon wollte sie nichts hören. Sie blieb bei ihrem strikten »Nein«.

»Das ist nicht mein Problem«, sagte sie. »Ohne Ticket kann ich Ihnen leider keinen Notpass ausstellen.«

Mittlerweile hatte ich auch meiner Familie geschrieben, was

ich gerade erlebte. Ich fragte meinen Vater um Rat. Der konnte nicht glauben, dass man einen polizeilich gesuchten Jugendlichen einfach so wieder wegschickte. Damals wusste ich noch nicht, dass er sich Sorgen machte, ich könnte mir nach so einem Chaos die Sache noch einmal überlegen und untertauchen.

In Österreich konnte und wollte man mir jedoch nicht helfen. Die Behörden fühlten sich nicht zuständig. Und das Jugendamt weigerte sich, nach allem, was geschehen war, mir das Rückflugticket zu kaufen. Und so besorgte mir schließlich meine Stiefmutter einen Platz in einem Flieger nach Wien. Sie schickte mir und den Behörden die Buchungsnummer und meine Sitzplatzreservierung. Der Flug sollte schon am nächsten Tag starten.

Leider hatte nun bereits das Konsulat geschlossen.

Und so kehrte ich nochmals zu meinem Hotel zurück, reichte abermals einen Schein über den Tresen und legte mich schlafen.

48

Am nächsten Morgen fuhr ich so früh wie möglich zum Konsulat zurück. Ich zeigte mein Ticket vor, damit waren die Formalitäten erfüllt, zahlte achtzig Euro und bekam einen Notpass ausgehändigt, der für zwei Wochen gültig war. Weil ich nicht wusste, wie es nun weiterging, fragte ich die Beamtin, ob mich jemand zum Flughafen geleiten würde oder ob ich wenigstens hier warten könnte, bis das Boarding öffnete. Mehr oder weniger bestimmt wies man mir den Weg zur Tür: Es gebe weder einen Fahrer noch einen Wartebereich. Alles Weitere liege nun in meiner Verantwortung.

Ich entschied, meine restlichen Sachen im Hotel zu lassen. Sie wären vielleicht im Kalifat als unauffällig durchgegangen, doch außerhalb von Syrien erweckten die Gewänder sicherlich Argwohn. Also checkte ich mit meinem restlichen Handgepäck ein und musste nur noch durch die Passkontrolle, bevor ich den Flieger besteigen konnte.

Am Kontrollschalter kam dann das nächste Problem. Der türkische Grenzer drehte und wendete meinen Notpass und äußerte die Vermutung, dass ich mit einem gefälschten Dokument unterwegs sei. Er schrieb eine Zahl auf mein Ticket und schickte mich an das andere Ende des Flughafens. Dort schickte man mich weiter zur Polizeistation. Hier tippten die Beamten einige Daten in ihren Computer und baten alle anderen Mitarbeiter, das Büro zu verlassen.

Es blieben zwei Polizisten, die mich gründlich musterten. Der eine saß auf seinem Stuhl, der andere lehnte an der Schreibtischkante. Telefonate wurden geführt, und man bat mich, den gesamten Inhalt meiner Taschen auf den Tisch zu legen. Auch das restliche Bargeld. Woher ich die Devisen hätte, fragte mich einer der beiden. Ich log, so gut ich konnte: »Von meiner Arbeit in Österreich.« Er fragte mich, warum ich in der Türkei sei und was ich hier gemacht hätte. Noch während er mich verhörte, bekam ich mit, dass bei den Telefonaten die Worte »Austria« und »Interpol« fielen.

Trotz allem versuchte ich, mir nichts anmerken zu lassen. Ich sei sechs Monate in der Türkei unterwegs gewesen und habe eine lange Wanderung gemacht. Er fragte mich nach meinem Visum: Normalerweise bekommt man bei der Einreise einen Stempel in den Pass, der einen Aufenthalt von neunzig Tagen ermöglicht. Ich sagte, dass ich mich nicht mehr erinnern könne, wie lange ich offiziell in der Türkei hätte bleiben können. Und der Pass sei mir gestohlen worden.

Ich bekam einen Zettel in die Hand, auf der ein paar Zahlen und einige Worte auf Türkisch standen. Damit sollte ich zur Kasse gehen und mir ein Ersatzvisum für die drei Monate kaufen, in denen ich mich unerlaubt in der Türkei aufgehalten hatte. Ich bezahlte zweihundert Lira und ging wieder in das Dienstzimmer zurück.

Immer noch diskutierten die beiden. Seltsamerweise störte es sie nicht, dass ich die ganze Zeit auf meinem Handy herumtippte, um meine Eltern auf dem Laufenden zu halten. Ich fürchtete, noch in der Türkei verhaftet zu werden. In diesem Fall sollten sie sofort davon erfahren.

Dann fragten mich die Polizisten, was ich über Syrien denke und wie ich zum Islam stehen würde. »Damit habe ich nichts am Hut«, gab ich zu Protokoll. Die Angst wuchs in mir, dass ich es nicht nach Wien schaffen würde. Und so griff ich zu einer letzten Notlüge: Ich erklärte ihnen, dass ich in Österreich wegen eines Bankraubs gesucht würde und mich stellen wolle. Man erwarte mich dort bereits am Flughafen, wo ich aller Wahrscheinlichkeit nach verhaftet werden würde. Ob sie mir glaubten? Oder ob sie mich einfach nur loswerden wollten? Die beiden brachten mich zum Gate und warteten, bis ich in das Flugzeug stieg.

Als alle anderen Passagiere eingestiegen waren und die Turbinen schon anliefen, kamen mehrere Beamte in schwarzen Anzügen und Wollmänteln in den Flieger. Eine Szene wie aus »Men in Black«. Sie fragten die Stewardess etwas, woraufhin sie auf mich zeigte, kamen zu meinem Sitz und forderten mich auf mitzukommen. Ich hatte mir schon meine Jacke über die Schulter geworfen, da berieten die Männer sich noch einmal und wiesen mir den Weg zurück zu meinem Sitz.

Dann rollte das Flugzeug Richtung Startbahn. Ich blickte mich ein wenig um und sah ganz normale Menschen, die sich auf ihre Rückreise freuten. Manchen von ihnen konnte man die Vorfreude auf die Landung in der Heimat ansehen, andere erzählten sich von ihren Urlaubserinnerungen. Was würden sie über mich denken, wenn sie wüssten, wo ich mich in den vergangenen sechs Monaten aufgehalten hatte? Nichts lag mir ferner, als diesen Menschen Angst zu machen. Aber wenn sie wüssten, dass sie mit einem gesuchten Terroristen in einem Flugzeug säßen, dann würde ich nun wohl kein Gelächter hören. Ich würde nur ihre Blicke spüren.

Während des ganzen Fluges kreisten meine Gedanken um die Zukunft. Wird schon weitergehen, sagte ich mir.

49

Es war an einem Montagabend um achtzehn Uhr fünfundzwanzig, als für mich die Handschellen klickten.

Schon beim Aussteigen merkte ich, dass der Pulk nur sehr langsam vorankam, weil Polizisten direkt im Flugzeug eine Kontrolle durchführten. Als ich an der Reihe war, wusste ich, dass ich mich meiner Verantwortung stellen musste. Ich nahm meinen Notpass gar nicht erst aus der Tasche.

»Ihren Pass bitte!«, rief der Beamte.

»Ich bin derjenige, den Sie suchen«, war meine Antwort.

»Ihren Pass bitte!«, rief der Polizist noch einmal.

Und ich wiederholte meinen Satz: »Ich bin der, den Sie suchen.«

Langsam nahm das Ganze absurde Züge an. Ich wurde von Interpol als Terrorist gesucht, hatte mich mehrmals gestellt und sogar noch den Flug bezahlt, damit man mich verhaften konnte. Und jetzt pochte ein Polizist auf die Formalitäten. Zu meiner Erleichterung kam schon bald ein Beamter des Verfassungsschutzes dazu und erklärte dem Polizisten, dass er mich nun übernehmen würde.

50

Ich wurde die Gangway hinab auf das Rollfeld geführt und dann in ein Auto gesetzt. Wir fuhren zu einem abgesperrten Bereich des Flughafens Schwechat. In dem Untersuchungsraum standen ein Röntgengerät und ein Verhörtisch. Ich packte alle meine Habseligkeiten auf den Tisch, wurde an den Händen auf Sprengstoffrückstände untersucht und anschließend in das Gefängnis in der Rosenauer Lände gebracht.

Noch am selben Abend wurde ich für einige Stunden verhört und danach in meine Zelle gebracht. Meine neue Unterkunft: ein kleines Bett, ein Tisch und eine offene Edelstahltoilette.

Die erste Nacht im Knast war sehr kurz. Ich hatte keine Ahnung, was nun auf mich zukommen würde. Aber ich wusste, dass ich mit den Behörden zusammenarbeiten wollte. Ich wollte ihnen alles erzählen, was ich erlebt und erfahren hatte. Auf diese Weise konnte ich vielleicht den ein oder anderen davor bewahren, in die gleiche Situation zu geraten wie ich. Und sei es auch nur dadurch, dass der Verfassungsschutz seine Ausreise verhinderte.

Am nächsten Tag wurde ich, begleitet von schwer bewaffneten Polizisten, in ein Krankenhaus gebracht. In der Klinik in Rakka hatte ich immer nur Teildiagnosen bekommen, über das komplette Ausmaß meiner Verletzungen wusste ich nicht viel. Nach ein paar Stunden hatte ich traurige Gewissheit. Mir fehlten eine Niere und die Milz. Die Leber war teilweise entfernt worden, und zudem hatte ich noch etliche Splitter im Körper, die sich nicht so einfach entfernen lassen würden. Später sollte ich zudem meine Sehfähigkeit auf dem linken Auge durch einen erst spät entdeckten Splitter fast vollständig einbüßen. Noch heute unterziehe ich mich daher Operationen. Auch das war ein Teil der Bilanz meines Trips in die Hölle.

Ich hatte keine Zeit, diese Nachrichten zu verarbeiten. Gleich nach der Untersuchung wurde ich ein weiteres Mal verhört. Mein Vater war dieses Mal dabei. Einerseits freute er sich, mich zu sehen, andererseits hörte er fassungslos dabei zu, welchen Weg ich gegangen war.

In den folgenden Tagen berichtete ich den Beamten auch, was mir der Franzose gesagt hatte, den ich in Rakka getroffen hatte. Ich wusste, dass Frankreich weit oben in der Prioritätenliste des IS stand. Es wurde erzählt, dass die Franzosen seit Jahrzehnten mit den Amerikanern gemeinsame Sache machen und die Muslime im Land unterdrücken würden. Ich hatte bei den Brüdern eine gewisse Euphorie darüber gespürt, dass Frankreich nun »etwas Großes« bevorstünde. Es war klar, dass damit ein Anschlag gemeint war. Ob die Beamten diese Information im Frühjahr 2015 an den französischen Geheimdienst weiterleiteten, weiß ich nicht. Allerdings hatte ich bei keinem der Verhöre den Eindruck, dass man meinen Schilderungen wirklich Glauben schenkte. Zu groß war die Distanz zwischen mir, dem jugendlichen IS-Rückkehrer, und der Welt der Beamten, die in mir vor allem einen jungen Mann sahen, der sich dem westlichen Gesellschaftssystem entfremdet und Schuld auf sich geladen hatte. In Österreich gab es keine Erfahrungswerte, wie man mit Menschen wie mir umgehen sollte. »Wir sind ja nicht in Amerika«, wurde mir gesagt.

Nach zwei Tagen in der Rosenauer Lände wurde ich in die Justizvollzugsanstalt Josefstadt gebracht, allgemein nur das »graue Haus« genannt, da hier früher die Häftlinge graue Anzüge trugen. Es ist die größte Haftanstalt Österreichs.

Einige Zeit verbrachte ich dort auf der Krankenstation. Später kam ich dann in den regulären Zellentrakt. Statt – wie eigentlich für mein Alter von 16 Jahren üblich – mit anderen jugendlichen Straftätern untergebracht zu werden, fand ich mich in dem Bereich wieder, der für junge Erwachsene vorgesehen war. Einige Insassen sahen in mir einen Helden. Andere fanden, ich sei ein Verräter, weil ich das Kalifat verlassen hatte. Und wieder andere hassten mich dafür, dass ich mich einer Mörderbande wie dem IS angeschlossen hatte. Zumindest die Haltung der dritten Gruppe konnte ich nachvollziehen. Ich hätte vermutlich nicht anders gedacht, wenn ich in ihrer Situation gewesen wäre.

Einmal wöchentlich bekam ich die Erlaubnis, für die Dauer von einer Stunde meine Stiefmutter und meinen Vater zu sehen. Die Besuche fanden in einem kleinen Raum von wenigen Quadratmetern statt. Uns trennte zwar eine Glaswand, aber es waren die Höhepunkte in meinem Knastalltag, ich freute mich immer sehr darauf.

Eines Tages bekam ich vom Gericht eine Vorladung für den Prozess. Von dem riesigen Medienaufgebot – zahllose Journalisten hatten sich für die Verhandlung angemeldet – hatte ich im Gefängnis nichts mitbekommen. Ich nutzte jede freie Minute, um mit meinem Vater und meiner Stiefmutter zu reden. Wir vermieden es, so gut es eben ging, über den Prozess zu sprechen. Im Grunde wussten wir alle, dass es nicht einfach werden würde. Zu viele Menschen hatte ich zu meinem eigenen Bedauern von Syrien aus bedroht. Und das unfassbar dumme Video aus dem Schlachthaus, in dem ich zum Mord an Andersgläubigen aufgerufen hatte, wurde nun zu einem der Hauptanklagepunkte gegen mich.

Ich hatte eine Strafe verdient, dessen war ich mir bewusst. Mir tat es leid, was ich getan hatte. Und doch beschäftigte es mich, wie das Strafmaß ausfallen würde.

Als der Tag der Hauptverhandlung gekommen war, wurde ich frühmorgens von den Beamten abgeholt und in einen kleinen Nebenraum des Schwurgerichtssaals geführt. Dort hatte sich eine große Zahl von Zuschauern versammelt. Ich machte meine Stiefmutter und meinen Vater ausfindig; wir nickten uns zu.

Ich wurde seitlich neben dem riesigen Richtertisch platziert. Drei Schöffen und zwei Richter saßen vor mir, neben mir einige bewaffnete Beamte.

Eigentlich wollte ich nicht in den Zuschauerbereich blicken. Ich schämte mich, und mir war der Gedanke unangenehm, dass so viele Menschen meinetwegen gekommen waren. Nur kurz schaute ich auf die Menge. Und erstarrte für einen Augenblick: Ich erkannte einen ehemaligen Besucher der Moschee. War er wirklich an der Gerichtsverhandlung interessiert? Oder ging es ihm darum, mich einzuschüchtern? Einen Anschlag hätte er natürlich wegen des Sicherheitsaufgebots kaum verüben können, und außerdem war ich für den IS ja nur ein kleiner Fisch. Diese Bande verfügte über ein fast unerschöpfliches Reservoir für ihre Rekrutierungsarbeit, auf einen Abtrünnigen mehr oder weniger kam es da nicht an. Aber wie war er überhaupt in den Saal hineingekommen?

Ich stellte mich den Fragen des Senats, hörte die Schilderungen meiner Gutachterin.

Die Stunden vergingen, und ich nahm das, was auf mich an Anschuldigungen einprasselte, mit der nötigen Geduld hin. Immerhin bekam ich hier ein Verfahren. Ein gewaltiger Unterschied zum IS, wo Verdächtige nach dem Gutdünken ihrer Peiniger gequält und getötet wurden, wenn Letztere in irgendeiner Form in Verdacht gerieten.

Dann aber kam der Moment, an dem die Menschen in den

Saal geführt wurden, die ich telefonisch bedroht hatte. Ich entschuldigte mich für mein Verhalten. Und ich meinte es ehrlich. Aber im selben Moment war mir klar, dass es keine wirkliche Entschuldigung für mein Verhalten gab.

Ich möchte an dieser Stelle noch einmal von ganzem Herzen meine Bestürzung darüber ausdrücken, was ich diesen Menschen angetan habe. Ich kann es nicht rückgängig machen. Aber wenn ich irgendeine Chance dazu hätte, würde ich es tun.

Die Staatsanwältin forderte fünf Jahre Haft für mich. Man müsse ein Zeichen setzen, um andere junge Dschihadisten abzuschrecken.

Am Ende des zweiten Verhandlungstages zog sich der Senat zur Beratung zurück. Nach einer Stunde dann die Urteilsverkündung: Ich bekam zweieinhalb Jahre Haft ohne Bewährung. Nur weil ich bis zu meiner Ausreise vollkommen unbescholten war, hatte man auf ein höheres Strafmaß verzichtet.

Eigentlich hatte ich mit der Höchststrafe gerechnet. Aber natürlich war ich geschockt, als ich realisierte, was auf mich zukommen würde. In meinem Alter erschienen mir zweieinhalb Jahre unendlich lang.

51

Ich wurde in die Jugendstrafanstalt Gerasdorf gebracht, wo ich meine Strafe absitzen sollte. Ich bekam eine Einzelzelle, das Fenster war doppelt vergittert.

Der Alltag im Gefängnis ist sehr monoton. Man steht auf, geht arbeiten, macht Sport. Und weil es so wenig Ablenkung gibt, streitet man sich schon wegen Kleinigkeiten mit den anderen Häftlingen. Ein falscher Blick genügt, und es kann sich ein verbaler Schlagabtausch entwickeln. Und vielleicht mehr.

Im Gefängnis begann ich meine Erlebnisse aufzuschreiben. Es war für mich ein Anfang, um das Erlebte zu verarbeiten. Später machte ich eine Therapie.

Ich entschloss mich in dieser Zeit auch, mit dem Verein DERAD zusammenzuarbeiten. Das war meine eigene Entscheidung. Mittlerweile ist es in Österreich üblich, dass Häftlinge, die wegen Mitgliedschaft in einer terroristischen Vereinigung verurteilt wurden, zur Kooperation mit DERAD verpflichtet werden. Mit dem Diplom-Pädagogen Moussa Al-Hassan Diaw, der für den Verein arbeitet, habe ich viele Gespräche geführt. Über den Islam und den IS. Er stellte Verse aus dem Koran richtig, die der IS als Aufforderung zum Dschihad interpretiert. Und er klärte mich über Lügen auf, die von den Islamisten verbreitet werden.

Ein Beispiel: Kämpfer des IS haben in der antiken Oasenstadt Palmyra zwei historisch bedeutsame Tempel in die Luft gesprengt. Sie begründeten das damit, dass dort angeblich Götzen angebetet wurden. Dabei ist die Zivilisation, die in dieser Stadt einstmals existierte, schon vor über zweitausend Jahren erloschen. Und frühere Generationen von Muslimen – die nach der islamischen Lehre dem Propheten Mohammed näherstehen – hatten überhaupt kein Problem damit, die Ruinen als einen Teil der Geschichte zu akzeptieren. Die Gewalt des IS gegen ein Weltkulturerbe diente einzig und allein Propagandazwecken und zeugte davon, wie verdreht der Islamische Staat den Islam für seine Zwecke instrumentalisierte.

Diese Gespräche halfen mir sehr dabei, endgültig mit der Ideologie des IS abzuschließen. Ich liebe mein Leben und käme gar nicht mehr auf die Idee, es »für Allah« zu opfern.

Ich arbeite heute selbst für DERAD. Ich will nicht, dass andere Menschen das Gleiche durchmachen müssen wie ich. Es gibt noch genügend Jugendliche dort draußen, die an die Ideologie der radikalen Islamisten glauben. Ihnen will ich helfen, bevor es zu spät ist.

Insgesamt zwanzig Monate saß ich im Gefängnis. Im November 2016 wurde ich entlassen.

52

Ich war ein wenig nervös vor meinem Auftritt. Eigentlich bin ich recht sicher im Umgang mit der englischen Sprache, aber mein Wortschatz besteht eher aus Alltagsvokabeln. Wie ich mich gegenüber hochrangigen Politikern und internationalen Sicherheitsexperten ausdrücken sollte, davon hatte ich keine Ahnung.

Ende Mai 2017 war ich als Redner zu der Anti-Terrorismus-Konferenz der OSZE in die Wiener Hofburg geladen worden. Eröffnet wurde die Veranstaltung vom österreichischen Außenminister Sebastian Kurz. Auch Innenminister Wolfgang Sobotka nahm an der Konferenz teil, ebenso wie insgesamt vierhundert Fachleute aus der ganzen Welt.

Am Abend zuvor waren bei einem Anschlag auf ein Konzert der Sängerin Ariana Grande in Manchester dreiundzwanzig Menschen ums Leben gekommen. Ein Selbstmordattentäter hatte sich im Eingangsbereich der Manchester Arena in die Luft gesprengt. Das jüngste Opfer war gerade einmal acht Jahre alt. Zu dem Attentat bekannte sich der IS.

»Wir müssen alles tun, um den Terrorismus zu bekämpfen. Mit allen Mitteln, die wir haben«, sagte Kurz. »Kein OSZE-Land ist immun gegen Radikalisierung.«

In Rufweite des Ortes, an dem Mohammed mich einst zum Islam konvertieren ließ, sollte ich an diesem Tag über meine Erfahrungen berichten und den Teilnehmern erklären, wie man mit Menschen umgeht, die unter dem Einfluss von radikalen Ideologen stehen.

Es dauerte einige Momente, bis ich vor so vielen Menschen auf dem Podium etwas freier sprechen konnte. Ich erzählte ihnen, wie es damals bei mir war: Dass ich auf dem Höhepunkt meiner Radikalisierung taub war für die Ratschläge von Nichtmuslimen. Ich vertraute meinen »Brüdern« blind, während ich der Welt um mich herum mit äußerstem Argwohn begegnete. Nie hätte ich mir von einem Professor oder einem Politiker erklären lassen, was ich zu glauben hätte.

Eine österreichische Journalistin hat einmal gesagt, dass der Islam nicht die Lösung im Kampf gegen den Terror sei. Ich glaube, das Gegenteil ist richtig. Religion ist das wichtigste Mittel, um radikale Ideologen zu bekämpfen. Wir müssen die Lügen der Extremisten richtigstellen, wo immer sie uns begegnen. Und wir werden das nur schaffen, wenn wir dabei mit den islamischen Gemeinden zusammenarbeiten. Imame müssen besser geschult werden. Auch innerhalb der Gemeinden muss ein stärkeres Bewusstsein dafür geschaffen werden, wo Radikalisierung anfängt. Es ist nicht normal, wenn junge Männer anfangen, ihre Freundeslisten bei Facebook von weiblichen Kontakten zu säubern. Das weiß ich aus eigener Erfahrung.

Es tat mir gut, öffentlich darüber zu reden. Nicht nur, weil ich meine Gedanken erstmals mit einem so großen Zuhörerkreis teilen konnte. Ich spüre auch einen Sinn bei dem, was ich mache.

53

Erst während meiner Haft bin ich volljährig geworden. Und doch trage ich bereits etliche Narben an meinem Körper. Das Schlimmste aber sind die Bilder in meinem Kopf, die mich bis heute in die Träume begleiten.

Meine Religion ist immer noch der Islam. Jedoch in einer ganz anderen Weise als bei meiner Konvertierung im Jahr 2014. Ich glaube an einen Gott, der für Frieden, Hilfsbereitschaft und Toleranz gegenüber anderen Religionen steht.

Wenn ich heute auf den sechzehnjährigen Oliver schaue, dann fällt es mir schwer nachzuvollziehen, wie es so weit mit mir kommen konnte. Ich weiß, was geschehen ist. Aber der Mensch, der ich damals war, ist mir fremd geworden. Mir graust es vor dem, was damals mit mir passiert ist.

Die Leute, die in den Städten der westlichen Welt für die Sache des Dschihad werben, sind immer noch aktiv. Sie sind sehr gut darin, Menschen zu finden, die sich in einer schwierigen Lebenssituation befinden. Menschen, die auf einer Sinnsuche sind, die in komplizierten Verhältnissen leben oder einfach nicht wissen, wohin ihr Weg sie führt. Ich traf viele Menschen in Syrien und im Irak, die an solchen Wendepunkten ihres Lebens in die radikalislamistische Ideologie abgerutscht sind. Leute, die den falschen Brüdern vertraut haben. Und es wäre ein Fehler zu glauben, dass darunter nur notorische Kriminelle sind. Manche werden erst durch das zu Kriminellen, was sie im Namen des Dschihad tun.

Wir haben uns damals selbst bei den schlimmsten Dingen, die wir taten, wahnsinnig toll gefühlt. In unserer perversen Logik war die Angst der anderen eine Art Motivation für uns, die Grenzen immer weiter auszudehnen. Der Schrecken, den wir verbreitet haben, gab uns Selbstbestätigung.

Daran denke ich, wenn ich wieder einmal im Fernsehen Ausschnitte von Propagandavideos sehe.

Hört auf, diese Filme zu zeigen! Denn genau das ist es, was sie wollen. Gebt diesen Typen keine cool klingenden Beinamen. Verleiht ihnen nicht die Aura der Allmacht. Sie sind nicht die einsamen Wölfe, für die sie sich halten. Sondern einfach nur feige Mörder.

Nachwort

Wenn man versucht, menschenfeindliche Ideologien und Verhaltensweisen einzudämmen und den gesellschaftlichen Zusammenhalt zu stärken, hat man oft das Gefühl, nicht weiterzukommen.

Zu stark scheinen die Kräfte, die eine Feindschaft zwischen verschiedenen Gruppen von Menschen befördern wollen. Zu stark scheinen die Erfahrungen zu sein, die wie selbsterfüllende Prophezeiungen wirken: Der Mensch ist des Menschen Feind, und die einen können mit den anderen nicht zusammenleben.

Eine dieser Kräfte ist die Ideologie des Terrors, die von Daesh – dem sogenannten Islamischen Staat – propagiert und international umgesetzt wurde. Die historischen Gründe für diese Entwicklung sind oft dargestellt worden: auf der einen Seite ein behaupteter Abwehrkampf gegen ausländische Mächte zur Zeit des Kalten Krieges. Die zwei Machtblöcke, Kommunismus und Kapitalismus, galten radikalen Muslimen als äußere Feinde, die kulturell und religiös als Eindringlinge empfunden wurden. Auf der anderen Seite der innere, nahe Feind, nämlich Staatenführer und Systeme, die mit diesem äußeren Feind kooperierten, um die Muslime in einem postkolonialen Machtkampf zu beherrschen und erst recht, um die wahren Muslime, für die sich Vertreter verschiedener Gruppen hielten, zu unterdrücken.

In den letzten zwanzig Jahren nutzten die Propagandisten immer stärker das Internet, gleichzeitig wurde die islamistische Ideologie auch vor Ort verbreitet. Oliver wurde von diesen Menschen zu einer Zeit erreicht, als er wie viele Jugendliche im Teenageralter auf Identitätssuche war, als ihn die Fragen umtrieben: Wer bin ich und welchen Platz soll ich in der Gesellschaft haben?

Die Weltanschauungssekte in Wien konnte ihn isolieren, ihre eigene Weltsicht propagieren, ihn manipulieren und seine guten Absichten ausnutzen.

Im Rahmen meiner Arbeit beim Verein DERAD, der in Justizanstalten Österreichs politische Bildung, Religionspädagogik, Präventions- und Deradikalisierung betreibt, traf ich auch Oliver, nachdem er schwer verletzt freiwillig nach Österreich zurückgekehrt war und in einer Strafvollzugsanstalt einsaß.

Unser erstes Gespräch drehte sich um Olivers Frage, wie ich es ertragen könne, in einem Land zu leben, in dem man als Muslim nicht akzeptiert wird. Diese Frage zeigte, wie sehr er auch emotional von den Islamisten erreicht worden war. Und noch etwas fiel auf. Er war für Argumente, alternative Erzählungen und Gegenargumente erreichbar. Sehr fanatisierte Menschen lassen dies anfänglich nicht zu. Sie erreicht man dann höchstens durch »Gegenerzählungen«, die die Ideologie dekonstruieren, diskreditieren und entlarven.

Oliver ging es um den muslimischen Glauben und das Leben der Muslime – im Gegensatz zu anderen Klienten, die sich ausschließlich mit der ideologischen Gruppe Daesh identifizieren.

Im Laufe der Gespräche, die wir über zwei Jahre lang führten, besprachen und überdachten wir gemeinsam Stellen aus den zwei Hauptquellen des Islam, dem Qur'an und der Sunna. Wir sprachen aber auch über Akzeptanz, Respekt und das Zusammenleben mit Juden, Christen und anderen Menschen, welche eine andere Überzeugung haben oder einen anderen Lebensstil pflegen. Dazu gehörten historische Erzählungen wie die Asylsuche der ersten Muslime beim christlichen König in Äthiopien. Auch die alte islamische Vorstellung der Verpflichtung, dass man als Muslim die Gesetze des Landes zu respektieren habe, mit welchem man einen Vertrag abgeschlossen hat, sei es durch Staatsbürgerschaft oder mit einem Visum. Der IS sieht solche Überzeugungen als Abfall vom Islam.

Wir haben auch diskutiert, inwiefern es durchaus vereinbar sein kann, Muslim und zugleich Staatsbürger Österreichs zu sein. Weitere Themen waren, inwieweit Religionsfreiheit in Österreich und in bestimmten muslimischen Ländern garantiert wird oder wie es hier und dort mit der Rechtssicherheit und dem Strafvollzug bestellt ist. Dabei ging es nie um Schwarz-Weiß-Malerei; Ungerechtigkeiten und Kriege in verschiedenen Weltregionen, die zu den heutigen negativen Entwicklungen beigetragen haben mögen, wurden nicht ausgeklammert oder beschönigt.

Aber an einem bestimmten Zeitpunkt – daran kann ich mich genau erinnern – sagte Oliver: »Warum habe ich dich nicht vorher getroffen; bevor ich nach Syrien gefahren bin. Wenn ich das alles vorher gewusst hätte, hätte mir das geholfen.«

In der Folge begann er immer neue Fragen zu stellen, meist zum Thema Religion, da er Mitgefangene, die bestimmte Feindbilder pflegten, widerlegen wollte. Eine Frage war die nach Beziehungen zu Nichtmuslimen. Hier konnte ich darauf hinweisen, dass die deutsche Qur'an-Übersetzung, man dürfe diese »nicht zu Freunden nehmen«, nicht die eigentliche Bedeutung wiedergibt, und sie mit anderen Stellen vergleichen, wonach etwa die Heirat mit einer jüdischen oder christlichen Frau durchaus möglich ist.

Noch zur Zeit der Haft hatte Oliver sich nicht nur von der Ideologie gelöst, sondern angefangen, das, was man ihn früher glauben gemacht hatte, in seiner Umgebung zu widerlegen.

Nach der Haftentlassung blieben wir mit Oliver weiter in Kontakt. Er arbeitet selbst aktiv in unserem Verein DERAD mit, erzählt bei Workshops und Konferenzen von seinen Erfahrungen und warnt davor, den gleichen Pfad zu beschreiten.

Seine authentischen Erzählungen beeindrucken, wie zuletzt auf einer Antiterrorkonferenz der OSZE in Wien, wo wir gemeinsam auf dem Podium saßen. Aber auch bei Workshops entfalten die Entmystifizierung des Daesh durch einen »Ehemaligen« und sein Plädoyer für das Zusammenleben von Menschen mit unterschiedlichen Überzeugungen und Lebensweisen ihre Wirkung.

Oliver ist zu einem wichtigen Mitstreiter geworden, der gegen die Terrorideologie vorgeht und Muslime und Nichtmuslime im Rahmen von Präventionsarbeit wirkungsvoll aufklärt.

Moussa Al-Hassan Diaw, Lehrender an der Pädagogischen Hochschule Linz, Obmann des Vereins DERAD